IM DIALOG

Renate Götz Verlag

EELCO DE GEUS
KEES VOORBERG

IM DIALOG

MITEINANDER
DEN WANDEL GESTALTEN

PERSÖNLICH | PROFESSIONELL | GESELLSCHAFTLICH

Renate Götz Verlag

Dieses Buch ist auch auf Niederländisch erhältlich:
In dialoog: persoonlijk, professioneel, maatschappelijk
Waerbeke vzw, B-9506 Waarbeke, 2018
waerbeke.be

1. Auflage, Juni 2022

A-2731 Dörfles, Römerweg 6
info@rgverlag.com
rgverlag.com

Übersetzung: Sarah Schützle
Cover, Layout & Gesamtgestaltung: outLINE|grafik Eva Denk . outlinegrafik.at

Produktion: Gerin Druck GmbH Wolkersdorf . gerin.co.at

Produced in Austria

In sämtlichen in diesem Buch enthaltenen Fallbeispielen wurden Namen und personenbezogene Hinweise aus Datenschutzgründen anonymisiert.

ISBN 978-3-902625-92-2

INHALT

Jede individuelle Ansicht eröffnet eine
einzigartige Perspektive auf eine größere Realität.
Wenn ich die Welt mit Ihren Augen sehe und Sie die Welt mit meinen,
werden wir beide etwas erkennen, was wir allein niemals entdeckt hätten.
– Peter Senge

VORWORT VON EELCO DE GEUS

Dieses Buch basiert auf unseren Erfahrungen der letzten 15 Jahre, in denen wir Dialogausbildungen und Dialogprojekte in unterschiedlichsten Kontexten begleitet haben.

Im Jahr 2008 begannen wir sowohl in den Niederlanden als auch in Österreich mit den ersten Ausbildungen zur Dialogprozessbegleitung. Diese werden bis heute, zum Zeitpunkt des Erscheinens dieses Buches in deutscher Sprache, in Österreich weitergeführt. In den Niederlanden arbeitete ich mit Kees Voorberg zusammen, in Österreich mit Benno Kapelari, mit dem ich später die Dialogakademie[1] gründete. Jeweils zwölf Tage lang haben wir mit Gruppen von 10 bis 16 Personen erforscht, was es bedeutet, wirklich miteinander in Kontakt zu sein. Um Verbindung zu schaffen und mit den Unterschieden zwischen uns umzugehen, die früher oder später auftreten. Wir haben uns in Offenheit, gegenseitigem Zuhören und authentischer Kommunikation geübt. Wir untersuchten, wie dies zu unserer persönlichen und gemeinsamen Entwicklung beiträgt. Wir haben erfahren, dass wir im Dialog eine stärkere Verbindung zu uns selbst und zueinander schaffen. Eine wachsende Qualität unserer Beziehungen steigert unsere Fähigkeit, entspannt, kreativ und konstruktiv mit den Herausforderungen umzugehen, mit denen wir in unserem persönlichen Leben und in der Gesellschaft konfrontiert sind.

Heute scheinen diese Texte aktueller denn je zu sein. Die Bedrohungen durch die Corona-Krise, den Klimawandel und die globalen Spannungen haben zugenommen. Die unterschiedliche Art und Weise, wie wir als Menschen darüber denken und damit umgehen, führt zu einer zunehmenden Fragmentierung und Polarisierung in der Gesellschaft. Menschen beschuldigen und verurteilen einander zunehmend gegenseitig, Beziehungen stehen unter Druck und viele Verbindungen gehen verloren. Der Dialog scheint schwieriger und gleichzeitig noch wichtiger zu werden, als er ohnehin schon war.

1 Dialogakademie Wien, www.dialogakademie.eu

Wir hoffen, dass dieses Buch dazu beiträgt, dass wir uns für die Unterschiede zwischen uns öffnen und einander zuhören können, damit das, was uns als Menschen verbindet, spürbar und sichtbar werden darf.

Wir haben die Texte, die in der Zusammenarbeit zwischen Kees Voorberg und mir in den Niederlanden entstanden sind, gesammelt und zusammengefügt. Wir teilen unsere praktischen Dialogerfahrungen, die wir in den Ausbildungsgruppen und in unserer Arbeit mit Menschen, Gemeinschaften und Organisationen gesammelt haben. Wir beschreiben die theoretischen Grundlagen, die wir in der Praxis als hilfreich empfunden und für unsere eigene Arbeit weiter verfeinert und vertieft haben. Wir haben das Buch für Menschen geschrieben, die ihre dialogische Haltung vertiefen wollen, sowie für Menschen, die selbst Dialoge begleiten möchten – in der Familie, mit Angehörigen und Freunden oder in beruflichen und gesellschaftlichen Kontexten.

Wir sind uns bewusst, dass diese Texte die Perspektive und Erfahrungswelt nur zweier Menschen abbilden und dass es viele andere Möglichkeiten gibt, Dialog zu definieren und zu beschreiben. Dies ist wichtig, da ein so umfassendes Konzept wie der Dialog nicht durch Einzelne, sondern nur durch eine Vielfalt an Sichtweisen beschrieben werden kann. Es erfordert die Perspektivenvielfalt, die der Begriff selbst impliziert: Dialog zu führen bedeutet unter anderem, durch die Verbindung verschiedener Sichtweisen neuen gemeinsamen Sinn zu finden.

Aus unserer Sicht ist Dialog nicht nur eine Technik oder Methode. Es ist ein Prozess, in dem kollektive Entwicklung mit persönlichem Wachstum Hand in Hand geht. Die Grenzen, an die wir in der Begegnung mit anderen geraten, betrachten wir als Chance und Anlass, unsere eigenen Annahmen über die Welt zu erkunden, sodass eine innere Offenheit für andere Sichtweisen entsteht. Diese Bereitschaft zum persönlichen Wachstum ist die Basis, auf der wir uns im Miteinander gemeinsam weiterentwickeln. Ohne diesen Aspekt wird der Dialog schnell auf eine Gesprächstechnik oder -methode reduziert, die nicht uninteressant und sehr wohl funktionell sein kann, über kurzfristige Problemlösung hinaus jedoch wenig zur Entwicklung des Kollektivs beiträgt.

Die vor Ihnen liegenden Texte sind unser Versuch, diesen prozessorientierten Blick auf den Dialog zu skizzieren.

Wir danken allen Teilnehmenden der Ausbildungen und LernRäume für ihr unerschütterliches Vertrauen in den Dialog, für ihren Mut, sich gemeinsam mit uns auf diesen Weg zu begeben und sich auch den schwierigen Momenten zu stellen. Gerade diese Momente haben unser Verständnis vertieft und uns neue Einblicke in den Prozess des Dialogs gegeben. Es sind diese Erkenntnisse, die es uns ermöglicht haben, die vorliegenden Beschreibungen des Dialogs als Prozess auf Papier zu bringen.

Wir danken allen Menschen, die implizit oder auch explizit mitgearbeitet haben an der Zusammenstellung der ursprünglichen niederländischen Texte. Wir danken Sarah Schützle für ihre geduldigen und wunderbaren Übersetzungen, Alina Czettl für die Überprüfung der deutschen Texte, Renate Götz und Eva Denk für die Gestaltung, Realisierung und Verbreitung der deutschen Ausgabe.

Mit Kees Voorberg verbindet mich eine tiefe Freundschaft und ein langer Entwicklungsweg. Ich danke ihm für den gemeinsamen Weg und das gemeinsame Lernen. Er ist ein Vorbild für eine tiefgehend prozessorientierte Lebenshaltung, die mich bis heute inspiriert und begleitet.

Mein persönlicher Dank geht an Benno und Maria Kapelari, wichtiger Partner und wichtige Partnerin in der Dialogakademie, die der Dialogarbeit in Österreich einen kräftigen Impuls gegeben haben. Sabine Helene Kresa, als Vorreiterin für den Dialog in Organisationen, für das gemeinsame Lernen. Christian Hörl, für das Vorleben einer dialogischen Haltung, die mich bis heute inspiriert, und mit ihm das Netzwerk des Dialogprojekts Arbogast, wo der Dialog im Westen Österreichs seit vielen Jahren praktiziert und verbreitet wird. Ich danke allen Kolleg*innen und Freund*innen im Dialognetzwerk der Niederlande, Südtirols, Österreichs und Deutschlands, sowie Peter Garret und allen internationalen Kolleg*innen in der Academy for Professional Dialogue für ihre Inspiration und Freundschaft auf unserem gemeinsamen Weg.

Mein besonderer Dank gilt meiner Frau Julia und unseren Kindern Leander, Jannes und Roos. Wir führen ein Leben, das dem Dialog auf vielen Ebenen gewidmet ist, uns zutiefst herausfordert und unser Miteinander immer weiterträgt. Dieser Versuch, wo möglich dialogisch zu leben – als Paar, als Eltern, als Familie und als Kolleg*innen, auch wenn das Leben uns manchmal vor schwierige Herausforderungen stellt –, ist eine wichtige Quelle unserer Verbundenheit und unseres gemeinsamen Lernens, für die ich unendlich dankbar bin. Julias Wissen über Human Design ist ein wichtiger Beitrag zu und eine große Inspiration für unsere gemeinsame Dialogarbeit, sowohl in Ausbildungen und Seminaren als auch in unserem persönlichen Leben mit unseren Kindern. Ohne alledem wäre diese vorliegende Arbeit nicht möglich gewesen.

Eelco de Geus
Wienerwald, Juni 2022

PERSÖNLICHE WORTE VON KEES VOORBERG

EIN TANZ DER FREUDE

Im Niederländischen, meiner eigenen Sprache, in der dieses Buch ursprünglich geschrieben wurde, kennen wir den Ausdruck „een gat in de lucht springen" (vor reiner Freude „einen Luftsprung machen"). Man sagt es, wenn man sich über etwas sehr freut, und ich freue mich heute sehr, dass unsere Texte jetzt auf Deutsch erschienen sind. In den letzten Jahren hat das Buch seinen Weg in die Niederlande und nach Belgien gefunden und viele Menschen dazu inspiriert, sich selbst auf das Abenteuer des Dialogs einzulassen und ihn mit Freunden, Familienmitgliedern und Kollegen sowie im sozialen Umfeld, in dem sie leben und arbeiten, zu erproben. Und nun kann das Buch seine Reise im deutschen Sprachraum fortsetzen.

Eelco hat zusammen mit Benno Kapelari und anderen bereits wichtige Arbeit geleistet, indem er die Dialogakademie im Wiener Raum gegründet und entwickelt hat, um den spezifischen Dialogansatz, den wir in unserem Buch beschreiben und den wir Dialogprozessarbeit nennen, in Österreich und im gesamten deutschsprachigen Raum einzuführen. Das Buch bietet eine solide Grundlage für unsere Arbeit.

Ich danke Eelco für unsere langjährige tiefe Freundschaft und für unsere Zusammenarbeit bei der Entwicklung der Dialogprozessarbeit, in Workshops, Schulungen und durch das Schreiben dieses Buches. Unsere Freundschaft begann an einem Samstagmorgen im Oktober 1996, als wir uns zu Beginn eines Wochenend-Workshops zum Thema Community Building zum ersten Mal trafen.

Innerhalb einer Stunde nach Beginn des Workshops gerieten wir aneinander und ärgerten uns darüber, wie anders der andere war. Darin lag bereits der Keim dessen, was später unsere gemeinsame Arbeit werden sollte: zu erforschen, wie wir als Menschen mit unseren Unterschieden auf fruchtbare und inspirierende Weise leben können.

Ich möchte Eelco für die Arbeit danken, die er geleistet hat, um unser Buch für den deutschen Sprachraum anzupassen und es für die Veröffentlichung in deutscher Sprache vorzubereiten. Dabei hat er das Buch in einer Reihe von Punkten aktualisiert. Das ist wichtig, denn die Welt nach Corona und all dem, was Corona ausgelöst hat, sieht anders aus als vorher.

Ich wünsche den Leser*innen, dass sie fruchtbare Differenzen erleben und einen freudvollen Umgang damit finden.

Kees Voorberg
Radda in Chianti, Italien, Juni 2022

VORWORT VON BENNO KAPELARI

Dieses Buch ist eine Einladung. Eine Einladung bewusst wahrzunehmen, welche kommunikativen Qualitäten in einem Gespräch die Türen zu mehr Verbindung untereinander öffnen – bis hin zur Überwindung scheinbar unüberbrückbarer Gräben.

Gerade heute, in einer Zeit wiederkehrender Polarisierungen und Ausgrenzungen in den Gesellschaften, ist dieses Buch von Eelco de Geus und Kees Voorberg wie ein Sonnenaufgang. Die beiden legen mit Sorgfalt und Achtsamkeit ihre Aufmerksamkeit auf eine Qualität des Miteinander-Redens, die jedem einzelnen Menschen den Raum gibt, der ihr oder ihm gebührt.

Kees Voorberg und Eelco de Geus sind Forscher im besten Sinne des Wortes, die unzählige, kleine und große Edelsteine mit Hilfe der Linse des Dialogs im weiten Feld menschlicher Kommunikation entdecken und sichtbar machen. Sie folgen damit einer Tradition Erkundender, die die Kernfähigkeiten dialogischer Redekreise – und der davon initiierten Dialogprozesse – immer tiefer im menschlichen Sein verankern helfen.

Dialogische Redeformen sind uralt und tief mit der menschlichen Kultur verwoben. Als polares Gegenüber zur Diskussion, die jahrhundertelang das prägende Element abendländischer Gesprächskultur war, schafft der Dialog eine Qualität des Austausches, die Kooperation zwischen Menschen in jedem Lebensumfeld ermöglicht und vertieft.

Möglicherweise gibt dieses Buch den Impuls, dialogische Redeformen und Haltungen, die die menschliche Kultur seit ihren Anfängen bis heute prägten und in Zukunft noch prägen werden, weiter zu erforschen.

Ich freue mich, dass dieses Buch nun endlich im deutschsprachigen Raum erscheint, und wünsche ihm, dass es Anregung für viele Menschen sein wird, den Weg dieser Beziehung-stiftenden und Brücken-bauenden Gesprächsform zu erkunden.

In großer Dankbarkeit,
Benno Kapelari
Ramsau, Juni 2022

VORWORT VON SABINE HELENE KRESA

Nur selten scheitern große Vorhaben an komplizierten Inhalten. Viel öfter scheitern sie an der Komplexität menschlicher Beziehungen.

Als Dialogprozessbegleiter*innen in Organisationen öffnen wir sichere Begegnungsräume inmitten bestehender Hierarchien und Dynamiken, die Gleichwertigkeit zulassen, Authentizität, Offenheit und Transparenz fördern. Räume, in denen Vielfalt willkommen ist und echte Verbindung entsteht. Die Verbindung von Menschen, Geschichten, Perspektiven und Ideen. Klarheit, Ruhe, Effizienz, eine gemeinsame Ausrichtung sowie Engagement und Vertrauen jenseits von Kontrolle, Macht und Regelwerken werden möglich.

Ich bin froh und sehr dankbar, dass wir dieses wunderbare und so wesentliche Buch nun auch in deutscher Sprache in unseren Händen halten. Die von Eelco de Geus und Kees Voorberg vorgestellten Gedanken und Modelle sind hochwirksame Blaupausen für die Entwicklung einer partizipativen, holistischen und vor allem menschlichen Unternehmenskultur.

Sie haben mein unternehmerisches Weltbild erfreulich auf den Kopf gestellt und bilden seit über zwölf Jahren die tragfähige Basis meiner Arbeit in unterschiedlichsten Organisationen und Gemeinschaften. Die Wirkungen, die das Dialogmodell und Co. dabei in der Praxis entfalten, sind bemerkenswert kraftvoll und nachhaltig. Sie ermutigen uns, die Menschlichkeit als größtes Potenzial zu feiern und sie beherzt in alle Aspekte der Zusammenarbeit einzuladen.

Es ist durchaus möglich, dass Sie beim Lesen Ihrer Welt ein Stück weit neu begegnen und dabei auch sich selbst. Unter Umständen werden Sie, so wie ich, öfter zustimmend nicken, manchmal bedächtig den Kopf schütteln, ab und an innehalten und in der Stille zwischen den Zeilen sogar ganz frischen eigenen Gedanken begegnen.

Und was das Schönste wäre, vielleicht spüren Sie eine Aufbruchsstimmung, eine Art Unrast, den Dialog überall hin mitzunehmen, wo Sie in Ihrem Leben Beziehungen gestalten. Denn genau dort, wo Sie in Ihrer ganz eigenen Art und Weise das hier Gelesene anwenden, kann dieses Buch seine größte Magie entfalten.

Sabine Helene Kresa
Wien, Juni 2022

EINLEITUNG

Nicht in der Isolation werden wir uns selbst entdecken, sondern in der Stadt, in der Menge, als ein Ding unter Dingen, als Mensch unter Menschen.
– J. P. Sartre

Menschen brauchen Beziehungen. Wir brauchen Begegnungen, in denen wir wahrgenommen werden, uns berühren lassen und für andere bedeutungsvoll sind. Nur dann werden wir uns unseres eigenen Seins und Wirkens bewusst. Beziehungen geben unserem Leben einen Sinn, der uns dazu motiviert, etwas beitragen zu wollen, das für andere und für das eigene Leben Bedeutung hat. Es erfüllt und verbindet uns, macht uns lebendig, präsent und gesund.

In unserer heutigen Welt stellt sich die Frage, wie wir in Beziehungen authentische Verbindung schaffen und aufrechterhalten können. Wie können wir Gemeinschaft und Partnerschaft auf eine gesunde Weise gestalten? Wie wahren wir unsere Grenzen, bleiben unserer eigenen Identität treu, ohne die Verbindung zu verlieren? Wie können Beziehungen so gelingen, dass sie es uns ermöglichen, gemeinsam die Fragen unserer Zeit zu bewältigen?

BEZIEHUNGSQUALITÄT

Dialogisches Leben ist nicht eins, in dem man viel mit Menschen zu tun hat, sondern eins, in dem man mit den Menschen, mit denen man zu tun hat, wirklich zu tun hat.
– Martin Buber

Diese Aussage von Martin Buber berührt. Sie rührt an eine Erinnerung, eine Sehnsucht nach Kontakt mit anderen, die wirklich zählt, die unser Leben bereichert und ihm einen Sinn gibt.

Wir kennen es aus Momenten, in denen wir das Gefühl haben, gesehen und für das anerkannt und respektiert zu werden, wer wir sind, wofür wir stehen und was wir tun. Wir kennen es aus jenen Situationen, in denen wir gemeinsam mit anderen kreativ sind und aus einem Gemeinschaftsgefühl heraus erfolgreich Neues in die Welt bringen.

Wir wissen aus eigener Erfahrung, wie schwierig es sein kann, in einer authentischen Beziehung zu anderen zu sein. Beziehung und Kommunikation ist das, was wir brauchen, um kreativ miteinander zu arbeiten: Wie oft landen wir jedoch in einem mühsamen Durcheinander von Missverständnissen, Unklarheiten und Konflikten? Wie kompliziert scheint es in der heutigen Welt zu sein, als Partner*innen zusammenzuleben, als Team zusammenzuarbeiten oder eine gemeinsame Richtung für Wachstum und Veränderung in unseren Organisationen oder in der Gesellschaft zu finden? Wie schwierig scheint es, im Gespräch zu bleiben, wenn unsere unterschiedlichen Meinungen unvereinbar scheinen?

In diesem Buch geht es um die Art und Weise, wie der Dialog die Qualität von Beziehungen vertieft, Verbindung und Vertrauen in und zwischen Menschen stärkt und Unterschiedlichkeit als Ressource für Kreativität und Veränderung verwertet.

Dialog bietet Raum, Erfahrungen zu teilen und Meinungen auszutauschen, ohne sie zu bewerten. Dialog ermöglicht es uns, den Wurzeln unserer Annahmen und Bewertungen auf den Grund zu gehen und gemeinsam neue Perspektiven zu finden. In diesem möglichst wertungsfreien Raum lauschen wir unseren Geschichten und bauen Vertrauen und Verständnis auf, auch wenn wir unterschiedlicher Meinung sind. Daraus entsteht eine schöpferische Kraft, ein kreativer Impuls, aus dem neue Gedanken und Sichtweisen hervorkommen. So findet im Dialog der Wandel statt, den wir persönlich und kollektiv brauchen, um uns als Menschen in der Welt weiterzuentwickeln.

DER DIALOGPROZESS

Der Weg, den wir in unserer Arbeit als Dialogprozessbegleiter*innen gehen, ist geprägt von einer ständigen Suche nach der Art und Weise, wie wir gleichwertig, respektvoll und ko-kreativ miteinander leben und arbeiten können. Nicht nur aus idealistischen Gründen, sondern auch aus praktischer Erfahrung: Wo mehr Verbindung und Kontakt ist, ist mehr möglich. Gemeinsam erreichen wir mehr und wir erreichen es letztendlich schneller.

Was wir im Laufe der Jahre über den Dialog gelernt haben, ist, dass er kein schwammiges Konzept oder eine beliebige Methode ist. Dialog zu führen bedeutet, bereit zu sein, wirklich in Kontakt zu treten, mit ganzem Herzen und mit allen Herausforderungen, die damit verbunden sind. Nicht nur die vielen Momente zu genießen, die inspirierend und erfüllend sind, sondern auch präsent zu bleiben, wenn Differenzen und Spannungen entstehen. Es bedeutet dranzubleiben, unsere Reaktionen in der Schwebe zu halten, bis etwas Neues zwischen uns entstehen kann. Es fordert uns auf, bereit zu sein, unsere eigenen Sichtweisen immer wieder in Frage zu stellen, uns zu öffnen für das andere und uns ständig persönlich weiterzuentwickeln.

Das ist viel mehr als nur ein mentaler Prozess. Es entsteht eine Energie zwischen uns, die neue Bewegungen ermöglicht und zur Quelle für Veränderung wird. In diesem Buch untersuchen wir, wie wir diese Energie im Dialog anzapfen und ins Fließen bringen können.

PROZESSORIENTIERUNG

Dialog ist keine neue Art des Moderierens oder ein Trick, um Konflikte zu lösen. Im Dialog lassen wir uns auf einen Prozess der Begegnung und Erkundung ein und entwickeln uns gemeinsam darin. Im und durch den Dialog lernen wir kontinuierlich unsere eigenen Annahmen und Reaktionsmuster kennen. Wir lernen sie zu reflektieren, loszulassen oder zu weiten, während wir in der Begegnung mit anderen wachsen.

Es ist ein Prozess, auf den wir uns einlassen, für den wir uns rüsten können, der aber in jedem Moment neu und anders ist und uns vor Überraschungen und unvorhergesehene Herausforderungen stellt. In diesem Prozess stoßen wir an unsere Grenzen und die von anderen, die zu Konfrontation führen. Der Dialog bietet die Chance, sich über diese vermeintlichen Grenzen hinweg zu verbinden, neue Perspektiven zu gewinnen und von- und miteinander zu lernen.

WEGWEISER

Dieses Buch beschreibt, was Dialog aus unserer Sicht bedeutet. Es zeigt Möglichkeiten auf, wie wir dialogisch leben und arbeiten können, auf welche Stolpersteine wir stoßen und wie wir mit ihnen umgehen können.

Das Buch ist in vier Abschnitte aufgeteilt. In Teil 1 beschreiben wir unsere Perspektive auf den Dialog. Kapitel 1 reflektiert anhand von konkreten Beispielen, was der Wert von Dialog in unserer Zeit sein kann. In Kapitel 2 und 3 werden die Prinzipien, Modelle und Grundlagen der Dialogarbeit besprochen.

In Teil 2 widmen wir uns den theoretischen Hintergründen des dialogischen Arbeitens und Lebens. Kapitel 4 fokussiert auf den Umgang mit Unterschieden und Diversität. In Kapitel 5 erkunden wir die natürlichen Phasen, die ein Dialogprozess durchläuft. In Kapitel 6 reflektieren wir die Ideen des Physikers und Philosophen David Bohm, der einen Rahmen für die Interpretation des reaktiven Umgangs mit Urteilen, Meinungen und Standpunkten bietet. In Kapitel 7 erörtern wir die Hintergründe der natürlichen Tendenz, den Dialog in bestimmten Situationen zu vermeiden. In Kapitel 8 betrachten wir das dialogische Paradigma, eine Weltanschauung, welche dem Dialog zugrunde liegt.

In Teil 3 geht es um den Dialog in der Praxis. In Kapitel 9 besprechen wir den Dialogkreis als archetypische und wichtige Arbeitsform. In Kapitel 10 widmen wir uns der Kunst, Dialoge zu begleiten. In Kapitel 11 betrachten wir die verschiedenen Kontexte, in denen der Dialog eingesetzt wird, und unsere Erfahrungen mit ihnen.

Es ist gut möglich, Teil 2 und Teil 3 sowie die einzelnen Kapitel in beliebiger Reihenfolge zu lesen. Sie können zunächst in die weiteren theoretischen Überlegungen von Teil 2 einsteigen und dann in Teil 3 lesen, was das in der Praxis bedeutet. Ebenso ist es möglich, sich zunächst in Teil 3 über Dialog in der Praxis zu informieren und danach in die theoretische Vertiefung in Teil 2 zu gehen.

In Teil 4 beschreiben wir, wie der Dialog ein Weg zur persönlichen und transpersönlichen Bewusstseinsentwicklung sein kann. In den Kapiteln 12, 13 und 14 erörtern wir jeweils die persönlichen, systemisch-dialogischen und transpersönlichen Kompetenzen, die diesem Weg zugrunde liegen.

Der Dialog hat das Potenzial, ein wichtiger Pfeiler für gesellschaftliche Veränderungen zu sein. Dazu eine treffende Aussage des Niederländers und ehemaligen Politikers, des Botschafters für „Niederlande im Dialog“, Hermann Wijffels:

Ich halte den Dialog für die Methode der Zukunft. Es ist eine Methode, die Verbindung herstellt und bei der das Zuhören vielleicht das wesentlichste Element ist. Viel mehr als durch Diskussionen und Debatten, bei denen das Rechtfertigen der eigenen Standpunkte im Vordergrund steht, kann der Dialog genutzt werden, um gemeinsame Perspektiven und eine Grundlage für die großen gesellschaftlichen Veränderungen zu entwickeln, die jetzt stattfinden.

Dieses Buch bietet sowohl einen theoretischen als auch einen praktischen Einblick in unsere Erfahrungen mit und unser Denken über den Dialog. Wir hoffen, dass es einen Beitrag dazu liefert, dass der Dialog als Haltung, als praktische Vorgehensweise und als persönlicher und gemeinschaftlicher Entwicklungsprozess zugänglicher wird und sich verbreiten darf, nicht nur im eigenen Beziehungsleben, sondern auch in der Arbeit in Schulen, Gemeinschaften und Organisation.

TEIL 1

DIALOG ALS PERSPEKTIVE

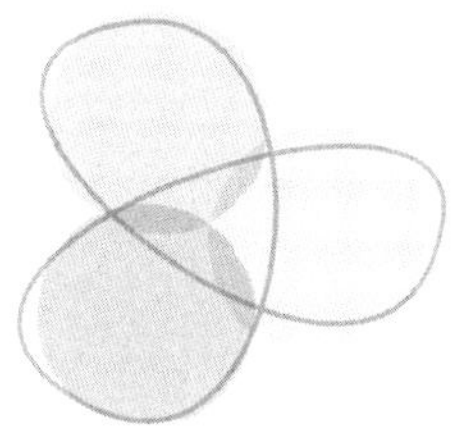

KAPITEL 1

DIALOG IN UNSERER ZEIT

Dies ist nicht
das Informationszeitalter.

Dies ist nicht
das Informationszeitalter.

Vergiss die Nachrichten,
und das Radio
und den verschwommenen Bildschirm.

Dies ist die Zeit
der Brote
und Fische.

Die Menschen sind hungrig,
und ein gutes Wort
ist Brot für Tausende.

– David Whyte[2]

Wir leben in einer Übergangszeit. Einer Zeit, in der wir sowohl persönlich als auch in unseren Beziehungen und in der Gesellschaft auf vielen Ebenen herausgefordert sind. Die herkömmlichen Strukturen, die wir aufgebaut haben und in denen wir als Menschen zusammenleben, zeigen ihre Risse.

---

2 David Whyte, Loaves and Fishes, The House of Belonging, ©1996 Many Rivers Press
Übersetzt und abgedruckt mit Erlaubnis von Many Rivers Press, www.davidwhyte.com

Wir haben jahrhundertelang auf rationelles Denken gesetzt. Die Kraft des strategischen Planens hat uns materiellen Wohlstand und technologischen Hochstand gebracht. Wir haben effiziente systemische Strukturen aufgebaut. Organisationen sind auf Produktivität und Gewinn ausgerichtet, unsere Ökonomien auf ununterbrochenes Wachstum. Die Bildungssysteme sind weitgehend standardisiert, damit möglichst viele Menschen einen vergleichbaren, hohen Ausbildungsstand erreichen. Unsere europäische Politik basiert auf demokratischen Werten, in denen die Debatten und die Kraft der stärksten Argumente dominieren. Digitalisierung hat die Reichweite und die Geschwindigkeit unserer Kommunikation auf das höchste Niveau gebracht. Wir feiern auf vielen Ebenen die Erfolge des industriellen Zeitalters und des Informationszeitalters. Gleichzeitig sind wir konfrontiert mit großen Bedrohungen für das Leben auf dieser Erde: Klima, Hunger, Pandemien und Kriege zeigen uns die Schattenseiten und die Beschränkung unserer strategisch-rationellen Vorgangsweisen.

Es ist uns einfach etwas abhandengekommen. Inmitten von Leistungsdrang, Geschwindigkeit und Zielorientierung fehlt es an Raum und Zeit, um innezuhalten, nachzuspüren, Kontakt herzustellen und sich auszutauschen. Wir sind weitgehend gefangen in unseren eigenen Systemen und verlieren Kontakt zu dem, was uns als Menschen ausmacht: unser authentisches Gespür für das, was wichtig, richtig und sinnvoll ist, unser Gefühl von Lebendigkeit, Freiheit, Gesundheit und die Verbindung zueinander.

HOFFNUNG

Zeiten wie diese haben einen besonderen Charakter. Sie zeigen uns auf, dass wir an Grenzen stoßen und dass sich etwas Neues entwickeln will. Sie laden uns ein, zu verlangsamen, innezuhalten und zu reflektieren: Was ist uns wirklich wichtig? Wer sind wir und wer wollen wir sein, jeder für sich und als Menschen miteinander? Wie ist unsere Verbindung, wo ist sie verloren gegangen und wie finden wir sie wieder? Wie können wir unser Zusammenleben und unser gemeinsames Denken so gestalten, dass sich jede*r entfalten und einen guten Platz in unserem Miteinander finden kann? Wie können wir gesunde, ko-kreative Verbindungen schaffen und uns darin und dadurch gemeinsam entwickeln? Denn auch wenn wir es oft nicht mehr spüren, Verbundenheit ist unsere Natur.

Die Hoffnung des Dialogs liegt darin, dass wir Verbindung schaffen, indem wir üben und lernen, wirklich zuzuhören. Diese Zeit fordert uns auf, innezuhalten, langsamer zu werden, in die Stille zu lauschen und hinzuhören. Sie lädt dazu ein, unsere Annahmen und Bewertungen zu reflektieren, Bedürfnisse und Impulse wahrzunehmen, unsere gegenseitige Erfahrung ernst zu nehmen und sie miteinander zu teilen.

Wir brauchen einen rezeptiven, spürenden Raum, in dem jede*r gesehen, gehört und respektiert wird in seiner*ihrer Einzigartigkeit. Ein Raum, in dem wir uns selbst in unserer ganzen Menschlichkeit wahrnehmen; mit all unseren Annahmen, Gefühlen, Inspirationen und unserer Kreativität, die so viel mehr ist als nur die Summe unserer Gedanken. Ein Raum, in dem wir gleichwertig sind und gemeinsam reflektieren können.

In einem solchen Raum finden unsere Gedanken, Empfindungen und Geschichten in all ihrer Komplexität einen Platz. Dadurch werden wir sowohl unserem eigenen als auch unserem gemeinsamen Potenzial gewahr. Wir schaffen eine Verbindung, die uns hilft, gemeinsam kreativ zu werden und Lösungen für die Herausforderungen unserer Zeit zu finden.

Wie gelingt uns dies in unserer alltäglichen Kommunikation? Im Folgenden führen wir einige Beispiele dafür an, wie der Dialog einen Beitrag dazu liefern kann, einen rezeptiven Raum inmitten einer strategisch ausgerichteten Welt zu schaffen.

FRAGMENTIERUNG UND VERBINDUNG

Jeder von uns nimmt nur einen Teil der Realität wahr. Wenn wir glauben, dass unsere Wahrnehmung die ganze Wahrheit ist, die wir verteidigen müssen, ist unser Denken fragmentiert und wir verlieren den Blick für das Ganze. Im Dialog öffnen wir uns für den anderen und für unterschiedliche Perspektiven, indem wir einander zuhören und uns verbinden. Das folgende Beispiel zeigt, dass dies in der heutigen Zeit schwierig sein kann und gleichzeitig sehr notwendig ist:

Wir schreiben den November 2021. Die Corona-Pandemie ist in vollem Gange. Die Situation ist angespannt. Die Maßnahmen zur Eindämmung der Infektionen sind weitreichend und die Emotionen kochen hoch. In der Gesellschaft hat sich eine tiefe Kluft über den Umgang mit der Pandemie aufgetan. Befürworter und Gegner der Maßnahmen, von Impfungen und Impfpflicht, stehen sich diametral gegenüber. Das Thema spaltet selbst die intimsten Beziehungen unerbittlich und ein offenes Gespräch ohne Verurteilung und gegenseitige Schuldzuweisungen ist fast unmöglich.

Trotz aller Einschränkungen kommen wir als Dialog-Trainingsgruppe zu einem Abschlussseminar zusammen, mit Mundschutz, alle negativ getestet und auf anderthalb Meter Abstand. Die Gruppe ist gemischt: Befürworter und Gegner von Impfungen und anderen Maßnahmen; Menschen, die es locker sehen, andere, die es sehr genau nehmen; die Meinungsunterschiede sind groß. Das Thema ist so allgegenwärtig, dass wir als Gruppe beschließen, ihm einen längeren Gesprächskreis zu widmen. Nicht zuletzt, weil es uns auch eine ausgezeichnete Gelegenheit bietet zu erfahren, was im Dialog möglich ist und was nicht.

Es gibt eine spürbare Angst und Besorgnis: Wie können wir über Corona sprechen, ohne dass es sofort zu einer Polarisierung kommt, wir uns gegenseitig beschuldigen, bekämpfen und das Gespräch einen gewalttätigen Charakter annimmt, wie wir es gerade überall um uns herum erleben? Wie können wir, jenseits unserer fragmentierten Realität, Verbindung schaffen?

Zwei Teilnehmerinnen stellen sich zu Verfügung, um den Raum für diesen Dialogkreis vorzubereiten und zu halten. Wir wollen uns darüber austauschen, was uns bewegt, und erkunden, ob in diesem Gespräch Verbindung spürbar werden kann oder auch nicht. Wir fangen mit der Stille an und verbinden uns mit der Frage, wie Corona und das Leben in und mit der Pandemie jeden von uns berührt. Wir sind eingeladen, unsere persönlichen Geschichten zu erzählen, sie in unsere Mitte zu legen, unsere Reaktionen zu suspendieren und vor allem in der spürenden Beobachtung zu bleiben. Der Dialog ist bewegend. Die Stille ist lang und andächtig. Die Geschichten, die nacheinander erzählt werden, handeln von Unsicherheit, von Angst und Sorge um geliebte Menschen, vom Schmerz der Polarisierung und des Verlusts von Beziehungen, von Isolation und Frustration, die die auferlegten Einschränkungen mit sich bringen. Jeder wird von der Erfahrung des anderen berührt und sieht sich in gewisser Weise darin wieder. Es ist erstaunlich, wie durch die Stille, das Zuhören und den Austausch persönlicher Erfahrungen ein Gefühl der Verbundenheit in der Gruppe entsteht. Sobald jedoch jemand eine Meinung oder einen Standpunkt zum Thema Corona, Impfung oder Verantwortung füreinander äußert, wird deutlich, wie fragil unser Dialog ist. Es entsteht sofort Unruhe, wir neigen dazu, uns in unsere inneren Schlösser zurückzuziehen, spalten uns auf und verteidigen uns gegeneinander. Es ist beeindruckend, so hautnah zu erfahren, wie nah Verbindung und Fragmentierung beieinanderliegen.

Immer wieder kehren wir zur Stille zurück, zum stillen Beobachten, zum Hören auf die persönlichen Geschichten, die uns alle berühren. Selten habe ich so kontrastreich erlebt, wie das Denken unsere Wahrnehmung fragmentiert und wie schnell das Bewusstsein für unsere Verbindung verloren geht. Und umgekehrt: wie wir durch unsere Präsenz, das Einbringen unserer persönlichen Erfahrungen und das gegenseitige Zuhören wieder in Verbindung kommen.

REAKTIVITÄT UND REFLEXION

Reaktivität bedeutet, so schnell und reflexartig aufeinander zu reagieren, dass sich unsere Kommunikation auf den gegenseitigen Austausch von Annahmen, Überzeugungen und Urteilen reduziert. Eine hohe Reaktivität führt unsere Kommunikation rasch in eine Sackgasse und legt den Grundstein für Konflikt und Gewalt. Es passiert etwas, wir haben unmittelbar ein Urteil darüber und handeln. Die darauffolgende Reaktion der anderen Person veranlasst uns zur nächsten schnellen, impulsiven Handlung. Ehe man sich versieht, ist die Beziehung gestört, die Spannung aufgebaut und der Konflikt geboren. Unbeabsichtigt haben unsere reaktiven Handlungen Konsequenzen, die schlecht sind für uns selbst, die Gemeinschaft, die Organisation, für die wir arbeiten, oder die Welt, in der wir leben.

Ich denke, ich kenne meine Partnerin gut. Wir sind seit zehn Jahren verheiratet, also weiß ich, wie sie reagiert. Auch sie scheint das ganz genau über mich zu wissen. Ein Blick genügt, um festzustellen, wie sie über etwas denkt, was ihr gefällt, ob sie glücklich ist oder nicht. Genauso automatisch, wie ich interpretiere, was sie fühlt und denkt, sind auch meine Reaktionen. Solange sie positiv sind, ist das angenehm; die Tasse Kaffee am Morgen, eine Berührung, ein liebevoller Blick, ein Lächeln und eine Bestätigung, ein Witz und ein gutes Gespräch: Sie sind der Honig in unserem Zusammensein.

Und dann die andere Seite. Die unausgesprochenen Irritationen. Die Urteile und Kritik. „Warum räumt sie das eigentlich nicht auf? Das Haus ist ein einziges

Chaos, hinterlässt sie es für mich? Als ob ich nicht schon genug zu tun hätte." Mit einem leicht vorwurfsvollen Blick und einem etwas zu hastigen Schritt beginne ich hektisch staubzusaugen. Als ob ich sie etwas wissen lassen möchte. Aber sie reagiert nicht. Ich bin verärgert, aber ich sage es nicht. Und dann, wenn die Milch am Herd, die ich in meiner Irritation glatt vergessen habe, überkocht, lasse ich es mit unrealistischer Wut, die weit über meinen ursprünglichen Ärger hinausgeht, an ihr aus. Später, wenn ich mich wieder beruhigt habe, setzen wir uns hin und führen ein ruhiges Gespräch über den Vorfall. Wir hören einander genau zu und erkunden, was wir gegenseitig gedacht und gefühlt haben. Wir sprechen über unsere unbewussten Annahmen darüber, was im Haus und in der Familie auf welche Weise getan werden sollte und wer dafür verantwortlich ist. Es ist gut, voneinander zu hören, was gut läuft, was nicht, was man mag und was nicht, was der andere über mich denkt und umgekehrt. Es wird klar, wie wichtig es ist, dass wir anerkennen, wie viel jeder von uns zu unserem gemeinsamen Leben mit den Kindern beiträgt. Ohne bewusst etwas lösen zu wollen, löst sich etwas auf. Im Zuhören, in der Aufmerksamkeit füreinander und in der Stille zwischen uns.

In unserer heutigen Zeit ist es notwendig, dass wir lernen, mit Reaktivität anders umzugehen. Wir müssen nicht anders werden oder anders denken, aber es ist wichtig, dass wir innehalten, uns Zeit nehmen, um unsere Annahmen zu reflektieren, bevor wir sie impulsiv ausleben. Dafür braucht es die Verlangsamung und das Warten, zwei Qualitäten, die wir im Dialog aktiv praktizieren können.

DIVERSITÄT UND KOMPLEXITÄT

So wie ein einzelner Ton keine Harmonie erzeugt,
so ist auch eine Wahrheit, die für sich alleine steht, unvollständig.
– Emmanuel Swedenborg

Die Mitglieder des Managementteams eines großen internationalen Beratungsunternehmens befinden sich in einem Dialog. Wenn wir genauer über ihre Wünsche, Ziele und Erwartungen für diesen Tag sprechen, zeigt sich, dass sie nichts anderes wollen als ein völlig offenes Gespräch, ohne Tagesordnungen, Flipcharts, vorgefertigten Präsentationen.

Sie wollen über das reden, was sie wirklich bewegt, und einander zuhören, weil sie in ihrer gemeinsamen Strategie nicht weiterkommen. Der Markt ist angespannt. Sie müssen sich jetzt sehr anstrengen, um die Aufträge zu bekommen, die sie früher aufgrund ihres großen Bekanntheitsgrades ganz selbstverständlich bekommen haben. Während sie sich früher als Eigentümer/Manager einig waren, treten jetzt Meinungsverschiedenheiten auf, die fast jede Sitzung lähmen.

Diese Menschen tun selbst den ganzen Tag nichts anderes, als kommunikative Räume in Organisationen zu schaffen, in denen Menschen konstruktiv miteinander denken können. Sie sind auch mit der Form des Dialogkreises sehr vertraut. Aber wenn es um einen selbst geht, ist es etwas ganz anderes, und das stellt sich heraus: Ein Dialog im Kreis, ohne Programm, mit viel Gefühl, Stille und Nachdenken, aber auch mit klaren Konfrontationen, wirkt für dieses Team an diesem Tag äußerst verbindlich, und eine neue gemeinsame Richtung beginnt langsam Gestalt anzunehmen.

Am Ende des Tages, unsicher, ob die offene Diskussion für sie zielführend und funktional genug war, frage ich die Teilnehmer, ob wir nicht eine Art Fazit ziehen und es auf dem Flipchart notieren sollten. Der Gründer sagt dann: „Wissen Sie, wie viele Tage und Wochen wir über die Strategie gesprochen haben? Wir haben darüber diskutiert, externe Moderatoren angeheuert, Interviews geführt und sie ausarbeiten lassen. Wir haben bereits mindestens fünf Modelle für die Zukunft entwickelt und Flipcharts und Protokolle voll mit Notizen. Wir haben versucht einander zu überzeugen und nach einem Konsens gesucht, aber wir konnten keine Lösungen finden. Das ist das erste Mal, dass wir einander wirklich zugehört haben, ohne ein Ziel, ohne einen Plan. Weil die Unterschiede zwischen uns so deutlich geworden sind, habe ich ein besseres Gefühl dafür, wo es gemeinsam hingehen könnte. Das ist die wichtigste Ernte. Also bitte, lassen Sie uns nicht versuchen, es jetzt in eine Zusammenfassung zu packen, das können wir später selbst tun, wenn die Zeit reif ist.“

Wir sind es gewohnt, dass unsere Sitzungen auf eine Art und Weise moderiert werden, die es uns ermöglicht, inmitten unterschiedlicher Sichtweisen und Meinungen zu einem Konsens zu finden. Es werden Mehrheitsentscheidungen getroffen und die Stimmen der Minderheit werden letztendlich nicht mehr betrachtet. Dies sind gute Lösungen, um die Unterschiede zwischen den Menschen auszugleichen. Es ist eine Möglichkeit, um Komplexität zu reduzieren, indem man der Vielfalt keine echte Chance gibt. Mit etwas Glück funktioniert das eine Zeit lang. Dann leben und arbeiten wir relativ friedlich und versuchen uns nicht gegenseitig auf die Füße zu treten.

Bis es zur Sache geht. Wenn es dringlich wird, wenn echte Innovation gefragt ist, wenn alle Mittelwege und Halblösungen uns nur tiefer in den Sumpf gebracht haben, dann brauchen wir alle Menschen und jede Stimme, um den Weg heraus zu finden. Wir dürfen es uns zumuten, das Risiko großer Komplexität einzugehen und Unterschiede willkommen zu heißen, damit sich neue Bilder und Möglichkeiten für unsere gemeinsame Richtung entfalten können. Im Dialog gehen wir bewusst diesen Weg. Wir vertrauen auf die Kraft der Komplexität und schaffen bewusst einen Raum, in den unsere ganze Vielfalt eingeladen ist.

KONKURRENZ UND KO-KREATIVITÄT

Willst du schnell gehen, geh alleine.
Willst du weit gehen, geh mit anderen.
– Afrikanisches Sprichwort

*Bis vor zehn Jahren habe ich überwiegend allein gearbeitet, als Organisationsberater und als Prozessbegleiter. Neben vielen bestehenden Angeboten von Kolleg*innen und anderen Organisationen war es eine Herausforderung, einen eigenen Kundenstock aufzubauen.*

Der Versuch war, möglichst gut zu konkurrieren und den eigenen Platz auf dem Markt zu sichern. Einerseits war dieser Wettbewerb keine schlechte Sache. Er hielt mich auf dem Laufenden und lud mich ein, meine Fähigkeiten ständig zu verbessern. Eine gesunde Form des Wettbewerbs, die ich nach wie vor befürworte. Auf der anderen Seite erzeugte es viel Stress. Ich hatte die Sorge, es nicht zu schaffen, besser sein zu müssen als andere, aber erfuhr vor allem den Mangel an Kommunikation und Inspiration als Kehrseite des Selbstständig-Seins.

In den letzten Jahren hat sich viel gewandelt, nicht nur für mich, sondern generell in der Welt der Selbstständigen. Die Menschen suchen die Zusammenarbeit, bilden Netzwerke und Kooperativen, starten gemeinsame Projekte. Wir bündeln unsere Kräfte und arbeiten inspiriert zusammen. Wir wissen, dass wir gemeinsam stärker sind, mehr wissen und kreativer sind. Der Wettbewerb ist nicht ver-

schwunden. Es taucht immer wieder die Frage auf: Ist der andere vielleicht besser als ich? Hat er oder sie mehr Profit als ich? Ist es gut gemeinsam, oder soll ich lieber allein weitergehen?

Dieses Spannungsverhältnis zwischen ko-kreativer Arbeit und Wettbewerb ist eine Gegebenheit, die Zeit und Aufmerksamkeit erfordert. Dennoch lohnt es sich, in sie zu investieren. In der Zusammenarbeit haben sich nicht nur viele neue Möglichkeiten ergeben, die Begegnungen und das gemeinsame Schaffen bringen eine Inspiration und Motivation, die mir allein nicht zugefallen wären.

Zusammenarbeit erfordert die Bereitschaft, die eigene Tendenz zur Konkurrenz zugunsten eines größeren gemeinsamen Potenzials loszulassen. Dazu müssen wir eine Schwelle in uns selbst sowie auch in unserer Kultur überschreiten; jene zutiefst menschliche, reflexive Tendenz, sich vergleichen und konkurrieren zu wollen. Genau darin liegt die Kraft des Dialogs; mit dem Potenzial, dass wir nebeneinander im Licht stehen und gemeinsam kreativ werden können.

VON INKOHÄRENZ ZU KOHÄRENZ

Ein Personalteam einer großen Organisation trifft sich für zwei Tage, um auf das vergangene Jahr zurückzublicken und über die Richtung für die nahe Zukunft zu sprechen. Eines der Themen ist die hohe Zahl an Krankenstandstagen innerhalb der Organisation, wofür seit einem Jahr ein spezielles Präventionsprojekt ausgerollt wurde.

Die Auswirkungen der Einführung von flexiblen Arbeitszeiten und die Effekte eines Fitnessprogramms innerhalb der Arbeitszeit wurden evaluiert und die Zahlen werden präsentiert. Die Überraschung ist groß, wenn sich herausstellt, dass in bestimmten Bereichen der Organisation die Fehlzeiten nach der Einführung des Programms zugenommen haben, während sie in anderen Bereichen mehr oder weniger gleich geblieben sind. Es gibt jedoch fast keine Hinweise auf einen Rückgang der Krankenstände. Das gleiche Bild hatte sich auch im Jahr zuvor gezeigt, worauf das Projekt nochmals neu ausgerollt wurde und ein Mindestmaß an Fitness zur Verpflichtung gemacht wurde.

Jetzt, nach dem zweiten Jahr der unbefriedigenden Ergebnisse, führt das Team einen offenen Dialog darüber. Anstatt über die Vorgehensweise nachzudenken, *bringt jede*r ein, welche Auswirkungen die Maßnahmen auf sie*ihn persönlich gehabt haben, was im Hintergrund passiert und was die Menschen in der Organisation berichten. Langsam wird klarer, was sich im Hintergrund abspielt. Für eine Reihe von Menschen haben flexible Arbeitszeiten und digitales Arbeiten von zu Hause aus dazu geführt, dass sie nicht weniger, sondern mehr arbeiten. Dies scheint besonders in Führungspositionen der Fall zu sein. Andere berichten, dass das Fitnessprogramm Arbeitszeit wegnimmt, während die Arbeit einfach liegen bleibt, was zu einem Gefühl von erhöhtem Stress und Arbeit am Abend führt. Nach diesem Dialog entscheidet das Team, das Angebot wieder auf Freiwilligkeit umzustellen und eine Reihe an Dialogen für alle Mitarbeiter*innen zu organisieren, um das Thema Gesundheit, und was es dafür innerhalb der Organisation braucht, gemeinsam zu reflektieren.*

Fragmentiertes Denken bedeutet, dass wir Lösungen für Probleme finden, die uns logisch erscheinen, die aber eine andere Wirkung haben, als wir beabsichtigen. Wir denken in eine bestimmte Richtung und sind schnell in einem Tunnelblick gefangen. Wir sind dadurch nicht in der Lage, die Mechanismen, die anderswo ablaufen, und die Auswirkungen, die sie haben, zu sehen. Der Zusammenhang, oder auch Kohärenz, zwischen unseren Handlungen und ihren Folgen geht daher schnell verloren. Das hindert die Entwicklung von Gemeinschaften und Organisationen, aber auch von uns selbst, und es kostet viel Zeit, Energie und oft auch Geld, dieses inkohärente Denken aufzuspüren.

In der heutigen Zeit wird diese Inkohärenz in unserem Denken sichtbarer und greifbarer, weil wir viel mehr und schneller Informationen aus aller Welt bekommen. Ein Beispiel dafür ist die Abholzung des Regenwaldes; während es früher lediglich eine Gegebenheit war, sind wir jetzt genauestens darüber informiert und kennen die Effekte, die es auf das Klima hat. Was wir also früher nicht wahrgenommen haben, können wir jetzt in einem größeren Zusammenhang betrachten. Der Ruf nach mehr Kohärenz in unserem Denken wird lauter. Der Dialog schafft dafür einen Raum. Einen Raum zum Erforschen und Nachdenken. Einen Raum, um Perspektiven nebeneinander zu stellen. Dann können wir, durch die Fragmente hindurch, ganzheitlicher wahrnehmen und in ein kohärenteres Denken hineinfinden.

AUTORITÄT UND GLEICHWERTIGKEIT

Ich bin Vater von drei Kindern. Wie anders ist die Beziehung zu ihnen, verglichen mit meiner Beziehung zu meinen Eltern, als ich ein Kind war. Meine Eltern bestimmten noch mit einer natürlichen Autorität, was gut war. Wir haben das Bedürfnis, unseren Kindern als gleichwertig zu begegnen. Wir hören einander zu, nehmen uns gegenseitig ernst. Wir versuchen, Konflikte nicht mit Autorität zu unterdrücken, sondern auf die Bedürfnisse des anderen zu hören und gemeinsam Lösungen zu finden. Das braucht Zeit, Geduld und Aufmerksamkeit, aber es tut unserer Beziehung spürbar gut, wenn wir auf diese Weise miteinander sprechen.

Wir leben in einer Zeit, in der Autorität eine neue Bedeutung bekommt. Wo früher Autorität etwas war, das in den Händen von einer oder wenigen Personen lag, gibt es jetzt eine starke Tendenz zur Gleichwertigkeit und Beteiligung.

Das klingt zwar sehr schön, aber es ist nicht so einfach, wie es scheint. Wir sind sehr an Autoritäten alten Stils gewöhnt. Was bedeutet es für jede*n von uns, wenn wir uns als Gleichberechtigte und wirklich als Partner*innen behandeln? Wie machen wir das, einander zuzuhören? Wie treffen wir dann Entscheidungen? Wie gehen wir mit der großen Komplexität der Gedanken, Gefühle und Meinungen um, die jeder Mensch mitbringt? Können wir den Raum für Gleichwertigkeit wirklich halten?

Der Dialog hat uns in dieser Hinsicht viel zu bieten. Er bietet den Raum und die Möglichkeit, um ebenbürtig und gleichwertig miteinander zu leben, sich auf sinnvolle Weise miteinander zu verbinden und auf konstruktive und kreative Weise mit den Unterschieden zwischen uns umzugehen.

Vor Kurzem kam mein 14-jähriger Sohn auf mich zu. Er legte eine Hand auf meine Schulter und sagte: „Hey Dad, du siehst so gestresst aus. Wäre es nicht besser, wenn du dir Zeit für dich nehmen würdest?“ Nach dem anfänglichen Schock und dem Impuls zu sagen, dass es ihn nichts angeht (so spricht man nicht mit seinem Vater …), war ich ihm dankbar. „Er hat recht“, dachte ich, beeindruckt von seiner Beobachtungsgabe. Dankbar folgte ich seinem Rat. Es hat seine Vorteile, auf Augenhöhe mit seinen Kindern zu sein.

ABSCHLIESSEND

Im Grunde sind es immer die Verbindungen mit Menschen,
die dem Leben seinen Wert geben.
– Wilhelm von Humboldt

Der Dialog schafft Raum für Forschung und Reflexion, für die Vielfalt der Standpunkte, für das Zuhören und das Sprechen aus dem Herzen heraus. Er verlangsamt in einer Zeit der Beschleunigung und schafft Verbindung, die einer fragmentierten und komplexen Welt hilft, sich als Ganzes zu erleben. Er stellt Beziehung und Gleichberechtigung in den Mittelpunkt und wird zu einer Oase der Menschlichkeit, des Sein-Dürfens mit allem, was ist. Er ist ein Ort, an dem unser volles Potenzial sichtbar und willkommen geheißen wird, als wichtiger Beitrag an unser gemeinsames Denken. Gerade in unserer Zeit, in der Beziehungen wackeln und Flüchtigkeit, Komplexität und Polarisierung überwältigend sein können, hat der Dialog das Potenzial, ein Anker für Gemeinschaft, Begegnung und Ko-Kreativität zu sein.

In meinem Teil der Welt gibt es etwas, das wir Ubuntu nennen.
Es ist die Essenz des Menschseins. Wir sagen, ein Mensch ist ein Mensch
durch andere Menschen. Mensch sein kann ich nicht in Isolation.
Du musst alles sein, was du sein kannst, damit ich
ich selbst und alles, was ich sein kann, werden kann.
Es heißt nicht: „Ich denke, also bin ich."
Sondern vielmehr: „Ich bin Mensch, weil ich dazu gehöre.
Ich nehme teil. Ich teile."

– Desmond Tutu

KAPITEL 2

DIALOG ALS KOMMUNIKATIONSFORM

Dieses Kapitel beschreibt, was der Dialog als Kommunikationsform ist und was nicht. Die historischen Hintergründe des Dialogs werden dargestellt und die Frage, was das Wesen der dialogischen Kommunikation ist, wird erörtert. Anschließend wird der Dialog als ein dynamischer Prozess statt einer festen Methode vorgestellt.

WAS IST EIN DIALOG?

Der Dialog bringt Gedanken hervor, die bereits in der Seele verankert sind, die wir aber normalerweise nicht erreichen können.
– Platon

Der Dialog ist eine Form des Gesprächs, in der die Beiträge aller Teilnehmenden als unverzichtbar für die weitere Entwicklung der Teilnehmenden, der Gruppe oder der Organisation betrachtet werden. Der Dialog beruht auf gegenseitigem Respekt, Gleichwertigkeit, Zuhören und authentischem Sprechen. In einem Dialog ist es wichtig, dass die Teilnehmenden bereit sind, sich persönlich weiterzuentwickeln, indem sie ihre eigenen Annahmen und Vermutungen überprüfen. Das persönliche Wachstum der Gruppenmitglieder und die kollektive Entwicklung der Gruppe oder Organisation verstärken sich dadurch gegenseitig. Ein Dialog erfordert die Bereitschaft der Teilnehmenden, sich im Laufe des Prozesses zu wandeln, sodass neue Perspektiven entstehen können.

EINIGE WURZELN DES DIALOGS

Der Dialog als Kommunikationsform hat seine Wurzeln in verschiedenen Kulturen, etwa in der altgriechischen Kultur, in den Kulturen der indigenen Bevölkerung Nordamerikas und in der afrikanischen Ubuntu-Philosophie. Sokrates praktizierte Philosophie, indem er stets mit Menschen den Dialog aufnahm. Er strebte danach, in einem solchen Gespräch zum Wesentlichen und zur Wahrheit zu gelangen. Er tat dies, indem er alle Formen von Vorstellungen und Annahmen auf ihre Haltbarkeit untersuchte. Er selbst hat nichts schriftlich festgehalten. Einige seiner Dialoge wurden später jedoch von Platon beschrieben. Es gibt wenige historische Quellen über den Gebrauch des Dialogs in der Philosophie oder in der Kultur zwischen Platons Zeit und dem 20. Jahrhundert.

Zu Beginn des 20. Jahrhunderts nutzte der deutsche Philosoph Leonard Nelson die Prinzipien von Sokrates, um sie in eine praktische Methode für die Arbeit mit Gruppen umzuwandeln, die sich sowohl für die Philosophie als auch für die Bildung eignete. In den Jahren des aufkommenden Faschismus benutzte er diese Methode, um Menschen zu lehren, kritischer zu denken.

Im letzten Jahrhundert gaben zwei weitere Philosophen einen wichtigen Impuls für das erneute Interesse am Dialog: Martin Buber und David Bohm. Buber betonte die Bedeutung von Begegnung und Dialog für die psychospirituelle Entwicklung des Menschen. Der Physiker und Philosoph Bohm zeigte die Fragmentierung des menschlichen Denkens auf sowie die Notwendigkeit, diese mit Hilfe des Dialogs zu überwinden. Durch den Dialog wird sichtbar, dass alle Fragmente Teil eines größeren, zusammenhängenden Ganzen sind.

Eine weitere dialogische Tradition finden wir in den Redekreisen der indigenen Völker Nordamerikas. Diese Gesprächsrunden wurden einberufen, wenn der Stamm über bestimmte Themen nachdenken und wichtige Entscheidungen gemeinsam treffen wollte. In diesen Kreisen wurde oft ein Talking Stick (Redestab) oder ein anderes symbolisches Objekt verwendet, um das Gespräch zu verlangsamen, die Aufmerksamkeit auf den individuellen Beitrag jeder einzelnen Person zu lenken und dadurch das gegenseitige Zuhören zu unterstützen. Daraus entstand das Council, das von Joan Halifox initiiert und von Jack Zimmerman und Gigi Coyle[3] weitergetragen wurde. Council ist eine verbreitete dialogi-

3 Zimmerman & Coyle 1996

sche Kommunikationsform und wird vor allem in Amerika in Institutionen und Organisationen, wie Schulen und großen Unternehmen, praktiziert.

Der Dialog hat sich in den frühen Neunzigerjahren als ein wichtiges Konzept in der Theorie der Entwicklung lernender Organisationen herauskristallisiert. Peter Senge,[4] der dem Massachusetts Institute of Technology (MIT) in Boston angeschlossen und ein bekannter Forscher auf dem Gebiet des systemischen Denkens in Organisationen ist, stellte fest, dass viel Wissen in Organisationen implizit (d. h. unausgesprochen) bleibt und daher oft verloren geht oder zu Kommunikationsproblemen führt. Seiner Meinung nach ist der Dialog ein wichtiger Grundpfeiler für die Entwicklung der Organisation. Ein Kollege von Senge, Otto Scharmer, gab dem Dialog einen Platz in seiner Theorie U.[5] Er sieht den Dialog vor allem als eine geeignete Methode zu forschen, gemeinsam zu denken und einen tieferen Raum zu eröffnen, in dem kreative Lösungen entstehen können.

Schließlich sehen wir die Wurzeln des Dialogs in der Ubuntu-Tradition des südlichen Afrikas. Ubuntu ist eine gelebte Lebensphilosophie, die auf Menschlichkeit, Respekt und Gemeinsinn basiert. Erzbischof Desmond Tutu beschreibt Ubuntu folgendermaßen:

Jemand mit Ubuntu ist offen und zugänglich für andere, er widmet sich anderen, fühlt sich nicht durch die Fähigkeiten anderer bedroht, weil er oder sie genug Selbstvertrauen aus dem Wissen schöpft, dass er oder sie Teil eines größeren Ganzen ist, und er oder sie schaudert, wenn andere gedemütigt oder wenn andere gefoltert oder unterdrückt werden.

Es sind diese Prinzipien von Offenheit, Gleichwertigkeit, Respekt und Vertrauen, die im Dialog von zentraler Bedeutung sind. Die Verbindung zwischen Menschen steht an erster Stelle und ist die Grundlage für alles, was folgt.

In den letzten Jahren ist das Interesse am Dialog in vielen Bereichen der Gesellschaft gestiegen, zum Beispiel in der Bildung, im Gesundheitswesen, in Vereinen, Gemeinschaften, Unternehmen und anderen Profit- und Non-Profit-Organisationen. Dort wird der Dialog als Instrument zur Verbesserung der Verständigungsgrundlage, als Mittel zur kreativen Entscheidungsfindung und zum

---

4 Peter M. Senge 1990

5 C. Otto Scharmer 2007

sinnvollen Umgang mit Konflikten eingesetzt. Der Dialog erweist sich zudem als wertvoller Weg zu persönlicher Entwicklung und als innere Haltung, die beispielsweise in Familien, Erziehungsfragen, in der (Unternehmens-)Beratungsarbeit sowie in Therapiesituationen hilfreich sein kann.

DIALOG IST KEINE METHODE, SONDERN EIN DYNAMISCHER PROZESS

Wenn wir uns auf einen Dialog einlassen, entscheiden wir uns bewusst für eine reflektierende, langsame und offene Art der Kommunikation. Für lebendige Kommunikation zwischen den Menschen braucht es jedoch beide Qualitäten; nicht nur die gemeinschaftsbildende, langsame, verbindende Kommunikation, sondern auch den schnellen, aktiven und strategischen Austausch. Ein Dialogprozess als Ganzes enthält all diese verschiedenen Arten der Kommunikation. Er umfasst den gesamten Tanz zwischen langsam und schnell, zwischen wir und ich, zwischen Zuhören und Argumentieren, zwischen Offenheit und Zielstrebigkeit. Im folgenden Modell ist dieser Tanz schematisch dargestellt:

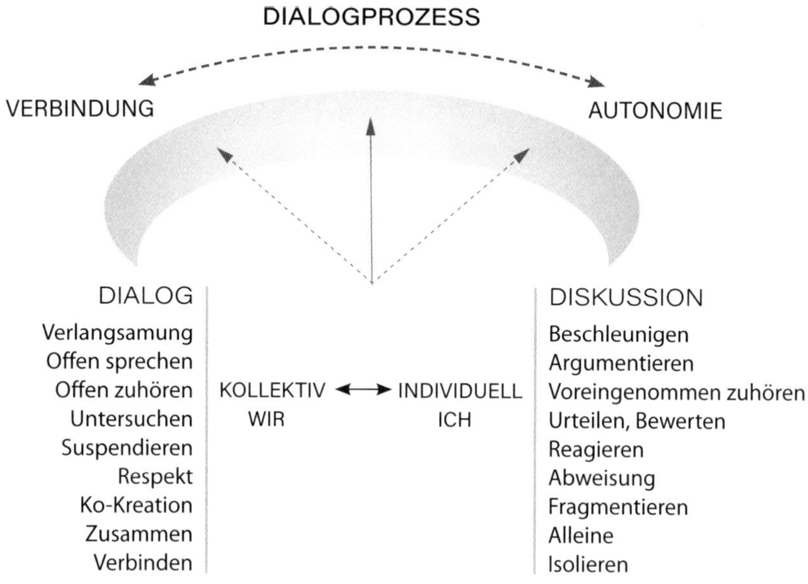

MODELL 1 | Dialog als dynamischer Prozess

MERKMALE DES DIAGLOGS

Dialog schafft Raum für unterschiedliche Meinungen, Ansichten, Wahrnehmungen und Handlungsperspektiven. Jeder Beitrag ist willkommen und notwendig, damit das, was in den Menschen und in der Gruppe lebendig ist, sichtbar werden kann.

Im Dialog werden keine voreiligen Entscheidungen getroffen. Der Dialog sucht nicht nach Kompromissen, denen sich alle anpassen müssen, er beruht auf einem anderen Ansatz: Das Untersuchen der verschiedenen Standpunkte und das Einbeziehen der persönlichen Wahrnehmungen schafft eine Synthese, die von höherer Qualität ist, da sie mehreren Aspekten der Realität gerecht wird. Sie führt dazu, dass die endgültigen Entscheidungen von der gesamten Gruppe getragen werden.

Dies macht den Dialog zu einem Ansatz, der sich hervorragend für sehr komplexe Themen eignet, bei denen es große Unterschiede zwischen den Teilnehmenden gibt. Aus dem Dialog heraus entsteht ein Impuls zur Ko-Kreativität in der Gruppe und eine Basis für nachhaltige, zufriedenstellende Zusammenarbeit.

Der Dialog findet oft in einer kreisförmigen Anordnung statt, in der alle Teilnehmenden einander sehen können und ein Zentrum die Mitte der Gruppe symbolisiert. In der Mitte kann zum Beispiel eine Kerze oder ein Blumenstrauß stehen. In Organisationen ist es manchmal das Logo oder das Mission Statement. Manchmal stellen alle Dialogteilnehmenden persönliche, bedeutungsvolle Symbole in die Mitte. Ein Sprechsymbol, wie zum Beispiel ein Talking Stick oder ein Stein, kann verwendet werden, um die notwendige Verlangsamung, das gegenseitige Zuhören und freie Sprechen zu unterstützen. Viele Dialogkreise verwenden zudem eine Klangschale oder ein anderes Instrument, mit dem jede*r das Gespräch bei Bedarf pausieren oder verlangsamen kann. Dies kann notwendig sein, wenn es mehr Zeit braucht, um bestimmte Annahmen, die dem gemeinsamen Denken zugrunde liegen, gemeinsam zu überprüfen. Oder wenn das Gespräch unmerklich in einen höheren Gang geschaltet und dadurch sehr mental geworden ist.

UNTERSCHIEDE SIND WILLKOMMEN

In einem Dialog kommen die Unterschiede zwischen Menschen früher oder später auf natürliche Weise an die Oberfläche. Überall, wo Menschen zusammenkommen, zusammenleben oder zusammenarbeiten, werden Unterschiede zwischen ihnen sichtbar. In unserer Kultur stellen wir uns diesen Differenzen nur ungern, weil sie oft zu Konflikten und Entfremdung führen. Die meisten Menschen kennen Situationen, in denen es nicht möglich war, solche Konflikte zu lösen, oder in denen die Entfremdung langwierig oder dauerhaft war. Unterschiede haben daher ein schlechtes Image. Viele Menschen versuchen die Konfrontation mit Unterschieden zu vermeiden, mit dem Argument, dass es doch besser wäre, die Aufmerksamkeit auf die Ähnlichkeiten zwischen ihnen zu lenken. Natürlich ist es wichtig, dass Menschen, die zusammenleben oder -arbeiten, dank ihrer Ähnlichkeiten eine gemeinsame Basis finden. Aber eine Überbetonung von Gemeinsamkeiten sollte nicht als Rationalisierung benutzt werden, um die potenziell wichtigen, manchmal auch emotional aufgeladenen Unterschiede zu vermeiden.

Wir gehen davon aus, dass sich die Vermeidung von Differenzen letztlich negativ auswirkt. Indem wir Unterschieden keinen Raum geben, leugnen wir wichtige Beiträge oder drängen sie an den Rand. Früher oder später zeigen sie sich dann aber doch, in einer oft kraftvollen und sogar negativen Form. Die Unterschiede zu begrüßen ist realistischer, natürlicher und schlussendlich auch erfolgreicher. Der Dialog bietet Raum dafür, da wir davon ausgehen, dass Unterschiede ein großes Potenzial für Kreativität sind. Es ist die Kraft des Dialogs, Differenzen zu begrüßen, ihnen einen Platz zu geben und sie dann zu nutzen. Im Folgenden werden wir einige charakteristische Aspekte des Dialogs erläutern.

PERSPEKTIVEN ERGÄNZEN EINANDER

In einem Dialog stellen die Teilnehmenden ihre Beiträge nebeneinander. Sie bekämpfen sich nicht, streiten nicht darüber, was richtig und was falsch ist. Jede Person bringt die eigene Erfahrung, eigene Weisheit, eigene Wahrheit mit. In der Überzeugung, dass niemand die ganze Wahrheit kennt, dass niemand das Ganze überblicken kann. Dadurch, dass alle Standpunkte nebeneinander existieren, entsteht ein größeres und vollständigeres Bild.

Dies wird schön durch eine alte Geschichte veranschaulicht, die in verschiedenen spirituellen Traditionen, in immer wieder etwas anderer Form, auftritt:

DIE BLINDEN UND DER ELEFANT

In einem Dorf im alten Indien wird eine riesige Kreatur im Wald entdeckt, die niemand kennt. Wie es die Tradition vorschreibt, werden die weisesten Männer, die alle wegen ihrer Blindheit als besonders weise gelten, aus den umliegenden Dörfern zusammengerufen, um dieses Problem zu lösen. So ziehen acht blinde Männer gemeinsam hinaus, um herauszufinden, was ein Elefant ist. Keiner von ihnen hat jemals einen Elefanten gesehen, sie haben also keine Ahnung, was es ist. Einer der blinden Männer sitzt an einem Vorderbein und sagt, dass es ihn an eine große Säule erinnert und dass ein Elefant eine Art Tempel sein könnte. Jemand, der einen Stoßzahn spürt, denkt, dass es sich um eine Waffe handelt und dass ein Elefant etwas mit der Armee zu tun haben muss. Jemand, der auf dem Rücken des Elefanten sitzt, nennt ihn einen Thron. Und so hat jeder seine eigenen Erfahrungen und seine eigene Geschichte. Am Ende können sie das Rätsel nicht lösen und geraten über ihre unterschiedlichen Meinungen in Konflikt miteinander. Die Erfahrungen aller sind so verschieden, dass sie nicht miteinander vereinbar sind.

Was hätten die Blinden tun können, um all ihre verschiedenen Erfahrungen zu nutzen und sich ein Bild von dem Elefanten zu machen?

- **Von einem größeren Ganzen ausgehen**
  Es würde helfen, davon auszugehen, dass die Erfahrung eines jeden Teil eines größeren Ganzen ist und dass es so etwas wie einen ganzen Elefanten gibt. Wenn man an dieser Überzeugung festhält, wirklich an sie glaubt, will man dieses Ganze kennenlernen und gibt nicht so schnell auf, wenn es nicht sofort funktioniert.

- **Den Erfahrungen aller zuhören**
  Die Erfahrungen jeder Person sind wichtig, um sich ein Bild vom Ganzen zu machen. Es ist wichtig, dass die Blinden ihre eigene Erfahrung für einen Moment beiseitelassen und einer anderen Person mit ihrer gesamten Aufmerksamkeit zuhören. Schließlich sieht der*die andere einen Teil der Wahr-

heit, den man selbst nicht sieht. Nur wenn wir uns mit allen Sinnen für die Geschichte der anderen Person öffnen, nehmen wir deren Erfahrung optimal auf und wachsen daran.

- **Die eigene Erfahrung einbringen**
  Jede Erfahrung ist einzigartig und als Beitrag zum Ganzen unerlässlich. Jeder der Blinden sollte seine eigenen einzigartigen Erfahrungen teilen. Seine Erfahrung ist ein wesentlicher Beitrag zum Ganzen. Er wird daher seine eigene Erfahrung völlig ernst nehmen müssen, ohne sich von der Tatsache ablenken zu lassen, dass die Erfahrungen der anderen nicht mit der eigenen übereinstimmen. Er wird seine Erfahrungen so klar wie möglich in Worte fassen müssen, damit die anderen diese optimal nutzen können.

Wenn alle Erfahrungen ausgedrückt und untersucht sind, entsteht ein ganzes Bild, das mehr ist als die Summe aller verschiedenen Elefantenteile. Es entspricht den Worten des Sufi-Mystikers Rumi (1207-1273):

Jeder von uns berührt einen Teil und versteht so das Ganze.

In dieser Geschichte geht es um die Annahmen, die für den Dialog wesentlich sind: Es gibt so etwas wie eine größere Wahrheit. Niemand kann sie mit den eigenen Sinnen erfassen, weil wir alle nur einen Teil davon wahrnehmen. Die Überzeugung ist eine wesentliche Voraussetzung dafür, dass wir bereit sind zuzuhören und auszutauschen, damit wir gemeinsam zu einer umfassenden Wahrheit finden. Diese Überzeugung hilft uns dranzubleiben, auch wenn die Unterschiede unserer Erfahrungen so groß sind, dass es scheint, als könnten sie niemals zusammenpassen.

Wenn Sie ein sehr großes und schwieriges Puzzle machen, kann es sein, dass Sie lange kein passendes Puzzlestück finden. Wenn Sie anfangen, daran zu zweifeln, ob sich die richtigen Stücke in der Schachtel befinden, könnten Sie leicht aufgeben. Wenn Sie weiterhin glauben, dass alle Stücke, die Sie brauchen, vorhanden sind und dass alle Stücke benötigt werden, hilft dies fortzufahren, auch wenn Sie gerade gar nicht weiterkommen.

JEDER BEITRAG IST WICHTIG

Wer sich selber nicht glaubt, lügt immer.
– Friedrich Nietzsche

Um eine Wahrheit zu erfahren, die über unsere individuelle Wahrnehmung hinausgeht, ist es wichtig, unvoreingenommen zuzuhören, was andere über ihre Erfahrungen zu erzählen haben. Die einzige Möglichkeit herauszufinden, wie andere Menschen die Realität sehen und erleben, besteht darin, so offen wie möglich für das zu sein, was sie darüber erzählen und wie sie das tun. Genauso wichtig ist es, dass wir unsere eigenen Erfahrungen mitteilen und dabei nicht aus Bescheidenheit zögern oder uns zurückhalten.

Um das Ganze kennenzulernen, sind die Erfahrungen aller gefragt. Um in einem Dialog gut zu funktionieren, ist es notwendig, sich selbst und die eigenen Erfahrungen absolut ernst zu nehmen und sich dementsprechend mitzuteilen. Viele Menschen finden es jedoch schwierig, ihre eigene Erfahrung als einen wertvollen Beitrag zu sehen, solange sie nicht erkennen können, wie das zum Gesamtbild der Gruppe beitragen könnte. Sie haben also nicht nur ihren eigenen Bezugsrahmen, sondern auch ein bestimmtes Bild davon, was der Referenzrahmen der Gruppe ist. Zum Beispiel werden in einer Gruppe, die ein geschäftliches oder soziales Problem löst, die wenigsten ihren Traum letzter Nacht, ihr gegenwärtiges Gefühl der Müdigkeit oder ihre Irritation Kolleg*innen gegenüber als einen potenziell wertvollen Beitrag zur Lösung dieses Problems sehen. Gewöhnlich werden solche Themen als rein individuelle Erfahrungen angesehen, die für die Gruppe nicht von Bedeutung sind.

Auch diese Erfahrungen können einen wertvollen Beitrag zur Arbeit einer Gruppe darstellen, insbesondere in Momenten, in denen die Gruppe nicht weiß, wie sie vorankommen soll. Die Emotionen eines Gruppenmitglieds können, sofern sie ernst genommen werden, zum Beispiel deutlich machen, dass eine Gruppe zu mental und rational an das Problem herangeht und den emotionalen Aspekten des Problems nicht genügend Aufmerksamkeit schenkt. Der Traum eines Gruppenmitglieds kann einen Aspekt des Problems hervorheben, der von der gesamten Gruppe übersehen wird. Die Müdigkeit eines Gruppenmitglieds kann darauf hinweisen, dass die Gruppe an einer Lösung arbeitet, die zwar schön erscheint, jedoch keine Energie in sich trägt. Lösungen dieser Art erzeugen keine Tatkraft, sondern verschwinden in der Schublade und werden nie umgesetzt. Die eigene Erfahrung ernst zu nehmen, kann der Gruppe helfen, ihren Kurs zu ändern, und zwar in eine Richtung, die den Gruppenmitgliedern tatsächlich Energie gibt. Dann besteht eine viel größere Chance, dass sich tatkräftige und effektive Lösungen ergeben.

Kurz gesagt: In einem Dialog ist es wichtig, dass wir in Kontakt sind mit dem, was in uns lebendig ist, und gleichzeitig mit den anderen verbunden sind.

DER DIALOG BEZIEHT SICH AUF DAS HIER UND JETZT

Dialog basiert nicht auf allgemeinen Weisheiten, die man in allen Situationen anwenden kann, sondern auf konkreten Erfahrungen im Hier und Jetzt. Wir lassen uns von der Situation, in der wir uns befinden, leiten; sie zeigt uns den Weg. Der gegenwärtige Kontext gibt uns die Erfahrungen, die wir für unseren Dialog benötigen. Man kann zum Beispiel nicht sagen, dass eine Müdigkeitserfahrung eines Gruppenmitglieds, wie im obigen Beispiel, immer darauf hinweist, dass die Gruppe an einer Lösung arbeitet, die keine Energie in sich trägt. Manchmal ist es eine rein individuelle Erfahrung, die darauf hinweist, dass jemand am Vorabend zu spät ins Bett gegangen ist oder dass etwas mit der Gesundheit nicht stimmt. Aber selbst wenn die Erfahrung für das, was in der Gruppe geschieht, relevant ist, muss man in jeder einzelnen Situation erneut prüfen, welche Relevanz sie hat. Ein andermal kann die Müdigkeit eines Gruppenmitglieds zum Beispiel darauf hinweisen, dass die Selbstfürsorge zu wenig Aufmerksamkeit erhalten hat.

Indem wir uns im Dialog auf konkrete Situationen konzentrieren, vermeiden wir das Risiko, zu schnell Schlussfolgerungen zu ziehen oder von zu allgemeinen Interpretationen auszugehen. Die Aufmerksamkeit für das Konkrete hilft, offen zu bleiben und uns der Annahmen, die uns oft unbewusst leiten, bewusst zu werden.

ERFAHRUNGEN ERNST NEHMEN

Was dem modernen Menschen im Wege steht,
ist die Gleichgültigkeit sich selbst gegenüber.
– Erich Fromm

Wie wir gesehen haben, ist es oft schwierig, Erfahrungen von sich selbst und anderen, die nicht in den eigenen oder den kollektiven Bezugsrahmen passen, zuzulassen. In einem Geschäftsgespräch zum Beispiel achten wir kaum auf unsere Körperempfindungen oder die des Gegenübers.

Erfahrungen, denen wir keine Aufmerksamkeit schenken, werden uns nicht wirklich bewusst. Wenn es um die Erfahrungen anderer geht, hören wir sie manchmal im wahrsten Sinne des Wortes nicht. Manchmal hören wir sie schon, doch sie haben keinen Einfluss auf unsere eigenen Überzeugungen und Ansichten. Beide Mechanismen gibt es auch im Umgang mit unseren eigenen Erfahrungen. Manchmal kann die Schwelle für eigene Empfindungen so hoch sein, dass sie nicht in unser Bewusstsein durchdringen. Dann werden sie unbewusst herausgefiltert. Ein andermal sind wir uns unserer eigenen Erfahrungen bewusst, aber da wir nicht sehen, wie sie von Bedeutung für uns selbst oder für andere sein können, nehmen wir sie nicht ernst und teilen sie nicht mit.

Ich habe dies immer wieder bei der Arbeit mit Gruppen oder Paaren erlebt, die sich schon lange im Konflikt befinden. Es treten in diesen Dialogprozessen regelmäßig Momente des friedlichen Schweigens auf, die von den Beteiligten allerdings nicht bewusst wahrgenommen werden. Stattdessen wird das Schweigen oft nach einiger Zeit von jemandem gebrochen, indem die Person zu dem Konflikt zurückkehrt, der tatsächlich gerade aufgelöst war. In der Regel folgen die anderen Personen schnell dieser wiederholten Fortsetzung des Konflikts. Wenn ich als Begleiter das Gespräch in diesem Moment unterbreche, um auf die Stille und Atmosphäre des Friedens aufmerksam zu machen, die kurz zuvor herrschten, sind die Menschen oft überrascht, weil sie es gar nicht bemerkt haben.

Diese Erinnerung an eine Erfahrung von Frieden und Stille bringt eine Gruppe oder ein Paar auf einen Weg, der sie in eine neue Richtung führt. Es entsteht eine neue Perspektive, die anders ist als jene, die zum unangenehmen, aber trotzdem auch vertrauten Konflikt zurückführt. Das soll nicht heißen, dass es nie wieder einen Konflikt in dieser Gruppe oder in dieser Beziehung geben wird. Jedoch gibt es nun eine bewusstere Möglichkeit, damit umzugehen, indem man das Potenzial von Frieden und Stille mit einbezieht.

Die Herausforderung, die eigenen Erfahrungen zu bemerken und ernst zu nehmen, führt in einer herkömmlichen Diskussion oft dazu, dass diese Erfahrungen nicht eingebracht und dadurch auch nicht berücksichtigt werden. Im Dialog ist das grundlegend anders. Alle Erfahrungen der Teilnehmenden sind wesentlich, wertvoll, potenziell aussagekräftig und ein ernst zu nehmender Beitrag zur gemeinsamen Entwicklung des Ganzen.

IN EINEM DIALOG SIND ALLE TEILNEHMENDEN GLEICHWERTIG

Ein weiteres wichtiges Prinzip des Dialogs ist, dass die Teilnehmenden gleichwertig sind. Die Erfahrungen aller wiegen gleich schwer. Um dies auch räumlich sichtbar und spürbar zu machen, ist es von Vorteil, wenn wir uns in einem Kreis zusammensetzen können.

Organisationen bestehen aus hierarchischen Strukturen. Eine bestimmte hierarchische Struktur ist wertvoll für das reibungslose Funktionieren einer Organisation. Das Problem ist, dass die strukturelle Hierarchie automatisch zu einer Hierarchie in der Kommunikation führt. Viel Kommunikation findet top-down statt, und vieles von dem, was sich auf der Mitarbeiterebene abspielt, bleibt der Führung unbekannt. Was im informellen Kreis besprochen wird, erreicht oft nicht die Menschen, für die es bestimmt ist.

Dialog in einer Organisation durchbricht die bestehende Hierarchie und schafft gleichzeitig eine Basis für das bessere Funktionieren dieser Hierarchie.

Indem man auf gleichberechtigter Basis miteinander in den Dialog tritt, wird eine solide Grundlage für das geschaffen, was Organisationen brauchen: Gleichwertigkeit, gegenseitiger Respekt, Offenheit, Wertschätzung und Raum für Vielfalt. Der Dialog trägt die strukturelle Hierarchie. Ein gutes Beispiel dafür habe ich im Dialog mit Mitarbeitenden einer Beratungsfirma für das Gesundheitswesen erlebt:

*Im Dialogkreis saßen Menschen aus den verschiedenen Hierarchieebenen einer Organisation zusammen: Vorstandsmitglieder, Personen aus der Senior- und Juniorberater*innen-Abteilung und Verwaltungsmitarbeitende. In großer Offenheit wurde über gegenseitige Unterschiede, Gefühle, Differenzen in der Intention und Motivation und die Frage, woher verschiedene Menschen ihre Inspiration und Motivation schöpfen, gesprochen. Der Dialog stärkte die bereits bestehende Basis in dieser Organisation und bestätigte deren Mitglieder in ihrer eigenen Arbeit.*

Die Gleichwertigkeit im Dialog zielt nicht darauf ab, Einheitlichkeit in der Organisation zu schaffen, im Gegenteil. Es geht darum, sicherzustellen, dass jede Person in höherem Maße ihren eigenen Platz in der Organisation einnimmt.

DIALOG IST MEHR ALS NUR REDEN

Das Wort Dialog stammt vom griechischen Dialogos: „durch Worte" oder „durch Bedeutung". Das gesprochene Wort spielt im Dialog eine wichtige Rolle, doch der Dialog ist mehr als das: Wir Menschen drücken uns auf viele unterschiedliche Weisen aus; übers Reden, aber auch über Schweigen, über die Worte, aber auch über das Nonverbale, über Kunst und Musik.

In der Tradition der indigenen Bewohner Amerikas, die eine wichtige Inspirationsquelle für den Dialog ist, ist das Wort wichtig, aber die Sprache ist oft weniger abstrakt als unsere. Das Teilen von konkreten Geschichten spielt hier eine wichtige Rolle. Jemand kann die eigene Wahrheit durch das Erzählen einer alten Geschichte, die ihm*ihr in den Sinn kommt, zum Ausdruck bringen, wenn er*sie sich der Frage zuwendet, worum es jetzt im Wesentlichen geht. Manchmal werden Lieder gesungen. Es wird Musik gemacht, hauptsächlich mit Schlaginstrumenten. Dies sind Ausdrucksformen einer Tradition, die Denken, Fühlen, Körperlichkeit und Spiritualität umfasst.

Das Schweigen und die Stille spielen im Dialog eine ebenso wichtige Rolle. Die folgende Geschichte ist eine schöne Illustration dafür. Aus der Stille entfalten sich bei den Stammesältesten Geschichten, die sie daran erinnern, was ihre Identität als Gemeinschaft ist und was die Verbindung mit dem Land, auf dem sie leben, für sie bedeutet. Aus diesem Bewusstsein, wer sie sind, wird ihnen auch klar, was sie wollen und was sie nicht wollen. Wenn ich weiß, wer ich bin, weiß ich auch, was ich will. Dadurch wird sofort klar, welche Entscheidung sie treffen wollen.

DIE GESCHICHTE VON JOE

Diese Geschichte ist ein Auszug aus dem Buch *The Way of Council* von Jack Zimmerman und Gigi Coyle[6]. In diesem Buch beschreiben sie die Wurzeln des Dialogs, die sie in der Tradition der indigenen Bewohner Amerikas gefunden haben, und wie sie diese in eine dialogische Arbeitsmethode für die Bildung und andere Arbeitsfelder übersetzt haben.

Sein Name war Joe, oder so ähnlich. Er hatte halb hispanisches, halb indianisches Blut in den Adern. Sein Großvater, der Vater seines Vaters, war ein Vollblut-Pueblo und Mitglied des Ältestenrates seines Stammes. Joe hatte die Pueblos als Kind mit seiner hispanischen Mutter verlassen und war während der Depression als Zwanzigjähriger zurückgekommen, um die Traditionen seines Stammes zu lernen.

Kurz nach Joes Rückkehr unterbreitete die Regierung dem Volk der Pueblo ein wichtiges Angebot. Man wollte den Indianern Land abkaufen, um bestimmte Rohstoffe gewinnen zu dürfen. Die Ältesten beriefen ein Council ein, um über das Angebot zu entscheiden, und Joes Großvater lud ihn ein, im Kreis als Zeuge dabei zu sein. Joe wartete, bis alle Männer die Kiva, einen zeremoniellen Raum, betreten hatten, ehe er ebenfalls mit seiner eingerollten Decke hinunterkletterte. Er setzte sich hinter seinen Großvater nahe dem Vorsprung in der Wand, auf dem Tontöpfe, Trommeln und Bündel aus getrocknetem blauem Mais lagen. In der Feuerstelle in der Mitte brannte ein Feuer. Der große, traditionelle Stein stand auf der anderen Seite des Feuers, gegenüber dem Sipapu, jener Öffnung in der Erde, durch die die Ersten Menschen aus der Unterwelt in diese Welt gekommen waren. Die Ältesten saßen einige Minuten in der Stille, während Joe erwartungsvoll dem Beginn der Diskussion entgegensah. Dann wickelte der Führer des Stammes ein blau-weißes Bündel auf und nahm etwas heraus, das wie ein Pfeifenrohr aussah. Es war etwa anderthalb Fuß lang und an einem Ende mit Federn und einem Band aus Türkisen geschmückt, das andere Ende war mit feinem Leder umwickelt. Obwohl er ihn

6 The Way of Council, Zimmerman & Coyle 1996, Seite 1–3

nie zuvor gesehen hatte, wusste Joe, dass dies der Redestab des Stammes war, der nur bei wichtigen Versammlungen benutzt wurde. Der Stammesführer hielt den Stab einen Augenblick behutsam in der Hand und erzählte dann die Geschichte, als Deer (Hirsch) so schnell laufen lernte wie ein Tumbleweed-Busch, der vom trockenen Wüstensand gejagt wird. Joe erinnerte sich schwach an diese Geschichte aus seiner Kindheit im Pueblo. Als er geendet hatte, gab er den Stab weiter an den Ältesten zu seiner Linken, der dann eine Geschichte über die Vorfahren erzählte, die das Pueblo gebaut hatten, und die Joe noch nie zuvor gehört hatte. Und so ging es weiter, jeder der alten Männer fügte seine Geschichte zum Kreis hinzu, so als ob er ein wertvolles Stück Holz in das rituelle Feuer legen würde. Ein Teil von Joe wurde wieder zum Kind, verzaubert von den Geschichten, durch die sich sein Volk seit Generationen definierte und stärkte. Der andere Teil jedoch wurde immer verwirrter und unruhiger.

Wann fangen sie endlich an, über das Angebot der Regierung zu diskutieren, fragte sich dieser Teil von Joe. Denn obwohl die Geschichten etwas ganz tief in seinem Inneren berührten, waren immerhin vier Stunden vergangen und das Angebot war noch nicht einmal erwähnt worden. Als der Redestab einmal die Runde gemacht hatte, setzte sich Joe aufrecht hin, um nur ja kein Wort von der nun folgenden Diskussion zu verpassen. Der Führer legte den Redestab langsam auf das blau-weiße Tuch und schloss die Augen. Alle anderen taten es ihm nach. Als einziges Geräusch war das leise Knistern des Feuers zu vernehmen. In der Stille, die nun in der Kiva herrschte, kamen in Joe die Erinnerungen an das Trommeln und die Lieder aus seiner Kindheit auf – und er überlegte weiter, wann sie denn endlich mit der Diskussion um das Angebot anfangen würden. Nach einer sehr langen halben Stunde fingen alle Ältesten an, sich zu bewegen, so als ob es eine unausgesprochene, stille Übereinkunft gegeben hätte, und sahen sich langsam und bedächtig in die Augen. Keiner sagte ein Wort. Es gab keine Debatte. Und zu Joes Verblüffung standen die Männer langsam auf, streckten ihre Glieder nach dem langen Sitzen und gingen ruhig und wortlos aus der Kiva. Joe wartete, bis alle draußen waren, dann lief er schnell hinter seinem Großvater her.

„Was war das denn?“, platzte er etwas außer Atem heraus, als er ihn erreicht hatte. Der alte Mann unterdrückte ein Lächeln und ging weiter. „Ich dachte, das Council würde sich mit dem Angebot beschäftigen“, fuhr Joe fort, noch immer verwirrt. „Das haben wir“, sagte sein Großvater mit ruhiger Stimme. „Ich habe keine Diskussion gehört – und ich habe bestimmt nichts von einer Entscheidung gehört“,

gab Joe ungläubig zurück. „Dann hast du nicht zugehört", antwortete sein Großvater und konnte sein Lächeln nicht mehr unterdrücken.

„Bei einem Council hörst du mit den Ohren eines Hasen in die Stille zwischen den Worten." „Willst du damit etwa sagen, dass das Council den Antrag besprochen hat und zu einer Entscheidung gekommen ist?"

„Ja!"

„In der Stille?"

„Und in den Geschichten", fügte der Großvater lachend hinzu.

„Wir haben das Angebot der Regierung abgelehnt."

So kann Stille in einer Kultur, die seit Jahrhunderten das Hören von Stille praktiziert, funktionieren. Aber auch in unserer Kultur sind das Schweigen und die Stille ein wichtiger Teil des Dialogs. In einem Dialog ist das Tempo langsamer als in einer Diskussion. Die Teilnehmenden hören einander aufmerksam zu und lassen sich von dem, was sie hören, durchdringen. Sie reagieren nicht sofort mit ihrem ersten Eindruck, der oft eher oberflächlich ist. Stattdessen reflektieren sie darüber, was ihnen wirklich wichtig ist. Die Verlangsamung und das Schweigen führen zu einer Vertiefung des Gesprächs, sodass über wesentlichere Dinge gesprochen wird.

MUSIK, BILDENDE KUNST, TANZ, BEWEGUNG

Worte sind begrenzt. Wir haben nicht immer Zugang zu Worten und können nicht alles mit ihnen beschreiben oder ausdrücken. Musik, Tanz und Bewegung bringen uns mit anderen Aspekten unserer Erfahrung in Kontakt, die sehr wertvoll sind.

Eine Gruppe, die gemeinsam Musik macht, sich bewegt oder tanzt, schafft Vertrauen und stärkt die Verbindung durch gemeinsame positive Erfahrungen. Durch diese anderen Formen der Begegnung lernen wir einander auf schnelle und unkonventionelle Weise kennen und vertrauen.

Dasselbe gilt für die Arbeit mit Bildern. Während wir Bilder von anderen betrachten, werden wir davon berührt und können uns anschließend mit dieser Erfahrung in die Dialoggruppe einbringen. Wir hören, wie dieselben oder andere Bilder andere Gruppenmitglieder berührt haben. Die Bilder werden oft zu wichtigen Metaphern für das gemeinsame Denken und Fühlen der Gruppe.

Eine andere Möglichkeit ist, dass die Dialogteilnehmenden ihre eigenen Erfahrungen in Bildern und Skulpturen, zum Beispiel auf Papier oder mit Ton, in der Gruppe ausdrücken und damit den Dialog auf eine andere Ebene bringen.

Musik, Kunst, Tanz und Bewegung in den Dialog zu bringen, erfordert Mut. Viele Menschen sind nicht an andere Formen der Konversation als Sprache, Wort und Argumentation gewöhnt. Deshalb bedarf es eines bestimmten Ausmaßes an Vertrauen, um sich auf andere Zugänge einlassen zu können. Wenn in einer Gruppe jedoch eine ausreichende Basis vorhanden ist, lohnt es sich sehr, Musik, Bewegung, Tanz oder Kunst als vertiefende und erweiternde Dialogformen einzusetzen.

DIALOG BERUHT AUF GEMEINSAMEN INTENTIONEN

Für einen fruchtbaren Dialog ist es wichtig, dass es eine gemeinsame Intention gibt. Es muss zumindest die gemeinsame Absicht bestehen, zusammen voranzukommen und sich nicht gegenseitig zu bekämpfen. Für Gruppen, die an einer Aufgabe arbeiten und gemeinsam etwas schaffen wollen, ist eine spezifischere gemeinsame Intention erforderlich. Diese besagt nicht nur, dass sie gemeinsam vorwärts gehen wollen, sondern auch, in welche Richtung sie vorwärts gehen wollen. Wenn es keine gemeinsame Absicht gibt, kann der Dialog leicht aus dem Ruder laufen. Es gibt dann keine Kohärenz[7] in der Gruppe. Das Hervorheben der Bedeutung gemeinsamer Intentionen scheint der Vorstellung zu widersprechen, dass Vielfalt in Gruppen fruchtbar ist. Das wertvolle Potenzial in der Vielfalt kann jedoch nur dann optimal gedeihen, wenn es eine gemeinsame Intention als Grundlage gibt, die die Gruppe zusammenhält, ihr Sinn und Richtung gibt, auch wenn es schwierig wird. Im nächsten Kapitel wird die Wichtigkeit der Intentionen als eine Säule des Dialogs näher erörtern.

DER DIALOG REGT EINEN NATÜRLICHEN KREATIVEN PROZESS AN

Ein Dialog nach den hier beschriebenen Prinzipien ist ein organischer Prozess, eine natürliche Art der Zusammenarbeit. Dabei wird nichts erzwungen oder

7 Die Begriffe Kohärenz und Inkohärenz werden in Kapitel 6 erläutert.

manipuliert. Durch offenes Sprechen und Zuhören, aus einer Haltung des Respekts heraus und mit der Bereitschaft, die eigenen Annahmen zu untersuchen, wird in der Gruppe etwas Neues geschaffen. Eine Atmosphäre der Akzeptanz wächst und die Gruppenmitglieder sind aufeinander eingestimmt, was auf natürliche Weise einen kreativen Fluss auslöst. Die Gruppenmitglieder gewinnen neue Erkenntnisse und kreative Impulse und fühlen sich in dem daraus resultierenden Gruppenklima frei, diesen zu folgen und ihren Teil zur Gruppe beizutragen. In der Gruppe ist Platz für eine neue Bewegung. Eine kollektive Intelligenz entsteht, die auch als Weisheit des Ganzen oder Ko-Kreativität bezeichnet wird. Eine Folge davon ist, dass bestehende Probleme leichter gelöst werden oder ihre Bedeutung verlieren, sodass man keine Energie mehr dafür aufzuwenden braucht. Innovative Initiativen entstehen und es fließt die Energie, um gemeinsam an ihnen zu arbeiten.

DER*DIE DIALOGBEGLEITER*IN IST AUCH GRUPPENMITGLIED

Generell funktioniert es gut, wenn ein oder zwei Personen die Rolle der Dialogbegleitung übernehmen. In Gruppen, die bereits Erfahrungen mit dem Dialog haben, können dies Gruppenmitglieder sein. Wenn der Dialog für eine Gruppe noch neu ist, ist es lehrreich, das erste Mal oder die ersten paar Male mit einer externen Gruppenleitung zu arbeiten. In beiden Fällen ist die Gruppenleitung keine außenstehende Person, wie es in den meisten anderen Gruppenarbeitsmethoden empfohlen wird. Die Gruppenleitung ist Teil des Prozesses und hat darin eigene Erfahrungen. Es ist für die Entwicklung des Gruppenprozesses wertvoll, dass diese Erfahrungen in den Dialog eingebracht werden. Im Falle der Elefanten-Metapher kann man sagen, dass diese Person ein Teil des Elefanten ist und dass demnach auch ihre Erfahrungen notwendig sind, um den ganzen Elefanten kennenzulernen.

Es gibt kein Rezept für den Beginn dieses kreativen Prozesses des Dialogs im Sinne von: Wenn Sie dieses tun und jenes unterlassen, wird der kreative Fluss beginnen. Vielmehr ist es ein Abenteuer, das man miteinander eingeht. Natürlich gibt es Tipps, die Ihnen helfen können, sich optimal auf dieses Abenteuer vorzubereiten und es in vollen Zügen zu genießen. Wo der Dialog hinführt, ist aber unvorhersehbar, sowohl für die Teilnehmenden als auch für die Begleitenden. Die Richtung entsteht gemeinsam, während wir unterwegs sind. Es gibt also keine Garantie für das Erreichen vorgewählter Ziele.

ZUSAMMENFASSUNG DER PRINZIPIEN DES DIALOGS

- Die Beiträge der Teilnehmenden ergänzen sich gegenseitig.
- Die Beiträge aller Beteiligten sind wichtig und potenziell bedeutungsvoll.
- Wir gehen davon aus, dass es so etwas wie ein größeres Ganzes gibt.
- Die Beiträge der Teilnehmenden sind die Basis für das Erkennen einer umfassenden Wahrheit.
- Es ist wichtig, uns selbst und anderen unvoreingenommen und ohne zu urteilen zuzuhören.
- Wir sind mit uns selbst und mit anderen in Verbindung und wissen dadurch, was uns und was anderen wichtig ist.
- Der Dialog ist nicht abstrakt, sondern findet in einem konkreten Kontext statt.
- In einem Dialog sind alle Teilnehmenden gleichberechtigt.
- Worte sind wichtig, ebenso wie Stille, Bilder, Musik und Bewegung.
- Gemeinsame Intentionen bringen den Dialog weiter.
- Der Dialog ist ein natürlicher und kreativer Prozess, der sich selbst nährt.
- Die Dialogbegleiter*innen nehmen selbst am Dialog teil.
- Der Dialog ist keine Methode, sondern ein dynamischer Prozess.

KAPITEL 3

FUNDAMENTE DES DIALOGS

In diesem Kapitel werden die dem Dialog zugrunde liegenden Prinzipien erörtert. Das Dialogmodell mit seinen vier Grundelementen – offenes Sprechen, offenes Zuhören, Intention und Vertrauen – wird beschrieben und die dialogische Haltung, in der sich diese vier Grundelemente entfalten.

EIN DIALOG, DER NICHT WEITERGEHT

Vor einiger Zeit habe ich einen Dialog-Workshop für ein Team von HR-Mitarbeitenden einer großen kommerziellen Organisation begleitet. Die Teammitglieder wollten sich mit dem Dialog vertraut machen und herausfinden, was der Dialog für ihr Team und für ihre Arbeit mit anderen Teams in der Organisation bedeuten könnte. Nach einer Einführung in das Thema und einer ersten Erfahrung mit einem gemeinsamen Dialog stellten die Teammitglieder ihre eigenen Praxisbeispiele für schwierige Situationen vor, denen sie bei ihrer Arbeit begegneten. Gemeinsam erkundeten wir, ob es in diesen Situationen Möglichkeiten für einen dialogischen Ansatz gibt. Dies führte zu einer Reihe kreativer Ideen. Durch diese Art des Umgangs miteinander wurde allmählich klar, dass es einige wichtige Themen innerhalb des Teams gab, die ungelöst waren. Mehrere Teammitglieder, darunter auch der Teamleiter, befürworteten, diese Gelegenheit zu nutzen, um diese Themen im Dialog zu besprechen. Eines der Teammitglieder wollte das aber definitiv nicht und wollte auch nicht kundtun, warum nicht. Einige Teammitglieder versuchten noch eine Lösung zu finden, die eine Fortsetzung des Dialogs ermöglicht hätte. Nach kurzer Zeit mussten wir jedoch feststellen, dass dies nicht möglich war, und beschlossen den Dialog zu beenden.

Aufgrund der flexiblen Natur des Dialogs ist es niemals möglich, den Inhalt des Dialogs genau vorherzusagen. Es kann daher immer wieder vorkommen, dass eine*r der Teilnehmenden wie im obigen Beispiel eine Grenze erreicht, die er*sie nicht überschreiten will. Im Dialog gibt es Raum für Diversität. Unterschiede in Ansichten, Gefühlen, Beiträgen, Lösungsrichtungen, Sprechstilen usw. sind willkommen und tragen zum Reichtum des Dialogs bei. Um einen Dialog zu ermöglichen, gibt es jedoch einige Prinzipien, über die man sich als Gruppe einig sein sollte. Es braucht die Bereitschaft, offen zu sprechen und zuzuhören, eine gemeinsame Intention und das Vertrauen, dass der Dialog in dieser Gruppe Sinn macht. Wenn es in einem dieser Punkte keine Einigung gibt, ist Dialog noch nicht wirklich möglich.

DIE VIER GRUNDELEMENTE DES DIALOGS

MODELL 2 | Das Dialogmodell

OFFENHEIT

Alles, was man für sich behält und nicht kommuniziert, führt zur Entfremdung und wird zu einem Filter, der sich über die eigene Wahrnehmung legt. Jede Energie, alle Gefühle wie Scham, Angst, Ärger, sowie alle auftauchenden intuitiven und mentalen Einsichten, die wir anderen vorenthalten, bilden eine Mauer und verhindern Sensibilität. Gerade in intimen Beziehungen ist Offenheit das Erste, was man braucht, damit sich die Liebe gegenseitig vertiefen kann.
– Thomas Hübl

Der Dialog kann sich entwickeln, wenn die Teilnehmenden bereit sind, offen und unvoreingenommen einander gegenüber, dem Gruppenprozess und den Ergebnissen des Dialogs zu sein. Es impliziert, dass man sich mit allem, was gerade da ist, erkundend, neugierig und ohne Voreingenommenheit begegnen möchte. Es ist eine Offenheit für das, was man nicht kennt, und für das, was anders ist als man selbst.

Während des Dialogs werden die Teilnehmenden und die Begleiter*innen oft feststellen, dass diese offene Grundhaltung auf die Probe gestellt wird. Menschen können zwar die Bereitschaft haben, offen zu sein, doch es gelingt ihnen nicht immer. Unsere Offenheit ist in vielerlei Hinsicht begrenzt und deshalb erfordert es eine Anstrengung und einen ständigen Prozess der Bewusstseinsentwicklung, unsere Offenheit zu erweitern. Es gibt drei Ursachen oder auch Beweggründe für die Einschränkung unserer Offenheit:

1. **Mentale Modelle**
   Mentale Modelle und Muster sind die Brille, durch die wir uns selbst, einander und die Realität um uns herum betrachten. Folglich sehen wir die Realität nicht so, wie sie ist, sondern wie sie von uns selbst gefärbt wird. Wenn wir beispielsweise glauben, einer bestimmten Person sei nicht zu trauen, werden wir dazu neigen, alles, was diese Person sagt und tut, durch diese Brille zu betrachten und zu interpretieren.

2. **Vermeidung von emotionalen Schmerzen**
   Offenheit wird durch den emotionalen Schmerz begrenzt, den Menschen in ihrem Leben erfahren haben. Wir neigen dazu, uns selbst vor der Wieder-

holung dieser Schmerzen schützen zu wollen. Dieser Impuls geht auf Kosten unserer Offenheit, denn schließlich ist der Selbstschutz eine Form der Abschirmung.

3. **Eine beschränkende Identität**
   Die Offenheit der Menschen wird durch ihre Identität begrenzt, also durch das, womit sie sich identifizieren. Die Identität einer Person ist das mentale Modell, das er*sie von sich selbst hat. Das Modell ist jedoch nicht nur mental. Unser Selbstbild ist uns wichtig und hat dadurch eine emotionale Ladung. Von all den Möglichkeiten, die Menschen haben, erfahren sie einige von ihnen als charakteristisch für sich selbst, als zu ihnen gehörend, während sie andere Möglichkeiten als nicht charakteristisch für sich selbst betrachten. Wer sich selbst beispielsweise als bodenständig einschätzt, wird vermutlich nicht sehr offen für Dinge sein, die er*sie für esoterisch hält.

Aufgrund dieser drei Beweggründe sind Menschen in ihrer Wahrnehmung auf gewisse Weise eingeschränkt, angespannt und nicht vollkommen offen. Wenn die Dialogteilnehmenden sich dieser drei einschränkenden Motive jedoch bewusst werden und sie erkunden, können sie sich zunehmend öffnen für den Prozess und seine Ergebnisse.

Der fortschreitende Dialogprozess an sich führt generell zu mehr Offenheit innerhalb der Gruppe. Die Erfahrung, dass alles, was wir mitbringen, Platz hat, führt dazu, dass sich die Anspannungen, die sich aus den oben genannten Mustern ergeben, lockern. Es ist wertvoll, darüber zu reflektieren, wie wir zu Offenheit gelangen, und zu verstehen, was es braucht, damit wir entspannen und uns öffnen können. Durch dieses Verständnis werden Sie sehen und erfahren, dass Offenheit kein Zustand ist, in dem Sie mal mehr und mal weniger sind. Es wird Ihnen klar, dass Offenheit eine persönliche Qualität Ihrer selbst, ebenso wie eine Gruppenqualität ist. Sie werden Offenheit als Teil dessen entdecken, wer Sie wirklich sind, und auch als Teil dessen, was die Gruppe wirklich ist. Als Ergebnis des Dialogprozesses entsteht eine Verschiebung von Offenheit als erstrebenswertes Ziel, für das man sich anstrengen muss, hin zu Offenheit als Qualität.

Die Bereitschaft, zu Beginn des Dialogprozesses offen zu sein, ist gekennzeichnet durch:

- Bereitschaft, die Realität, also sich selbst, andere und die Welt um sich herum, mit neuen Augen zu sehen
- Bereitschaft, bestehende Meinungen und Urteile in der Schwebe zu halten
- Bereitschaft, auf sein eigenes Recht zu verzichten, zugunsten einer umfassenderen Wahrheit
- Bereitschaft, mit Fragen zu leben, auch wenn sie noch nicht beantwortet sind
- Bereitschaft, offen und in Kontakt zu bleiben, auch im Falle von Enttäuschungen, ausbleibenden Ergebnissen und nicht erfüllten Erwartungen

Die Grundhaltung der Offenheit im Dialogprozess drückt sich aus im offenen Sprechen und im offenen Zuhören.

OFFEN SPRECHEN

Eine gute menschliche Beziehung wird niemals zustande kommen,
wenn wir unsere Fehler verheimlichen.
– Mahatma Ghandi

Wenn wir offen sprechen, zeigen wir uns. Wir werden sichtbar in und für die Gruppe. Das ist ein Risiko, da wir, vor allem zu Beginn des Dialogs, nicht wissen, ob uns zugehört wird und wie die anderen auf uns reagieren. Für die Entwicklung des Dialogs und der Gruppe ist es wichtig, dass die Gruppenmitglieder dieses Risiko eingehen. Dadurch werden sie sichtbar, was für die Entwicklung der Gruppe notwendig ist. Das Sichtbarwerden der Gruppenmitglieder zeigt die Unterschiede zwischen ihnen auf. Fruchtbare Wege zu finden, mit diesen Unterschieden umzugehen, ist ein wesentlicher Teil des Dialogs. Offen zu sprechen ist außerdem wichtig, weil sich Vertrauen nur dann entwickeln kann, wenn man es wagt, Risiken einzugehen, und somit erfährt, dass eine Dialoggruppe eine sichere Gelegenheit dazu bietet.

Gleichzeitig können wir offenes Sprechen nicht erzwingen. Wenn wir uns selbst dazu zwingen, gehen wir in dem Moment über die eigenen Grenzen hinaus. Dadurch wird der Dialograum unsicher für uns selbst und manchmal auch für die Gruppe. Wenn das passiert, ist es zum Beispiel eine Möglichkeit, der Gruppe zu sagen, dass wir uns noch zu unsicher fühlen, um etwas über uns selbst mitzuteilen. Obwohl sich das riskant anfühlen kann, geben wir jedoch etwas von uns selbst preis, werden sichtbar in unserer Einschränkung und tragen gerade dadurch bei zu einem wachsenden Vertrauen und einer Offenheit in der Gruppe.

Es ist wichtig, dass jeder für sich die Grenze findet zwischen dem Mut zum Risiko und dem Gefühl, sich selbst unter Druck setzen zu müssen, offen zu sein. Diese Grenze ist fragil. Wir finden sie langsam heraus, indem wir es ausprobieren und dabei Fehler machen. Was hilft, ist, wenn wir uns von dem Erwartungsdruck befreien, es richtig machen zu müssen.

Wirklich offenes Sprechen ist nur möglich, wenn es in Freiheit geschieht. Wenn es zu einem Gruppenstandard wird, offen sprechen zu müssen, geschieht dies auf Kosten echter Offenheit. Im Dialog respektieren wir die Freiheit jeder Person, selbst zu entscheiden, wann und worüber er/sie sprechen möchte. Wir nennen das entschiedene Offenheit.

Wie können wir offen(er) sprechen?

In erster Linie ist es wichtig, dass wir nahe an unseren Erfahrungen bleiben und uns darin üben, vom Hier und Jetzt zu sprechen. Die Erfahrungen im Jetzt sind lebendig und am wenigsten durch unsere Denkmuster gefärbt. Die Kunst besteht darin, aus der Erfahrung heraus zu sprechen, anstatt über diese Erfahrung.

Jeder Beitrag, der uns sichtbarer macht, nährt den Dialogprozess. Darum ist es wichtig, diese Beiträge in der Gruppe einzubringen: Gefühle, Träume, Ambitionen, persönliche Werte, weitreichende Lebensereignisse, Sorgen, Inspirationen, Kenntnisse usw.

Wir können außerdem offen darüber sein, was uns hindert, um uns offen mitteilen zu können, und auch was wir bis dahin für uns selbst noch nicht auflösen konnten.

Offenheit bedeutet in diesem Fall, dass wir offen über diese Hemmungen sind, die wir in uns selbst erfahren. Manchmal betrifft das auch eine Zurückhaltung, die wir in uns selbst in Bezug auf das Thema des Dialogs, den Prozess, die Gruppe oder andere Gruppenmitglieder beobachten. Offenheit bedeutet dann:

unserer Zurückhaltung als unsere persönliche Erfahrung zu betrachten und in der Gruppe über diese Erfahrung zu sprechen.

Manchmal fällt es in Dialogen schwer, ein bestimmtes angestrebtes Ergebnis, verfolgtes Ziel oder auch bevorzugte Vorgangsweise loszulassen oder in der Schwebe zu halten. Dann kann es ein sinnvoller Beitrag sein, wenn wir uns darüber offen mitteilen. Bewusst anwesend sein mit dem, was der Offenheit im Wege steht, ist einer der wichtigsten Schritte, um die Qualität der Offenheit zum Leben zu erwecken. Es ist sinnvoll, wenn im Dialog alles, was in der Gruppe lebt, zum Ausdruck kommen kann. Dies weitet den Raum und ermöglicht es, die im Dialog bedeutungsvollen Themen aus einer erweiterten Perspektive zu betrachten.

Es ist wichtig, dass die Teilnehmenden nicht im Voraus planen, was sie in der Gruppe sagen wollen, sondern dass sie stets schauen, was sich im Moment in ihnen selbst zeigt und ausgesprochen werden möchte. Es ist hilfreich zu überprüfen, ob das, was wir sagen wollen, eine Qualität von Lebendigkeit und eine Wichtigkeit für uns hat. Scott Peck[8], der viel über Community Building geschrieben hat, empfiehlt, nur dann zu sprechen, wenn wir uns bewegt fühlen (speak when moved).

Es ist für Menschen leicht, über Aspekte von sich selbst zu sprechen, die sie akzeptieren können, die also Teil ihrer Identität sind. Schwieriger ist es über Aspekte von sich selbst zu sprechen, denen man kritisch gegenübersteht. Es kann jedoch wichtig sein, gerade auch über die weniger akzeptierten Aspekte von sich selbst zu sprechen. Wie bereits erwähnt, fühlt sich dies oft risikoreich an. Wenn wir Urteile über uns selbst haben, neigen wir dazu, auch Urteile von anderen zu erwarten. Häufig stellt sich aber heraus, dass unsere Offenheit begrüßt wird, weil sie auch den anderen ermöglicht, offen über sich selbst zu sprechen

Im Laufe des Dialogs wird der Dialograum von den Teilnehmenden zunehmend als freier Raum erlebt. Ein Raum, in dem offenes und ehrliches Sprechen immer einfacher wird. Je mehr sich die Qualität der Offenheit in der Gruppe breitmacht, desto stärker wird der Dialograum zum Freiraum für das gemeinsame Denken und Fühlen der Gruppe.

---

8 M. Scott Peck 1988

OFFEN ZUHÖREN

Wenn du sprichst, wiederholst du nur, was du schon weißt.
Wenn du aber zuhörst, kannst du Neues lernen.
– Dalai Lama

Offenes Zuhören ist jene Haltung, in der man der anderen Person gegenüber offen ist, neugierig darauf, sie in ihrem Anderssein, in ihrer Einzigartigkeit kennenzulernen. Man verzichtet bewusst darauf, das Gegenüber in eine bekannte und gewohnte Schublade zu stecken. Martin Buber[9] nannte diese Beziehung die Ich-Du-Beziehung, die er der Ich-Es-Beziehung gegenüberstellte.

Ich-Du bezeichnet die Begegnung mit dem Gegenüber als einzigartige Person. Buber sieht das als die einzig wirkliche Begegnung, die uns berührt und worin wir gemeinsam wachsen.

Ich-Es beschreibt eine Objektivierung des Gegenübers. Wir betrachten die andere Person zum Beispiel als Frau oder Mann, erfolgreich oder nicht, nützlich oder nicht nützlich für mein Netzwerk, interessant und wertvoll oder nicht. Wir bewerten die andere Person, wodurch diese zum Objekt unserer Beurteilung wird.

Diese eher distanzierte Objektivierung steht einer wirklichen Begegnung im Wege. Wenn wir aus dieser Haltung heraus zuhören, betrachten wir den anderen durch die Brille unserer Vergangenheit. Aufgrund unserer Erfahrungen im Leben beurteilen wir, was der Wert eines anderen Menschen für uns sein könnte. Dies bezeichnen wir als voreingenommenes Zuhören. Ein Beispiel dafür ist das kritische Zuhören: Wir beurteilen, ob das, was die andere Person sagt, konsistent oder logisch ist.

Obwohl es in manchen Situationen sinnvoll sein kann, voreingenommen oder auch kritisch zuzuhören, ist es für den Dialog wichtig, dass wir üben, uns gegenseitig offen zuzuhören. Ein Beispiel dafür ist das empathische Zuhören. Hier versucht man, sich in die Situation und die Erfahrung der anderen Person einzufühlen, um dem Erleben des*der anderen auf die Spur zu kommen.

Beim offenen Zuhören geht es nicht nur darum, dem Gegenüber zuzuhören, sondern auch darum, sich selbst zuzuhören. Die Herausforderung besteht darin,

9 Martin Buber 1999

offen und unvoreingenommen wahrzunehmen, was in uns vorgeht, und mit unserer Aufmerksamkeit dabei zu bleiben, ohne es zu erklären oder zu analysieren.

Letztlich ist es auch möglich, der Dialoggruppe als größerem Ganzen offen zuzuhören. Man öffnet sich für die Atmosphäre, die Bewegungen, die Qualitäten, die zwischen den Menschen entstehen und in der Gruppe als Ganzes sichtbar und spürbar werden.

Offenes Zuhören bedeutet nicht nur, auf die Worte zu hören, sondern auch der Stille zwischen den Worten zu lauschen und all dem, was nicht gesagt wird, Raum zu geben. Es geht nicht nur darum, der Geschichte dessen, was ist und was war, zuzuhören, sondern auch dem noch verborgenen Potenzial, der möglichen Zukunft.

Wie beim offenen Sprechen ist es oft schwierig, offen zuhören zu können. Es sind im Grunde die gleichen Hemmungen, teils emotionaler Art und oftmals mit unserer Identität verbunden, die dem offenen Zuhören im Wege stehen. Es geht auch nicht darum, immer offen zuhören zu können. Wichtig ist, dass wir den Wunsch dazu haben, auch wenn es uns manchmal bei Weitem nicht gelingt. Wir können erkunden was in uns vorgeht, wenn wir anderen, uns selbst oder einem größeren Ganzen nicht offen zuhören. Wir stellen dann oft fest, dass unsere Urteile oder unsere emotionalen Bedürfnisse uns in die Quere kommen. Wenn wir mehr Klarheit darüber erhalten, führt dies zu einem vertieften Dialog. Auf diese Weise wächst die Offenheit, sowohl als persönliche Qualität als auch als Qualität der ganzen Gruppe.

INTENTION

Die dritte tragende Säule des Dialogs ist das Element der Intention. Es ist wichtig, dass Dialoge eine klare Absicht haben und dass diese offengelegt wird. Die Intention macht deutlich, was der Spielraum für diesen Dialog ist und wo die Grenzen liegen. Indem wir unsere Absichten untereinander abgleichen, klären wir ab, ob wir uns auf einem gemeinsamen Weg machen können oder nicht. Deshalb ist es wichtig, die Intention zu Beginn des Dialogs und auch zu späteren Zeitpunkten immer wieder gemeinsam zu reflektieren.

Einerseits ist es wichtig, einen möglichst weiten Raum für den Dialog zu schaffen, damit möglichst viele unterschiedliche Perspektiven und Erfahrungen willkommen geheißen werden. Andererseits sind unterschiedliche Intentionen manchmal nur schwer miteinander zu vereinbaren. Nehmen wir zum Beispiel eine Situation, in der ein Teil der Gruppe überwiegend an Reflexion und Selbsterforschung interessiert ist und ein anderer Teil den Dialog vor allem als Grundlage für gemeinsames Handeln sieht. Solange dieser Unterschied nicht beachtet, benannt und gemeinsam reflektiert wird, kann es keinen fruchtbaren Dialog geben.

Die Intentionen für einen Dialog können sehr unterschiedlich sein. Es kann die persönliche oder berufliche Entwicklung der Gruppenmitglieder betreffen, die Verbesserung der Kommunikation zwischen den Teilnehmenden oder die gemeinsame Arbeit an einem Projekt. Vielleicht geht es um die Entwicklung einer Strategie, einen Veränderungs- und Verbesserungsprozess, oder die Gruppe hat einfach nur den Wunsch und die gemeinsame Intention, ein offenes Gespräch miteinander zu führen. Manchmal kombinieren sich in einem Dialog mehrere Absichten.

Die Klarheit der Intention bestimmt das Engagement der Teilnehmenden am Dialog und gibt dem Gespräch seine Richtung. Ohne klare Intention ist das Commitment ungewiss. Es besteht ein hohes Risiko, dass der Dialog diffus wird und Teilnehmende aussteigen, weil es ihnen nicht gefällt. Eine klare Absicht steuert den Dialogprozess. Sie bietet Halt und einen Rahmen in einem ansonsten offenen und manchmal unsicheren Prozess. Sie bietet die Gelegenheit, immer wieder zu überprüfen, ob wir uns noch auf dem richtigen Weg miteinander befinden.

Intentionen Aufmerksamkeit schenken

Die Intention des Dialogs entwickelt sich ständig und wandelt sich, während wir miteinander unterwegs sind. Das ist ein natürlicher Prozess, der nicht aufzuhalten ist. Wichtig ist es vor allem, die gemeinsame Intention immer wieder neu zu reflektieren und darüber transparent zu kommunizieren.

Die persönlichen Absichten von Gruppenmitgliedern können unterschiedlich sein. Allerdings ist es notwendig, dass es darüber hinaus eine gemeinsame Absicht gibt, die für die Gruppe als Ganzes gilt und für alle Gruppenmitglieder wichtig ist.

Wir unterscheiden zwei Arten von Intentionen. Zunächst gibt es die Intention einer Gruppe im Hinblick auf das Wozu: Warum wollen wir einen Dialog führen? Was beabsichtigen wir damit? Welches Ergebnis wünschen wir uns? Hier geht es um den ergebnisorientierten Aspekt der Intention. In einer Dialoggruppe ist es wichtig, dass es einerseits Klarheit gibt über das, was wir erreichen wollen, und andererseits Raum und Offenheit, sodass die Gruppe ihren eigenen Weg dorthin finden kann.

Zweitens bezieht sich die Intention auf das Wie dieser Dialoggruppe. Dies sind die Vorstellungen, die wir für unseren gemeinsamen Prozess haben: Wie oft treffen wir uns? Wie strukturieren wir unsere Treffen? Wie soll die Gruppe begleitet werden? Wie möchten wir miteinander reden und einander zuhören? Wie möchten wir mit Unterschieden umgehen? Welche Methoden möchten wir verwenden? Wie sieht die Beziehung zwischen Prozess und Ergebnis aus?

Oft werden Teilnehmende zu einem Dialog eingeladen, bei dem die Gastgeber*innen die Absicht für den Dialog bereits festgelegt haben. Das ist in Ordnung, wenn auch nicht ohne Risiko. Die Dialogbegleiter*innen werden die Intention zu Beginn des Dialogs zur Sprache bringen müssen. Erst dann kann festgestellt werden, ob diese vorgefertigte Intention wirklich von der Gruppe getragen wird und somit eine gute Basis für den Gruppenprozess bildet. Das Risiko ist, dass man zu einfach Ja zu der Intention der Gastgeber*innen sagt. In der Regel ist es wünschenswert und oft auch notwendig, in späteren Phasen des Dialogs die gemeinsame Intention immer wieder zu reflektieren und neu abzustimmen. Wenn nicht zu einer gemeinsamen Intention gefunden wird, lösen sich Gruppen mitunter schnell auf.

Manche Dialoggruppen kommen aus Liebe zum Dialog zusammen und haben keine ergebnisorientierte Absicht. Der Prozess selbst sowie dessen Reflexion stehen hier im Mittelpunkt. Allerdings streben die meisten Dialoggruppen nach bestimmten Ergebnissen, auf welcher Ebene auch immer.

Alle Dialoggruppen haben Vorstellungen davon, wie der Dialog geführt werden soll, die sogenannten Prozessabsichten, die aber oft nicht explizit formuliert werden. Offenheit und Klarheit über diese Intentionen steigern die Qualität des Gesprächs und sind von großer Bedeutung für einen nachhaltig fruchtbaren Dialog.

VERTRAUEN

Vielleicht ist es wichtiger, einander zu vertrauen,
als einander zu verstehen.
– Marianne Gronemeyer

Der Dialog kann sich vollständig entfalten, wenn er vom Vertrauen der Teilnehmenden getragen wird. Es braucht das grundlegende Vertrauen, dass Dialog ein verlässlicher Weg nach vorn ist und dass ein aufrichtiger Dialog immer wertvolle Ergebnisse hervorbringt. Dieses Vertrauen hilft, dem Prozess treu zu bleiben, auch wenn es schwierig wird und es zu Stagnation oder Hindernissen kommt.

Vertrauen bezieht sich auf verschiedene Aspekte des Dialogs:

- **Vertrauen in den Prozess**
  Das bedeutet, dass man daran glaubt, dass der Prozess zu wertvollen Ergebnissen führen wird, auch wenn man noch nicht weiß, wie sie aussehen werden und wie man sie erreichen kann. Es ist die Überzeugung, dass Ergebnisse erzielt werden können, von denen sowohl die einzelnen Teilnehmenden als auch die gesamte Gruppe profitieren. Für viele von uns steht dies im Widerspruch zu unserer oft unbewussten Überzeugung, dass es ein Spannungsfeld zwischen individuellen und kollektiven Interessen gibt und dass dort, wo die eine Seite gewinnt, die andere verliert. Das sind Überzeugungen, die viele von uns in ihrer frühen Kindheit hatten, zum Beispiel als wir die Erfahrung gemacht haben, dass wir als Kind nicht ernst genommen worden sind, weil die Eltern oder die Familie andere Ansprüche gestellt haben. Aufgrund solcher Erfahrungen scheint es, dass kollektive und individuelle Interessen immer in Konflikt miteinander stehen. Die Grundüberzeugung des Dialogansatzes ist, dass der wirkliche Gewinn dort zu finden ist, wo beide gewinnen. Und umgekehrt, dass, wenn die eine Seite verliert, die andere automatisch auch verliert.

- **Vertrauen in die eigene Erfahrung**
  Normalerweise fällt es uns leicht, auf unsere Erfahrungen zu vertrauen, wenn wir sie als für uns normale Erfahrungen erkennen. Solche Erfahrungen pas-

sen in das Bild, das wir von uns selbst haben. Es fällt uns schwerer, Erfahrungen zu schätzen, die wir nicht einordnen können. Solchen Erfahrungen schenken wir wenig Aufmerksamkeit. Im Dialog sind wir jedoch dazu eingeladen, all unsere Erfahrungen ernst zu nehmen und zu erforschen, was sie uns zu sagen haben. Aus der Zuversicht heraus, dass alle unsere Erfahrungen potenziell bedeutungsvoll sind, auch wenn wir diese Bedeutung noch nicht ergründen können.

- **Vertrauen in die anderen Dialogteilnehmenden**
  Wenn wir darauf vertrauen, dass auch andere Teilnehmende die Absicht haben, im Dialogprozess gemeinsam voranzukommen, weitet das den Raum für den Dialog. Dazu gehört, dass wir davon ausgehen, dass Erfahrungen der anderen bedeutungsvoll und damit ein wertvoller Beitrag zum Dialog sind.

Vertrauen erkunden

Eine Gruppe vertieft das eigene Vertrauen in den Dialogprozess, indem sie vorherrschende Annahmen diesbezüglich erkundet. Das bedeutet, dass die Teilnehmenden die eigenen Annahmen über den Dialog als Prozess offenlegen und erkunden, aufgrund welcher konkreten Erfahrungen man zu diesen Bewertungen kommt oder gekommen ist. Man untersucht, was die Quelle einer Annahme ist, inwieweit sie nach wie vor gültig und stimmig ist, wie viel man darin investiert hat und investieren will und welche sonstigen Gefühle und Gedanken damit zusammenhängen.

Durch die offene und respektvolle Auseinandersetzung mit unseren eigenen Annahmen und Bewertungen werden wir uns ihrer Wurzeln bewusst. Wir erfahren dann oft, dass es sich um emotional aufgeladene Annahmen handelt, Gedankenformen, die nicht unbedingt der Realität entsprechen.

Wenn wir die Realität aus dieser Offenheit heraus wahrnehmen, erfahren wir sie anders, als wenn wir die Realität durch die Brille unserer einschränkenden Überzeugungen erfahren. Durch diese Erfahrung werden wir zunehmend offen, sowohl für uns selbst als auch für die anderen. Es braucht diesen offenen Geist, um unsere eigenen Erfahrungen und die der Dialoggruppe so zu betrachten.

Parallel zu unserer zunehmenden Offenheit nimmt die Offenheit in der Gruppe als Ganzes zu. Hier bestätigt sich die, für einen Dialogprozess wertvolle Hypothese, dass sich die Entwicklung des*der Einzelnen und die Entwicklung des Kollektivs gegenseitig verstärken und sich nicht im Wege stehen. Wir erleben hier, wie individuelle und kollektive Entfaltung Hand in Hand gehen und sich gegenseitig anregen.

In dieser Phase wird die alte Konditionierung, die davon ausgeht, dass individuelle und kollektive Entwicklungen miteinander in Konflikt geraten können, sich noch regelmäßig breit machen. Können wir diese konditionierten Gedanken wahrnehmen und überprüfen, dann taucht dadurch die Qualität der Offenheit als eine persönliche Kraft und als Qualität der gesamten Gruppe auf. Nach und nach wächst ein ruhiges Vertrauen, dass der Weg des Dialogs verlässlich und begehbar ist und dass das Beschreiten dieses Weges zu wertvollen Ergebnissen führt.

DIE DIALOGISCHE HALTUNG

Ich möchte mich zwischen
der Unbefangenheit eines Kindes
und der reifen Weisheit und Integrität
eines Nelson Mandela bewegen.
– Kees Voorberg

Die dialogische Haltung ist der Nährboden, auf dem die Grundelemente des Dialogmodells (Offenes Sprechen und Zuhören, Vertrauen und Intention) gedeihen. Diese vier Grundelemente sind zwar zueinander unterschiedlich, können jedoch nicht wirklich voneinander getrennt werden. Es sind verschiedene Aspekte einer grundlegenden Einstellung zum Leben, die sich in einer dialogischen Haltung ausdrückt. Durch die Praxis des Dialogs eignen wir uns diese Haltung immer mehr an und es entsteht eine kontinuierliche Interaktion zwischen den Grundelementen Offenheit, Intention und Vertrauen einerseits und der dialogischen Haltung andererseits. Im Folgenden erörtern wir die wichtigen Facetten dieser Lebenseinstellung.

RESPEKT

Eine Grundhaltung, die auf Respekt basiert, ist für den Dialog wesentlich. Es braucht Respekt gegenüber sich selbst und Respekt gegenüber den anderen. Es braucht Respekt vor der Tatsache, dass es im Leben – und in der Dialoggruppe – Dinge gibt, die wir mit unserem Verstand (noch) nicht begreifen können, die aber trotzdem sinnvoll sein können. Eine respektvolle Haltung hilft uns dabei, nicht in Bewertungen und Urteilen hängen zu bleiben, die wir über uns selbst, über andere oder darüber, wie die Dinge in der Welt laufen, haben. Respekt zu zeigen, bedeutet aber nicht, dass wir mit allem, was gesagt wird, einverstanden sein müssen.

ANDERS MIT URTEILEN UMGEHEN

Im Alltag nutzen wir unsere Urteile oft dazu, uns vor anderen oder vor bestimmten Situationen zu verschließen, oft mit dem Ziel, uns schützen zu wollen. Wir sind alle voller Urteile und es ist nicht möglich oder notwendig, den Prozess des Bewertens und Urteilens nachhaltig zu stoppen. Im Dialog ist es jedoch wichtig, dass wir uns nicht vor unseren eigenen Erfahrungen oder vor anderen Menschen verschließen. Wichtig ist, dass wir offen bleiben. Darum ist es notwendig, dass wir andere Wege finden, um mit unseren Urteilen umzugehen.

Urteile in der Schwebe halten

Wir können üben, unsere eigenen Urteile gedanklich in der Schwebe zu halten. Das setzt voraus, dass wir ein gewisses Bewusstsein über unsere Urteile haben und dass wir sie als das sehen können, was sie sind, nämlich Urteile. Wer die eigenen Urteile bemerkt, kann sich bewusst entscheiden, nicht mitzumachen, sie sozusagen nebenbei zu bemerken, ohne sie auszuleben. Wenn uns das gelingt, macht es den Raum in uns frei, um uns selbst oder jemand anderem wirklich zuhören können.

Urteile überprüfen

Eine weitere Möglichkeit, mit Urteilen umzugehen, besteht darin, zu überprüfen, woher sie kommen oder was sie bedeuten, damit wir sie leichter loslassen können. Der erste Schritt ist, dass wir uns hier unserer Bewertungen und Urteile bewusst werden. Wir können überprüfen, ob diese Urteile wirklich mit der tatsächlichen Situation zusammenhängen oder ob es sich um alte Urteile aus ähnlichen Situationen in der Vergangenheit handelt. Solche alten Urteile bleiben manchmal unbewusst an einer neuen Situation hängen, während sie eigentlich im Hier und Jetzt irrelevant sind. Wenn man erkennt, dass es sich um etwas Altes handelt, wird es leichter, das Urteil loszulassen. Eine weitere Frage, die wir uns stellen können, ist, welche Funktion dieses konkrete Urteil für uns hat. Vielleicht hilft es uns, nicht auf eine Person hören zu müssen, die Dinge sagt, von denen wir nicht wissen, wie damit umzugehen ist. In diesem Fall blockiert das Urteil unsere Offenheit. Vielleicht können wir wieder offener werden, indem wir uns die Erlaubnis geben, nicht sofort wissen zu müssen, was wir über etwas denken oder was wir damit anfangen können.

Das Prinzip, mit Urteilen anders umzugehen, ist ein wesentlicher Aspekt jedes Dialogs. Es schafft einen größeren Raum, in dem wir frei sind, aktuelle Themen aus unterschiedlichen Blickwinkeln zu betrachten und mit neuen Augen zu sehen.

EINE ERKUNDENDE HALTUNG

Den Dialog kennzeichnet, dass man frei und kreativ komplexe und subtile Fragen erforscht, sich gegenseitig intensiv zuhört und nicht von Anfang an an einem Standpunkt festhält.
– Peter Senge

Der Dialog ist eine Art der Kommunikation, die der Komplexität des Lebens so weit wie möglich gerecht werden will. Es geht um die Komplexität jedes Individuums, die Komplexität der zwischenmenschlichen Situationen und die Komplexität der Welt, in der wir leben. Ein wichtiger Grundsatz ist daher, dass wir eine erkundende Haltung haben und offen sein wollen für alles, was es zu entdecken gibt. Menschen sind sehr komplexe Wesen, die nicht in einfache Schemata passen. Unser Denken hat jedoch das Bedürfnis zu begreifen, wer wir sind, und verwendet darum solch einfache Schemata. Wir denken in einfachen Kategorien, die sicherlich einen praktischen Nutzen haben, uns aber nicht weiterhelfen, wenn wir uns selbst und andere besser kennenlernen wollen.

Dafür braucht es eine erkundende Haltung, vorerst uns selbst gegenüber. Erkundend entdecken wir mehr und mehr, wer und was wir sind, wie wir in jeder Situation ein bisschen anders sind, und wir erfinden uns immer wieder neu.

Eine erkundende Haltung brauchen wir ebenso, um andere in ihrer Vielfalt zu erkennen. Allzu oft gehen wir im Alltag davon aus, dass wir wissen, wer die andere Person ist, wie sie denkt und warum das so ist. Oft haben wir eine Menge Annahmen über unser Gegenüber. Wenn wir aufhören zu denken, dass wir die andere Person kennen, und wieder neugierig darauf werden, wer er*sie wirklich ist, können wir Aspekte dieser Person entdecken, von denen wir zunächst keine Ahnung hatten.

In Bezug auf das, was zwischen uns und anderen Menschen geschieht und möglich ist, haben wir oft allerlei Annahmen, die nicht der Realität entsprechen. Wir können aufhören zu denken, dass wir Bescheid wissen, und mit anderen, offenen Augen schauen, was es noch mehr zu entdecken gibt.

Wenn wir uns mit dieser offenen Neugierde begegnen, kann der Dialog wirklich neue Perspektiven eröffnen.

Das gilt genauso für unsere Einstellung gegenüber der Welt um uns herum. In einer Welt zunehmender Komplexität und Unsicherheit geraten wir leicht in Versuchung, in einfachen Schemata zu denken und zu handeln. Eine offene, erkundende Haltung hilft hier die Komplexität zu umarmen. Es ermöglicht uns zu sehen, was wirklich vor sich geht, und darauf angemessen zu reagieren.

VERLANGSAMUNG

Der Dialog verlangsamt unsere Kommunikation. Das hilft, uns aus den Automatismen herauszuhalten, auf die wir uns oft unbewusst verlassen. Wenn wir schnell aufeinander reagieren, greifen wir auf bekannte Reaktionsmuster zurück. Diese Automatismen mögen im Alltag nützlich sein, doch wenn wir darauf zurückfallen, werden wir höchstwahrscheinlich nichts Neues entdecken. Es hindert uns daran, zu einer Vertiefung in unserem Leben und unserem Zusammenleben zu gelangen.

Damit wir wirklich offen sprechen und zuhören können, unsere reflexartigen Urteile sehen und aus einer erkundenden Haltung heraus leben können, ist es notwendig, dass wir im Dialog verlangsamen. Das bedeutet, dass wir nicht sofort aufeinander reagieren, sondern uns die Zeit nehmen, das, was die andere

Person gesagt hat, wirklich wirken zu lassen und zu beobachten, was das in uns auslöst. Dadurch kommt die Botschaft der anderen Person auf einer tieferen Ebene an und wir können unsere Antwort auch von einer tieferen Ebene aus geben. Im Dialog gibt es Raum für Pausen, für Stille. Damit gewinnt der Dialog an Bedeutung.

EMPATHIE

Die menschliche Eigenschaft, die ich
am liebsten verstärken würde, ist die Empathie.
Sie vereint uns in einem friedlichen, liebenden Zustand.
– Stephen Hawking

Unter Empathie verstehen wir die Haltung, in der wir bereit sind, das Leben und die Welt durch die Augen der anderen zu betrachten. Die andere Person hat ihre eigene Geschichte, ihren eigenen genetischen Code, ihren eigenen Platz in der Welt, der sich von unserem unterscheidet. Wenn wir uns bemühen, durch die Augen unseres Gegenübers zu schauen, dann werden wir nicht nur sehen, dass die Dinge von diesem Standpunkt aus anders aussehen, sondern wir werden auch anfangen zu verstehen, warum das so ist. Wir beginnen zu ahnen, wie es ist, dieser andere Mensch zu sein.

Das Prinzip der Empathie rührt an der Frage, wie wir anders mit Urteilen umgehen können. Schließlich ist es schwer, an seinen Urteilen über andere festzuhalten, wenn man tatsächlich erlebt hat, wie das Leben aus der Sicht der anderen Person aussieht. Dies kommt in einem bekannten Spruch der indigenen Bevölkerung Amerikas zum Ausdruck: „Urteile nicht über jemanden, bevor du nicht eine Meile in seinen Mokassins gelaufen bist."

INKLUSIVITÄT

Wir gehen im Dialog davon aus, dass der Beitrag aller Teilnehmenden potenziell bedeutsam ist, auch wenn wir diese Bedeutung manchmal noch nicht erkennen. Es gibt Raum für alle Gedanken, Gefühle, Impulse, die in der Gruppe lebendig sind. Sogenannte schwierige Menschen haben ebenfalls ihren Wert für die Entwicklung des Dialogs und ihr Beitrag ist willkommen. Wir entscheiden nicht frühzeitig, welche Ideen nützlich sind und welche nicht: Der Dialog wird dies zeigen. Die einzelnen Teilnehmenden am Dialog sind eingeladen, dieselbe integrative Haltung sich selbst gegenüber einzunehmen. Das bedeutet, dass sie für alles offen sind, was in ihnen lebendig ist, sowohl für die Dinge, mit denen sie zufrieden sind, als auch für die Schattenseiten ihrer selbst: die Aspekte, die sie eher ablehnen oder für die sie sich schämen. Jede*r hat Raum für die Widersprüche in sich selbst, die einfach sein dürfen und nicht gelöst werden müssen.

SUSPENDIEREN

Mit Suspendieren meinen wir, dass wir Schlussfolgerungen, Entscheidungen und Aktionen in der Schwebe halten, solange wir noch nicht so weit sind, darauf reagieren zu wollen oder zu können. Wir sind es gewohnt, Ereignisse auf unsere eigene subjektive Weise zu interpretieren. Diese Interpretationen werden der Realität oft nicht gerecht. Zu schnelle Schlussfolgerungen helfen in der Regel auch nicht, uns einander zu nähern. In unserer ergebnisorientierten Kultur gibt es einen gewissen Druck, eine Antwort haben zu müssen und schnell zu handeln. Oft gibt es wenig Raum für Nicht-Wissen und Nicht-Tun. In beruflichen Sitzungen führt dies beispielsweise zu der Tendenz, Entscheidungen treffen zu müssen, obwohl die Zeit dafür noch gar nicht reif ist.

Im Dialog ist sowohl das Nicht-Wissen als auch das Noch-Nicht-Handeln willkommen. Der Dialograum ist offen und das erkundende Gespräch wird fortgesetzt, solange es in der Gruppe Unklarheiten oder Meinungsverschiedenheiten gibt. Es ist auch oft nicht notwendig, endlos weiter zu reden, um sich zu einigen. Oftmals erweist es sich als hilfreich, Schlussfolgerungen und Entscheidungen auf einen späteren Zeitpunkt zu verschieben. Es ist nicht ungewöhnlich, dass sich Meinungsunterschiede oder mangelnde Klarheit in der Zwischenzeit auflösen.

Manchmal staunen Menschen darüber, dass sich im Dialog die Lösungen einfach und von selbst ergeben können. Schließlich kennen wir alle Situationen, in denen Meinungsunterschiede scheinbar ewig andauern und nie zu einer Lösung führen. Offenbar wirkt der Dialog in gewisser Weise weiter, selbst wenn das eigentliche Gespräch eine Zeit lang unterbrochen wird. Dabei spielt Reflexion, ein weiterer Aspekt der dialogischen Haltung, möglicherweise eine wichtige Rolle.

REFLEXION

Ohne Reflexion machen wir uns blindlings auf den Weg,
kreieren immer mehr unerwünschte Konsequenzen
und sind nicht in der Lage,
etwas Sinnvolles zu erreichen.
– Margaret J. Wheatley

Reflexion bedeutet wörtlich: Spiegelung, Widerschein von Licht. Die Gruppe und die Teilnehmenden spiegeln sich gegenseitig wider. Was wir in der Gruppe und im Dialog erleben, ist ein Spiegelbild unserer selbst. Wenn wir beispielsweise die Gruppe als chaotisch erleben, ist die Wahrscheinlichkeit groß, dass diese Erfahrung ein Spiegelbild des Chaos in unserem eigenen Kopf ist. Auch andersrum gilt: Der Prozess in der Gruppe ist ein Spiegelbild dessen, was bei den einzelnen Gruppenmitgliedern passiert. Wenn sich die Gruppenmitglieder chaotisch fühlen, wird der Prozess in der Gruppe dieses Gefühl widerspiegeln.

Der Dialog kann zu einem fruchtbaren Nährboden für Verbundenheit und Kreativität werden, wenn die Teilnehmenden bereit sind, sowohl gemeinsam als auch individuell, in diesen Spiegel zu schauen. Der Dialog löst bei den Gruppenmitgliedern alle möglichen Reaktionen aus: Sympathie und Antipathie, Begeisterung, Leidenschaft, Verzweiflung, Irritation, Unbehagen; alle menschlichen Gefühle tauchen von Zeit zu Zeit auf. Genau wie überall im Leben, wenn wir offen dafür sind.

Der Unterschied besteht darin, dass der Dialog ein Raum ist, in dem all diese Gefühle und Reaktionen sein dürfen und wir sie wahrnehmen und gemeinsam reflektieren können, ohne Urteil und ohne die Erwartung, dass es anders sein sollte. Indem wir neutral in den Spiegel schauen und all dies bewusst wahrnehmen, entsteht der Anfang eines Transformationsprozesses. Diese Transformation beginnt nicht mit der Veränderung der tatsächlichen Realität, sondern damit, dass sich etwas in der Bedeutung ändert, die wir den Tatsachen beimessen. Wenn sich diese Bedeutung ändert, hat das zur Folge, dass sich auch die Realität ändert.

Es ist eine gegenseitige Reflexion zwischen den einzelnen Gruppenmitgliedern und der Gruppe als Ganzes. Die Dialoggruppe bildet ein Feld, in dem die Reflexionen auf verschiedenste Weise stattfinden. Wenn zum Beispiel ein Großteil der Gruppe einen Teilnehmenden als störenden Einfluss empfindet, kann es der Gruppe helfen, diese Empfindung und das, was sie ihnen zu sagen hat, zu betrachten. Das ist fruchtbarer als der Versuch, den Störsender zu beseitigen. Wenn wir die gegenseitigen Reflexionen nutzen, wird eine Dynamik in der Gruppe geschaffen, die dazu beiträgt, dass die Gruppe lebendig bleiben und mit dem, was geschieht, mitschwingen kann. Stagnation ist dann nur eine Phase des Prozesses statt eines schwierigen und schwer zu lösenden Problems.

RAUM SCHAFFEN

Nun haben wir die verschiedenen Aspekte der dialogischen Haltung unterschieden und separat voneinander beschrieben. Das ermöglicht uns, in geordneter Form über den Dialog nachzudenken.

Allerdings ist es klar, dass es nicht wirklich möglich ist, diese Haltungsaspekte wirklich voneinander zu trennen, da sie sich teilweise überschneiden. Sie fließen zusammen und verweben sich zu einem Raum für Dialog, innerhalb dessen keine klaren Trennlinien gezogen werden können. Im Dialog schaffen und halten wir diesen Raum. Es ist ein Freiraum, in dem Leben, Bewegung, Individualität, Verbindung und Kreativität möglich sind. Die vier Grundelemente des Dialogs und die weiteren dialogischen Haltungen, die wir hier beschrieben haben, schaffen diesen Freiraum und halten ihn aufrecht. In dieser Hinsicht unterscheidet sich der Dialog von vielen anderen Methoden und Strategien, die in unserer Kultur üblich sind. Die meisten Herangehensweisen konzentrieren sich auf das vorliegende Thema oder Problem und fokussieren sich darauf. Dies ist ein Ansatz, der zu unserer, vorwiegend ergebnisorientierten Kultur gehört. Er entsteht aus der Annahme, dass wir effektiver sind, wenn wir Themen von ihrem Kontext trennen und sie isoliert betrachten.

Der Dialog macht eine andere Bewegung und geht den umgekehrten Weg. Wir wählen bewusst einen ganzheitlichen Ansatz. Im Dialog konzentrieren wir uns nicht auf einzelne Themen, sondern betrachten sie in Bezug auf den gesamten Kontext, in dem sie stattfinden. Wir nehmen eine erweiterte Perspektive ein. Wir beziehen bewusst andere, wesentliche Aspekte unseres Menschseins, unsere Bestrebungen, Wünsche, Gefühle und Lebenserfahrungen mit ein. Denn ein wichtiger Teil des Kontextes sind die Menschen, mit ihrer subjektiven Wahrnehmung der Wirklichkeit.

Die Quantenphysik hat deutlich gezeigt, dass es keine objektive, vom Beobachter getrennte, Realität gibt. Ebenso gibt es in der sozialen Wirklichkeit keine Themen, die von den Menschen, die sich mit diesen Themen beschäftigen, getrennt sind.

Im Dialog geht es gerade darum, den Wahrnehmungen der Menschen mit Bezug zu einem Thema Platz zu geben und zusammenzuweben. So können wir untereinander austauschen, welche Bedeutung ein Thema für uns hat, wie wir von dem Thema betroffen sind und Anteil daran nehmen. Dadurch entstehen ein ganzheitliches Bild und ein gemeinsames mehrdimensionales Wissen über das betrachtete Thema. Dies ermöglicht es uns, einander über die Grenzen unserer Meinungsverschiedenheiten hinaus zu verstehen. Aus diesem gegenseitigen Verständnis kann sich eine Fülle von Möglichkeiten eröffnen. Diese Möglichkeiten werden in der Regel nicht oder nur schwer sichtbar, wenn wir uns ausschließlich auf unsere unterschiedlichen Meinungen zu einem Thema konzentrieren.

ZUSAMMENFASSEND

In diesem Kapitel haben wir die vier Grundelemente des Dialogs erörtert: offenes Sprechen und offenes Zuhören, Intention und Vertrauen. Diese Grundelemente sind die Voraussetzungen für einen echten Dialog. Wenn diese Elemente nicht vorhanden sind, kann der Dialog nicht gedeihen. In vielerlei Hinsicht bietet der Dialog reichlich Raum für Diversität, doch was die Grundelemente betrifft, so ist der Vielfalt eine Grenze gesetzt. Offenheit, Intention und Vertrauen sind relative Begriffe, doch wenn sie fehlen, ist letztendlich kein wirklicher Dialog möglich.

Sie gehen Hand in Hand mit einer dialogischen Haltung. Wir haben einige Aspekte differenziert, die diese Haltung ausmachen. Zwischen den vier Grundelementen des Dialogs und der dialogischen Haltung besteht eine wechselseitige Beziehung. Aus einer dialogischen Haltung heraus anwesend zu sein, bedeutet, dass Offenheit, Intention und Vertrauen vorhanden sind. Umgekehrt vertieft sich unsere dialogische Haltung, wenn wir uns diesen drei Grundelementen zuwenden.

TEIL 2

AUF DEM WEG ZUM DIALOG

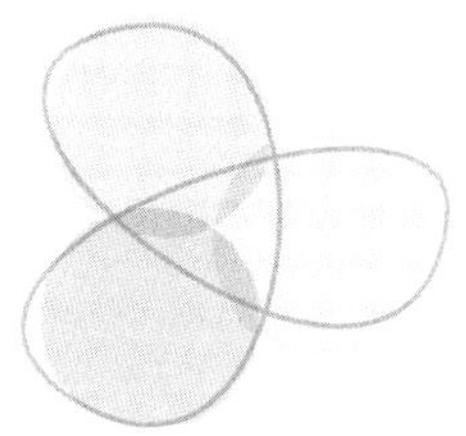

KAPITEL 4

DIALOG UND DIVERSITÄT

Wir sind alle anders.
Was du willst, ist anders als das,
was ich will.
Und das Universum braucht uns alle.
Wir alle sind Facetten des Universums.
– Anita Moorjani

UNTERSCHIEDE MACHEN DEN UNTERSCHIED

Wenn Menschen zusammenkommen, suchen sie nach Möglichkeiten sich miteinander zu verbinden, Gruppen zu bilden, Gemeinschaften oder Organisationen zu formen. Die Hoffnung liegt in der Möglichkeit, ein gemeinsames Ziel zu finden und einen gemeinsamen Weg zu gehen. Daher liegt am Anfang die Aufmerksamkeit bei den Gemeinsamkeiten, die verbindend wirken, beginnendes Vertrauen erwecken und die Gruppe zusammenhalten. Früher oder später werden jedoch in jeder Gruppe die gegenseitigen Unterschiede sichtbar.

Unterschiede werden im Allgemeinen vorerst ausgeblendet, weil es schwieriger ist, sich mit ihnen auseinanderzusetzen. Daher tauchen sie in einem Dialogprozess oft erst später auf.

Wenn die Unterschiede in den Raum kommen, gewinnt der Dialog an Realitätsgehalt. Durch unsere Unterschiede können wir uns gegenseitig ergänzen und gemeinsam Dinge erreichen, zu denen wir allein nicht in der Lage wären. Unterschiede können aber auch zur Quelle für Rivalität, Konkurrenz, Ablehnung, Streit oder Krieg werden. Daher sind wir, wenn unsere Unterschiede sichtbar werden, herausgefordert, einen nicht- vermeidenden und zugleich achtsamen Umgang mit ihnen zu finden.

Wenn wir aber um der Harmonie willen nur auf unsere Gemeinsamkeiten fokussieren und dafür unsere Unterschiede leugnen, verdrängen wir die Realität. Früher oder später kommen unsere Unterschiede jedoch ans Licht, dann oftmals mit einer heftigen emotionalen Ladung und negativen Konsequenzen für den Dialogprozess sowie für die Beziehung.

Wenn eine Gruppe von Menschen zusammenkommt, um mit Begeisterung etwas Neues zu beginnen, dann werden die Unterschiede, die es von Anfang an gibt, marginalisiert. Im Vergleich zu dem, was die Gruppe verbindet, werden sie vorerst als unwichtig betrachtet. Das stärkt am Anfang das Gemeinschaftsgefühl. Wenn sie später, wenn es Rückschläge im gemeinsamen Tun gibt, mitunter mit ziemlicher Heftigkeit auftauchen, beeinträchtigen sie den Fortgang der Gruppe und des gemeinsamen Projekts. Die Kunst besteht also darin, den Unterschieden nicht zu früh, aber auch nicht zu spät Aufmerksamkeit zu schenken.

Unterschiede können auch der Anlass dafür sein, einen Dialog zu beginnen. Möglicherweise gibt es eine Konfliktsituation in der Familie, der Organisation oder in einer Schulklasse. Ein solcher Konflikt manifestiert sich durch einen Streit, wiederholte Streitereien oder dadurch, dass einige Menschen nicht mehr miteinander reden. Manchmal gibt es auch keinen direkten Konflikt, sondern ein allgemeines Interesse, unterschiedliche Meinungen, Ansichten und Erfahrungen gemeinsam zu besprechen. Der Dialog ist ein guter Ansatz, um in einer solchen Situation Unterschiede einzuladen, willkommen zu heißen und ein fruchtbares Gespräch anzuregen. Zum Beispiel im Kontext eines interkulturellen oder interreligiösen Dialogs oder eines Dialogs zwischen Bewohner*innen eines Stadtteils, die mit all ihren unterschiedlichen Hintergründen zusammenleben. Voraussetzung dafür ist, dass es eine gegenseitige Bereitschaft dazu gibt, und es ist wichtig, dass nicht nur die Fakten besprochen werden. Unterschiedlichkeit ruft im Allgemeinen emotionale Reaktionen hervor, die genauso ihren Raum und Aufmerksamkeit brauchen.

In den Niederlanden wurde von einer Gruppe erfahrener Organisationsberater*innen ein Modell entwickelt, das sich mit dem Begriff Diversität auseinandersetzt. Dieses Diversitätsmodell verdeutlicht, warum es wichtig ist, dass Menschen sich bereits in einem frühen Stadium in ihrer Unterschiedlichkeit zeigen, wahrnehmen und somit verbinden können.

DAS DIVERSITÄTSMODELL[10]

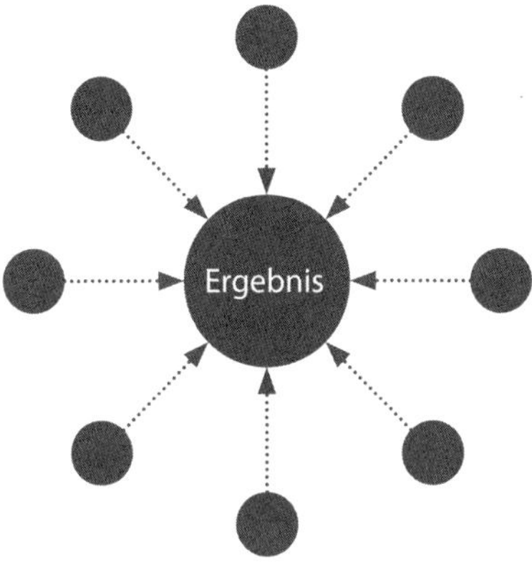

MODELL 3 | Diversitätsmodell Teilaspekt

Dies ist eine schematische Darstellung einer Gruppe von Menschen (der äußere Kreis mit schwarzen Punkten), die eine gemeinsame Aufgabe haben und auf ein Ergebnis ausgerichtet sind. Jede Person konzentriert sich mit voller Aufmerksamkeit und ganzer Energie auf das gemeinsame Ziel, das Ergebnis, das man erreichen möchte. Es verbindet die Menschen, gibt ihnen eine gemeinsame Ausrichtung und hält die Gruppe zusammen. Indem die Aufmerksamkeit so auf die kollektive Aufgabe gerichtet ist, verschwinden die menschlichen Unterschiede, die jede*n von uns ausmachen, in den Hintergrund. Wir werden nur teilweise in unserer Einzigartigkeit sichtbar, weil unser Fokus auf unseren Gemeinsamkeiten liegt. Der Gruppe bleibt dadurch wichtiges Wissen und Weisheit vorenthalten, die im einzigartigen Hintergrund jedes*jeder Einzelnen vorhanden sind.

Solange Begeisterung da ist und die Arbeit reibungslos verläuft, wird das in der Regel nicht als Problem empfunden. Wenn die Gruppe jedoch in einer späteren Phase der Zusammenarbeit vor schwierigen Fragen steht, vielleicht auch mit Rückschlägen zu kämpfen hat, und das gemeinsame Projekt stagniert, sind die Beteiligten auf eine andere Weise aufeinander angewiesen. Sie brauchen eine stabile Verbindung und ein gegenseitiges Vertrauen, um die Herausforderung gemeinsam zu meistern. Sie brauchen alle Ressourcen, um ko-kreative Lösun-

10 Judith Zadoks, Jurgen Schut, Bert Cozijnsen, Wieteke Beernink 2004

gen für die aufkommenden Fragen zu finden. Deshalb ist es gut, wenn sich jeder Mensch schon in einem frühen Stadium mit all seinen Eigenheiten, Erfahrungen und Geschichten zeigen kann. Dadurch wird auf einer tieferen Ebene klar, was jede*r zu geben hat und wie man sich aufeinander verlassen kann. Es ist ein Plädoyer dafür, Einzigartigkeit von Anfang an bewusst sichtbar und erlebbar zu machen.

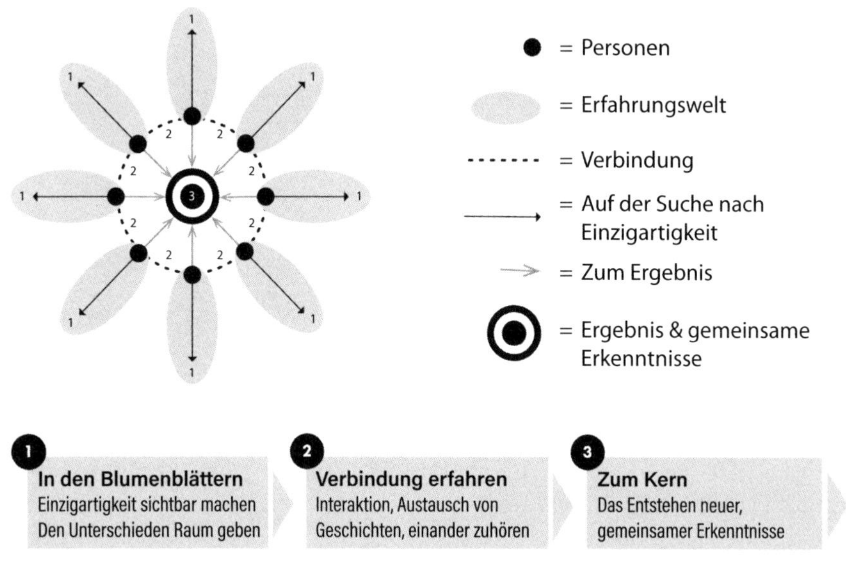

MODELL 4 | Diversitätsmodell Gesamtansicht

PERSÖNLICHE ERFAHRUNGEN MITEINBEZIEHEN

In dieser Abbildung wurden die individuellen Erfahrungswelten der Teilnehmenden als Blütenblätter dazu gezeichnet. Was in der vorherigen Abbildung von den Menschen nur als Punkt zu sehen war, erweist sich nun lediglich als die Spitze eines Eisbergs. Jeder Mensch hat eine Lebensgeschichte und Erfahrungswelt, die für die anderen Teilnehmenden nicht unmittelbar sichtbar ist. Jede Person bringt eine reiche Welt an persönlich Erlebtem mit sich. Sie umfasst persönliche Eigenschaften, Qualitäten und Ressourcen, positive und negative Erfahrungen mit früheren Projekten, positive und negative Erfahrungen mit Zusammenarbeit, persönliche Motive, wichtige Entscheidungen und Wendepunkte, die es im Leben gegeben hat. Dazu gehören auch wichtige Werte, Metaphern und Geschichten, die uns als Mensch leiten.

Bei der gemeinsamen Arbeit an einem Projekt von großer persönlicher oder gesellschaftlicher Bedeutung kann es zudem wichtig sein, sich über das Warum und das Wozu auszutauschen: Unsere Arbeit ist nicht nur etwas, womit wir unseren Lebensunterhalt verdienen, sondern wir erleben sie auch als unsere besondere Aufgabe. Wir sind verbunden mit einer Kraft- und Inspirationsquelle, die es uns ermöglicht, das zu tun, was wir tun müssen, und daran festzuhalten, auch wenn wir Rückschläge erleiden. Diese Quellen sichtbar zu machen, sich darin schon in einem frühen Stadium gegenseitig kennenzulernen und zu inspirieren, gibt einer Gruppe Kraft und Richtung und hilft, Herausforderungen gemeinsam zu meistern.

Dies hat in zweierlei Hinsicht eine günstige Auswirkung auf die Zusammenarbeit in der Gruppe. Erstens wird die Diversität in der Gruppe sichtbar und greifbar. Diversität ist eine kraftvolle Quelle für Wachstum und Entwicklung. Wenn die Diversität innerhalb der Gruppe sichtbar und akzeptiert wird, können Menschen sich aufgrund ihrer persönlichen Eigenschaften und Motive gegenseitig ergänzen. Es entsteht eine Form der geteilten Führung in der Gruppe, die auf die unterschiedlichen Qualitäten in der Gruppe aufbaut. Jede Person bringt ihre eigenen Stärken mit und muss nicht in der Lage sein, alles allein zu können.

Der zweite Grund, warum es für die Gruppe gut ist, wenn die verschiedenen Erfahrungswelten sichtbar werden, ist, dass dadurch eine Verbindung in der Gruppe geschaffen werden kann, die nicht nur von dem Ergebnis abhängt, an dem die Gruppe arbeitet. Diese Verbindung beruht darauf, dass wir uns gegenseitig in unserer Menschlichkeit anerkennen. Es entsteht mehr Verständnis füreinander. Wir sind Menschen, die versuchen, ein gutes Leben zu führen – mit allen Höhen und Tiefen –, und danach streben, etwas Wertvolles mit unserem Leben anzufangen. Das zeigt sich in den konkreten persönlichen Erzählungen, die wir mitteilen und voneinander hören. Wir erkennen die Menschlichkeit der anderen, auch wenn wir die genauen Erfahrungen und Motive der anderen Person nicht in uns selbst erkennen. Diese Anerkennung der anderen in deren Einzigartigkeit schafft Verbindung und eine Erfahrung des Miteinanders.

Auch wenn das ursprüngliche Diversitätsmodell in erster Linie für Dialog in Arbeitssituationen gedacht war, ist diese Perspektive genauso in anderen gesellschaftlichen und persönlichen Kontexten anwendbar. Es ist ein Modell, das Verbindung zwischen Menschen als Voraussetzung für Ko-Kreativität definiert und beschreibt, wie dies zustande kommen kann. Aus dem Modell lassen sich drei konkrete Schritte ableiten. Wir beschreiben diese Schritte hier mit den Worten, die die Autor*innen selbst gewählt haben:

1. **In den Blütenblättern.** Raum schaffen für die Einzigartigkeit der Anwesenden, anstatt sich sofort auf das kollektive Ergebnis zu fokussieren (im Modell: Pfeile nach außen). Die Wissens-, Erfahrungs-, Erkenntnis- und Gefühlswelten nutzen, die jeder Mensch in sich trägt. Dadurch wird das Gefühl der Beteiligten gestärkt, dass ihre Anwesenheit willkommen und bedeutungsvoll ist. Voraussetzung dafür ist, dass genügend Sicherheit erfahren wird. Das vergrößert den inhaltlichen Spielraum, in dem Lösungen entstehen können.

2. **Verbindung erfahren.** Raum schaffen und sich Zeit nehmen für den Austausch individueller Geschichten. Mit Respekt und Wertschätzung füreinander erzählen und zuhören. Persönliche Geschichten sind generell wahr. Es geht also nicht darum, diese zu deuten oder zu beurteilen; die Kraft liegt gerade im Erzählen und Zuhören, kurz gesagt: im Teilen. Indem wir uns die Zeit für die Geschichte jeder einzelnen Person nehmen, wird Raum geschaffen, um wirklich zu hören, was die andere Person sagt. Den anderen wirklich zuzuhören, mit Respekt und Wertschätzung, und somit aus vielfältiger Perspektive zu sehen (nicht nur aus der eigenen Sicht, sondern auch aus der Sicht der anderen) und alle vorhandenen Beiträge zu nutzen. Dieser Austausch führt zur Verbindung zwischen den Beteiligten und zu neuen Erkenntnissen (siehe die gepunktete Linie in der Zeichnung, die die Verbindung untereinander zeigt).

3. **Zum Kern.** Die Ernte neuer oder gemeinsamer Erkenntnisse ist die Aufgabe und Verantwortung aller Beteiligten. Die Art und Weise, wie geerntet wird, kann mit der Intention des Dialogs zusammenhängen und wird gemeinsam festgelegt. Nicht jeder Dialog führt zu Schlussfolgerungen oder Handlungen; der eine Dialog ist eher erkundend, während der andere vielleicht stär-

ker darauf ausgerichtet ist, Lösungen für ein Problem zu finden. Es ist wichtig, dass die Ergebnisse und Resultate von allen Beteiligten anerkannt und unterstützt werden. Unsere Erfahrung ist, dass die beteiligten Personen die Frage inzwischen anders betrachten als zu Beginn des Prozesses und dass die Lösung oder das Ergebnis ganz natürlich entsteht und eine vollkommen andere Qualität hat als eine traditionelle Lösung.

Das Obige ist ein Plädoyer und ein konkreter Ansatz, um der Diversität innerhalb einer Gruppe von Anfang an Beachtung zu schenken. Um nicht sofort Konsens anzustreben, sondern Individualität und Unterschiede sichtbar zu machen. Dies bedeutet jedoch nicht, dass es reicht, den Unterschieden nur in der Anfangsphase Beachtung zu schenken. Gruppen haben in der Regel eine zyklische, spiralförmige Entwicklung. Durch die Zusammenarbeit entwickelt sich eine Gruppe weiter und nach einer Weile werden Dinge zur Sprache kommen, die für die Gruppenmitglieder anfangs nicht sichtbar waren.

Von Zeit zu Zeit tauchen die gleichen Themen auf, wenn auch auf einer anderen, tieferen Ebene. Deshalb ist es wichtig, sich nach einiger Zeit erneut mit den Unterschieden und der Einzigartigkeit der Gruppenmitglieder zu befassen.

Abschließend ist hier eine methodische Anmerkung angebracht. Nicht für alle Gruppen ist es passend, sich in einer frühen Phase tiefgreifend mit persönlichen Unterschieden zu befassen. Dazu bedarf es genügend Sicherheit und einer gewissen Abstraktions- und Reflexionsfähigkeit der Teilnehmenden. In einer Gruppe, in der zu wenig Vertrauen vorhanden ist, braucht es Zeit, bevor man sich zeigen will und kann. Wenn die Fähigkeit zur Reflexion noch nicht stark entwickelt ist, braucht es Zeit, um diese zu erlernen. Wenn Vertrauen und Reflexionsfähigkeit fehlen, ist es besser, sich anfangs nicht zu sehr mit persönlichen Unterschieden zu beschäftigen. Es erfordert scharfe Wahrnehmung und Unterscheidungsvermögen seitens der Begleitung, um zu erkennen, wann sich im Laufe der Zeit Gelegenheiten ergeben, um über Unterschiede zu sprechen.

DER WERT VON DIVERSITÄT

Unsere Fähigkeit,
Einheit in Vielfalt zu erreichen,
wird die Schönheit und der Test
unserer Zivilisation sein.
– Mahatma Ghandi

Das hier besprochene Modell verdeutlicht, worum es bei Diversität geht und warum es wichtig ist, ihr Beachtung zu schenken. Es geht nicht um eine bestimmte Art von Diversität, wie etwa ethnische Diversität oder Gender-Diversität. Es geht um die Einzigartigkeit eines jeden Menschen. Je nach Kontext kann jedoch eine bestimmte Form der Diversität den Ausgangspunkt für den Dialog bilden. In philosophischen Dialogen kann die Diversität in Bezug auf religiöse Hintergründe den Ausgangspunkt bilden. In der sozialen Arbeit innerhalb alter Stadtvierteln und in Schuldialogen geht es oft um ethnische oder kulturelle Diversität. In Unternehmen oder Organisationen spielen Alter, Gender und Bildungsniveau eine wichtige Rolle.

ZUSAMMENFASSEND

Die dialogische Arbeit mit Diversität wirkt sich in zwei Richtungen aus. Für die individuelle Person bedeutet es, dass sie Anerkennung dafür erhält, wer sie wirklich ist. Dadurch kann sie sich selbst vollkommen in ihrer Einzigartigkeit kennenlernen und den Raum finden, diese voll und ganz zu leben. Für die Gruppe ist die Beachtung von Diversität eine notwendige Voraussetzung, gemeinsam zu denken, effektiv zu arbeiten und sich entfalten und entwickeln zu können.

KAPITEL 5

ICH UND WIR: GRUPPENENTWICKLUNG DURCH DIALOG

Wir brauchen uns nicht weiter vor Auseinandersetzungen, Konflikten und Problemen mit uns selbst und anderen fürchten, denn sogar Sterne knallen manchmal aufeinander und es entstehen neue Welten.
– Charles Chaplin

Diversität in einer Gruppe ist wertvoll und es ist wichtig, den Unterschieden in einer Gruppe Raum zu geben und sie sichtbar zu machen. So können wir sie auf positive Weise nutzen, und eine gemeinsame Kreativität entwickeln, die von allen getragen wird. In der Praxis kann sich das jedoch ganz anders anfühlen. Zwei Elternteile haben grundlegend andere Ideen über die Erziehung ihrer Kinder. Zwei Teammitglieder, die zusammenarbeiten müssen, haben einen ganz anderen Arbeitsstil. Innerhalb einer Familie reagieren die Familienmitglieder unterschiedlich auf einen unerwarteten Todesfall. Bei einem idealistischen Projekt gibt es Meinungsverschiedenheiten über das angestrebte Ziel. In einer Pflegeeinrichtung besteht ein Spannungsfeld zwischen den finanziellen Möglichkeiten und der gewünschten humanen Behandlung der Patient*innen.

In solche Situationen ist es nicht mehr selbstverständlich, dass Diversität wertvoll ist. Vielmehr scheint es zu einer Blockade für eine fruchtbare Art des Zusammenlebens und -arbeitens zu werden. Die Überzeugung, dass Diversität wertvoll ist, reicht nicht aus, um mit unseren Unterschieden umzugehen und sie nützen zu lernen: Es ist ein Dialogprozess, der leichtere und schwierigere Episoden kennt. In diesem Kapitel beschreiben wir den Verlauf eines solchen Lernprozesses anhand des Ich-Wir-Modells in einer Reihe von Phasen.

Wir haben uns für dieses Modell von zwei bereits vorhandenen Modellen inspirieren lassen: dem Modell des Community Buildings von Scott Peck[11] und dem Modell der Gesprächsfelder von Otto Scharmer[12], in der Version von Bill Isaacs[13].

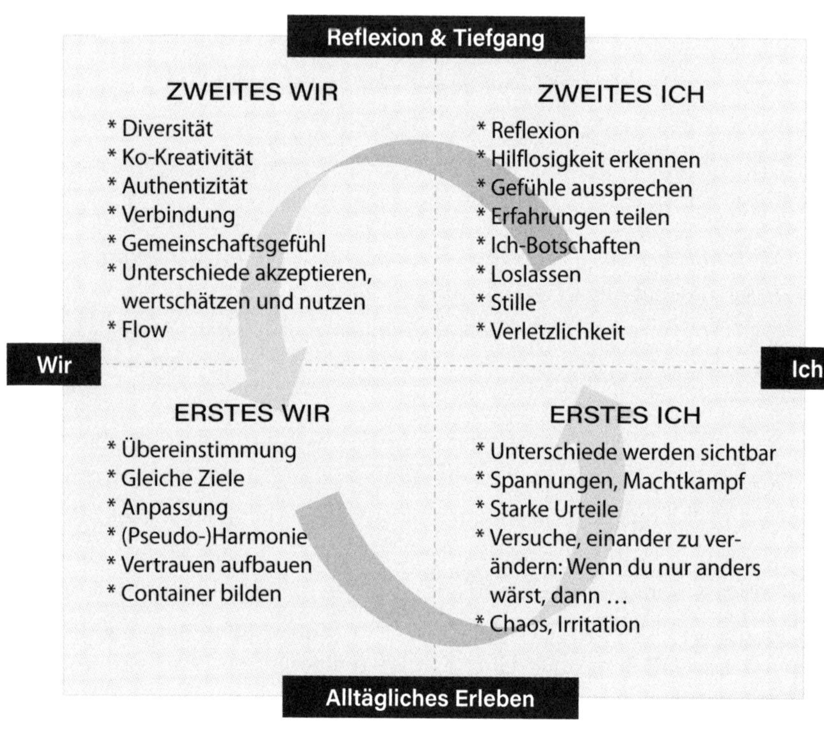

MODELL 5 | Das Ich-Wir-Model

11 M. Scott Peck 1988

12 C. Otto Scharmer 2007

13 William Isaacs 1999

DIE BEDEUTUNG DER FELDER

Die vier verschiedenen Felder des Diagramms haben jeweils ihre eigene Gruppendynamik.

Die beiden Felder am unteren Rand des Diagramms, das erste Wir- und das erste Ich-Feld, stellen die Phasen der Entwicklung dar, in denen sich die Gruppe mit den unmittelbaren alltäglichen Erfahrungen auseinandersetzt. Die Gruppe ist auf eine konkrete Aufgabe ausgerichtet, sei es ein spezifischer Wunsch, gemeinsam etwas zu realisieren, das Arbeiten an den Beziehungen untereinander oder das Teilen der Sorgen des Alltags. Hier geht es um die Inhalte und das, was die Gruppe unmittelbar beschäftigt. Es findet noch wenig Reflexion statt.

In den beiden oberen Feldern, dem zweiten Ich- und dem zweiten Wir-Feld, ist das anders. In diesen Felder gewinnt die Gruppe mehr Abstand zu den Inhalten. Die Gruppenmitglieder reflektieren darüber, was sie gerade tun, wie der gemeinsame Prozess läuft, und stellen sich selbst und einander Fragen dazu. Dadurch finden die Gruppenmitglieder zunehmend zu sich selbst und zueinander und die Verbundenheit und das Vertrauen in der Gruppe wachsen.

Die beiden Felder auf der linken Seite des Diagramms betonen die Erfahrung des Kollektivs, die gemeinsame Erfahrung der Gruppenmitglieder. Der Fokus liegt auf der gemeinsamen Entwicklung der Gruppe. In den beiden Feldern auf der rechten Seite liegt der Schwerpunkt auf den individuellen Erfahrungen der Gruppenmitglieder. Hier stehen die persönlichen Bedürfnisse, die eigenen Positionen und der persönliche Einfluss im Vordergrund.

Wir betrachten die Entwicklung einer Gruppe als eine Reise durch die verschiedenen Felder. Üblicherweise beginnt diese Reise im ersten Wir-Feld und führt dann zum ersten Ich-Feld. Wenn sich Gruppen von dort aus weiterentwickeln, gehen sie zunächst in das zweite Ich-Feld und anschließend in das zweite Wir-Feld. Diese globale Entwicklungsrichtung wird durch den rotierenden Pfeil im Modell gekennzeichnet. Manchmal fallen Gruppen wieder in eine frühere Phase ihrer Entwicklung zurück. Andere Gruppen stagnieren in einer bestimmten Phase, funktionieren dementsprechend nur eingeschränkt weiter oder lösen sich auf. Gruppen, die sich über das erste Feld hinaus im zweiten Ich- und im zweiten Wir-Feld weiterentwickeln, erreichen ein hohes Maß an Verbundenheit, Flow und Ko-Kreativität, das aber nur vorübergehend ist: Die Gruppe tritt immer wieder in einen neuen Zyklus und durchläuft die Phasen erneut auf einer anderen, tieferen Ebene. Deshalb trifft hier das Bild einer spiralförmigen Entwicklung zu, in der dieselben Phasen immer wieder auftauchen, wenn auch auf einem anderen Entwicklungsstand. Gruppen, die diese spiralförmige Entwicklung durchlaufen, werden zunehmend resilienter, fangen Schwierigkeiten mit der Zeit besser und schneller ab und finden leichter zu Verbundenheit und Ko-Kreativität zurück.

ERSTES WIR-FELD: DER ANFANG DER REISE

Wenn uns das Vertrauen fehlt, geschieht in unserem Leben bereits, was wir nicht wollen.
– Byron Katie

Menschen kommen zusammen, weil sie eine Hoffnung haben. Sie erwarten, gemeinsam etwas zu erfahren, zu lernen, gegenseitige Unterstützung zu erhalten oder etwas Neues zu entwickeln. Was auch immer das Motiv ist, Menschen, die sich in einer Gruppe zusammenfinden, haben positive Erwartungen an das, was ihnen dieses Zusammenkommen bringen kann, und sind auch bereit, sich dafür einzusetzen. Es besteht eine wohlwollende Haltung gegenüber den anderen Gruppenmitgliedern. Gefühle und Erfahrungen, die nicht in diese positive Atmosphäre passen, werden leicht ignoriert oder marginalisiert. Wenn es kleinere Ärgernisse gibt, sind Menschen in dieser Phase dazu geneigt, darüber hinwegzusehen, und vergessen sie auch schnell wieder. Den Unterschieden zwischen den Teilnehmenden wird im Allgemeinen wenig Aufmerksamkeit geschenkt: Der Fokus liegt auf einem gemeinsamen Ziel. Man freut sich, Gleichgesinnte gefunden zu haben. Niemand will Schwierigkeiten bereiten, die die gute Atmosphäre der Gruppe verderben könnten. Und wer doch etwas ansprechen möchte, hält lieber den Mund, denn es ist offensichtlich, dass die Gruppe nicht sehr offen dafür ist und dass die Gruppenmitglieder ihre Aufmerksamkeit lieber auf die vorhandenen Möglichkeiten als auf eventuelle Probleme richten.

Scott Peck nennt dies die Phase der Pseudo-Community, weil es, oberflächlich betrachtet, so aussieht, als gäbe es in der Gruppe ein hohes Maß an

Harmonie, Übereinstimmung und Gemeinschaftsgefühl. Diese vermeintlichen Gemeinsamkeiten sind jedoch noch zerbrechlich. Für wirkliche Gemeinschaft ist es notwendig, dass Unterschiede sichtbar und spürbar werden dürfen und die Gruppe die Möglichkeit bekommt, sich ihnen stellen zu können.

Wir ziehen es vor, anstatt des Begriffes Pseudo-Community den neutraleren Begriff „erstes Wir-Feld" zu verwenden. „Pseudo" ist eine negative Formulierung, die den Eindruck weckt, dass hier etwas fehle oder falsch sei. Das erste Wir-Feld ist aber sehr wichtig und wertvoll und eine notwendige erste Phase für das Aufbauen von Vertrauen in einer Gruppe. Menschen entdecken, was sie gemeinsam haben, und sie erfahren, dass das gemeinsame Ziel für die Teilnehmenden so wichtig ist, dass sie bereit sind, ihre persönlichen Bedürfnisse für das, was sie zusammen erreichen möchten, zurückzustellen. In dieser Phase bilden wir eine Verbindungs- und Vertrauensgrundlage, die wir brauchen, um die nächste Phase in der Entwicklung der Gruppe gemeinsam zu bewältigen.

ERSTES ICH-FELD: DIE REISE WIRD SCHWIERIG

Verbundenheit entsteht eher im Falle verbaler Konflikte
als im Falle verbaler Übereinstimmung.
– Lewis Coser

Im Laufe der Zeit beginnen sich einige Menschen in der Atmosphäre des ersten Wir-Feldes unwohl zu fühlen. Ihnen fehlt etwas oder sie fühlen sich nicht frei, ihre eigenen Perspektiven, Erkenntnisse und Wahrnehmungen in die Gruppe einzubringen. Wenn sie es doch versuchen, stoßen sie vorerst auf den Widerstand der restlichen Gruppe. Einige befürchten, dass die Einheit in der Gruppe verloren geht, wenn Unterschiede zutage treten. Andere sind der Meinung, dass es der Gruppe an Authentizität fehlt, solange es keine Unterschiede geben darf. Somit wird sich die Gruppe ihrer Unterschiede bewusst, ob man nun will oder nicht. Nach der positiven Stimmung der ersten Phase herrscht jetzt eher eine chaotische und verwirrte Atmosphäre. Scott Peck bezeichnet diese zweite Phase daher als Chaosphase. Alle möglichen Strategien werden ausprobiert, um mit den Unterschieden umzugehen. Es kann zum Beispiel Streit darüber entstehen, wer

Recht hat, oder Gruppenmitglieder können versuchen, eine bestimmte Ansicht auf Kosten einer anderen durchzusetzen. Man versucht vielleicht die andere Person zu bekehren oder zu überzeugen, indem man beispielsweise sagt: „Es wäre besser, wenn wir alle unsere Gefühle ein wenig mehr zeigen würden."

Es hilft jedoch alles nichts. Denn die Frage, die dieser Phase zugrunde liegt, ist: Wie viel Raum gibt es in dieser Gruppe, um gänzlich man selbst zu sein und sich mit seiner Einzigartigkeit zeigen zu können? Diese Frage kann durch eine Lösung, bei der es keinen Platz für Unterschiede gibt, niemals zufriedenstellend beantwortet werden.

Alle in dieser Phase eingesetzten Strategien sind daher zum Scheitern verurteilt. Dennoch ist es eine wertvolle Phase, weil die Unterschiede nun wirklich zum Vorschein kommen und die Gruppe anfängt, sich mit ihnen auseinanderzusetzen. Eine Lösung bleibt in dieser Phase jedoch aus. Dies stellt den Gruppenprozess sehr auf die Probe und bringt ihn an seine Grenzen. Wenn die ganze Energie im Streit verpufft und nichts mehr übrig bleibt, um auf das gemeinsame Ziel hinzuarbeiten, mag es als einzige Option erscheinen, sich als Gruppe aufzulösen. Viele Gruppen tun dies dann auch. Wenn eine Gruppe bestehen bleiben und weitermachen will, hat sie zwei Möglichkeiten: Sie kann versuchen zum ersten Wir-Feld zurückzukehren, „wo wir noch eine schöne Zeit miteinander hatten". Für eine Weile kann das funktionieren, aber es ist keine nachhaltige Lösung, denn früher oder später werden die Unterschiede wieder auftauchen. Bei dieser Option pendeln Gruppen während ihrer gesamten Existenz zwischen dem ersten Wir-Feld und dem ersten Ich-Feld hin und her. Die zweite Option ist, dass die Gruppe den Schritt vom ersten Ich-Feld zum zweiten Ich-Feld vollzieht.

ZWEITES ICH-FELD: BEI SICH SELBST ANKOMMEN, IN DER GRUPPE LANDEN

Loslassen bedeutet nicht, dass ich die Liebe loslasse;
es bedeutet, dass ich nicht bestimme,
wie eine andere Person leben soll.
– Charles R. Swindoll

Im zweiten Ich-Feld liegt der Schwerpunkt nach wie vor auf den individuellen Bedürfnissen der Gruppenmitglieder, jedoch ändert sich die Art und Weise, wie sie damit umgehen. Statt weiterhin Anerkennung, Bestätigung und Erfüllung ihrer Bedürfnisse in der Gruppe zu suchen, entsteht eine Bewegung in Richtung Selbstreflexion. Der Fokus verlagert sich auf die Fragen: Was reflektiert der Prozess in dieser Gruppe für mich persönlich? Was suche ich bei anderen und warum ist mir das so wichtig? Was treibt meine Haltung und meine Einstellung in der Gruppe? Das Element der Reflexion macht sich in der Gruppe breit. Die Teilnehmenden fangen an, mehr von sich selbst und den eigenen Erfahrungen zu erzählen. Der Machtkampf schwindet und es entsteht eine Vertiefung des Bewusstseins der Gruppenmitglieder und der Gruppe als Ganzes. Zum Beispiel könnten Gruppenmitglieder entdecken, dass sie nach einer Form emotionaler Bestätigung von anderen in der Gruppe suchen, weil sie diese früher in ihrem Leben nicht erfahren haben. Man wird sich bewusst, dass es nicht die Gruppe ist, die diese Bedürfnisse erfüllen kann oder muss. Dies kann eine schmerzhafte Entdeckung sein, die jedoch notwendig ist, um den unrealistischen Anspruch an die Gruppe und den Wunsch, Macht auszuüben, loszulassen. Es ist ein Prozess, der oft mit Trauer verbunden ist, wenn er bestimmte Erinnerungen an vergleichbare frühere Erfahrungen hervorruft.

Im Dialog passiert es manchmal spontan, dass darüber auch gesprochen wird. Manchmal macht sich aber auch eine Stille breit, in der sich jede*r mit ihrem*seinem eigenen inneren Prozess des Loslassens verbindet. Diese Energie rührt an das archetypische menschliche Bedürfnis, dazuzugehören und zugleich mit seiner Einsamkeit konfrontiert zu werden. Gerade dies gemeinsam im Dialog zu erleben, bringt die Gruppe auf eine neue Ebene, die sie für ihre Weiterentwicklung braucht. Der Kontakt mit unterliegenden Gefühlen und Erfahrungen öffnet das Herz und die Augen, wodurch wir uns gegenseitig neu und anders sehen. Das Vertrauen ineinander und die Bereitschaft, offen zu sein, sich mitzuteilen und anderen zuzuhören, macht in dieser Phase einen Quantensprung. Die Gruppenmitglieder fangen an, selbst die Verantwortung für die Erfüllung ihrer emotionalen Bedürfnisse zu übernehmen. Es entsteht mehr Raum für das Individuum, es selbst zu sein und für die Gruppe, um das zu tun, wofür sie gedacht ist.

Der Prozess im zweiten Ich-Feld öffnet nicht nur das Herz, auch unser Denken öffnet sich für die Vielfalt an Sichtweisen und die Einzigartigkeit jedes Beitrags in der Gruppe. Wir entwickeln einen offenen Geist (open mind), indem wir uns der unbewussten Annahmen über uns selbst und über die anderen allmählich bewusst werden. Durch Reflexion prüfen wir sie auf ihre Haltbarkeit und öffnen uns für andere Möglichkeiten. Wir unterscheiden klarer, wer wir sind, was uns wichtig ist, nehmen den anderen in dessen Einzigartigkeit wahr und öffnen uns für das kreative Potenzial, das sich in dem Zusammenspiel ergeben kann.

DAS ZWEITE WIR-FELD: FLOW

Wie wir normalerweise denken, ist:
So sollen die Dinge laufen und wie kommen wir von A nach B?
Die natürliche Perspektive ist jedoch wie ein Fluss, der stromabwärts fließt.
Er wird den einfachsten Weg gehen, mit der Intelligenz,
die ihn Schritt für Schritt bewegt.
– A. H. Almaas

Wenn der Entwicklung eines offenen Herzens und eines offenen Geistes genügend Aufmerksamkeit geschenkt worden ist, verlagert sich der Akzent allmählich von den Individuen und der notwendigen individuellen Arbeit auf das Kollektiv. Die Gruppe wechselt unbemerkt vom zweiten Ich-Feld in das zweite Wir-Feld. Die Unterschiede in der Gruppe sind anerkannt worden, die damit verbundenen Probleme sind auf dem Tisch und als Folge dessen ist eine tiefere Akzeptanz in der Gruppe entstanden. Viele Annahmen sind erkundet worden, was zu einem höheren Maß an Kohärenz im Denken geführt hat, sowohl individuell als auch kollektiv. Die Gruppe erhält Zugang zu ihrer kollektiven Intelligenz, der Weisheit des Ganzen.

Die Gruppenmitglieder können ihre individuellen Bedürfnisse nun bewusster beiseitelegen als im ersten Wir-Feld und sich nun stärker auf die gemeinsame Bewegung der Gruppe konzentrieren. Ein Gefühl der Verbundenheit ist entstanden, das viel nachhaltiger ist als die fragile Verbundenheit am Anfang. Ein kreativer Geist wurde geschaffen, der es der Gruppe ermöglicht, sich ganz auf die Verwirklichung der Gruppenziele zu konzentrieren. Die Mitglieder sind frei, um auf ihre eigene Art und Weise und in ihrem eigenen Tempo zur Gruppe beizutragen. Die natürliche Kreativität kann frei fließen. Es ist nicht mehr nötig, alles gemeinsam zu tun. Jede Person liefert ihren eigenen Beitrag, wird geschätzt und respektiert. Es besteht Vertrauen darin, dass genau das passieren wird, was die Gruppe für die Verwirklichung ihrer Absichten braucht.

Natürlich tauchen auch in dieser Phase immer wieder neue und unterschiedliche Sichtweisen und Annahmen auf, die der Kreativität der Gruppe im Wege stehen und zum Hindernis werden. Das kann eine Gruppe vorübergehend vom zweiten Wir-Feld in die Energie des zweiten Ich-Feldes versetzen. Dies ermöglicht der Gruppe, ein natürliches Gleichgewicht zwischen den Themen im zweiten Ich-Feld und den Themen im zweiten Wir-Feld zu finden. Ein gutes Gleichgewicht zwischen diesen Feldern stärkt die Flexibilität der Gruppe. Sie fördert das Vertrauen der einzelnen Gruppenmitglieder in die Fähigkeit, Schwierigkeiten gemeinsam überwinden zu können.

DIE REISE GEHT WEITER

Im zweiten Wir-Feld erleben wir einen natürlichen Energiefluss, ein Gefühl von echter Gemeinschaft, einen Flow und eine Kreativität, die sehr viel bewirken kann. Es ist eine natürliche Tendenz, dass die Gruppe an dieser Erfahrung festhalten will. Wenn neue, individuelle Bedürfnisse und Perspektiven auftauchen, neigt die Gruppe dazu, sie auszublenden oder marginalisieren zu wollen, um diese positive Erfahrung nicht in Gefahr zu bringen. Unbemerkt schlittert die Gruppe wieder in die erste Wir-Energie.

Allerdings wird eine Gruppe, die alle Felder durchlaufen hat und die zweite Wir-Energie kennt, im Allgemeinen schnell wieder zurück zum gemeinsamen Flow finden. Es ist schon so viel Bewusstsein und Vertrauen entstanden, dass es den Mitgliedern leichter fällt, neu aufkommende Unterschiede anzusprechen und zu reflektieren. Ein Beispiel dazu sehen wir, wenn Gefühle, Erfahrungen oder Sichtweisen aufkommen, die im Widerspruch zu der herrschenden Gruppenkultur zu stehen scheinen. Gerade solche Momente sind wertvoll, weil die individuellen Unterschiede nochmal prägnanter sichtbar werden. Es bietet der Gruppe eine wichtige Chance, sich als Gemeinschaft weiter zu verfestigen. In solchen Momenten kann die Gruppe auf ihre Erfahrungen mit den unterschiedlichen Feldern und auf die schon vorhandene Fähigkeit, damit umzugehen, zurückgreifen. Die Bewegung durch die Felder und die Auseinandersetzung mit den aufgeworfenen Fragen verläuft leichter und schneller. Die Gruppe wächst ständig in ihrer Fähigkeit, mit Unterschieden umzugehen und sie als Potenzial für die Gemeinschaft und für das persönliche Wachstum der Teilnehmenden zu verwerten.

ICH UND WIR: EIN MODELL DER PERSÖNLICHEN UND KOLLEKTIVEN ENTWICKLUNG

Forme die Welt, die du wünschst,
durch die Art und Weise, wie du mit dir selbst arbeitest.
– Arnold Mindell

Im Dialog geht die persönliche Entwicklung Hand in Hand mit der Gruppenentwicklung. Die Menschen entwickeln sich persönlich durch das, was sie in der Gruppe erfahren und miteinander lernen. Dementsprechend entwickelt sich die Gruppe weiter. Persönliche Entwicklung findet vor allem in der Bewegung vom ersten Ich- zum zweiten Ich-Feld statt. Dort werden wir uns bewusst, wie unsere Annahmen und Überzeugungen uns im Wege stehen, uns für eine größere, umfassendere Identität öffnen zu können. In diesem Prozess von Loslassen und Sich-Öffnen liegt das Potenzial für die Entwicklung von Gemeinschaft.

Das Ich-Wir-Modell verdeutlicht, dass nachhaltige Entwicklung möglich ist, wenn wir uns die Zeit nehmen, unserer persönlichen Entwicklung und der Entwicklung der zwischenmenschlichen Beziehungen Aufmerksamkeit zu schenken. Daraus entwickelt sich echte, authentische Gemeinschaft. Es erfordert ein hohes Maß an Bereitschaft und Commitment. Das Ich-Wir-Modell zeigt uns auf, was wir dadurch gewinnen können: individuelle Freiheit und Autonomie, die mit der Freude der Verbundenheit und der Ernte kollektiver Kreativität einhergehen.

DAS MODELL IN DER PRAXIS

Die Beschreibung der vier Felder im Ich-Wir-Modell bietet eine Orientierung für Gruppen, die sich im Dialog begegnen und die Absicht haben, gemeinsam weiterzukommen. Es ist eine Brille, eine Sichtweise, mit der wir unsere Erfahrungen ordnen können. Das wird dann wichtig, wenn wir uns im Gruppenprozess verloren oder blockiert fühlen. Es ist hilfreich zu wissen, dass Harmonie für ein bestimmtes Maß an Chaos und Auseinandersetzung weicht, dass es Commitment und Mut braucht, um als Gemeinschaft weiterzukommen. Es lohnt sich, dabei zu bleiben, auch in den schwierigen Momenten.

Teams, die sich um einen guten Flow in ihrer Zusammenarbeit bemühen, greifen diesen Blickwinkel dankbar auf, weil es klare Hinweise gibt, welche Entwicklungsschritte sie brauchen, um effizienter und kreativer zum Ziel zu kommen.

Paare atmen erleichtert auf, wenn sie einen Blickwinkel bekommen, durch den sie ihre Schwierigkeiten nicht länger als Scheitern, sondern als eine Phase in der Entwicklung ihrer Beziehung betrachten können.

Lehrer*innen schauen mit anderen Augen auf die chaotischen Momente in ihren Klassengemeinschaften und können damit anfangen, Räume zu öffnen, in denen der Dialog der Klasse hilft, Raum zu schaffen, in dem Unterschiede sichtbar gemacht und respektiert werden. Dadurch kann sich eine Klasse zur richtigen Lerngemeinschaft entwickeln.

Gemeinschaften, von welche Art auch immer, bekommen eine Perspektive, in der die Menschen sich gegenseitig nicht mehr verurteilen müssen, sondern sich stattdessen wahrnehmen können als kämpfend für das gleiche Ziel; die Anerkennung der Einzigartigkeit von jeder*m, das Bedürfnis, wahrgenommen zu werden und einen Platz in der Gemeinschaft einnehmen zu können.

Dialogbegleiter*innen entspannen, während sich die Gruppe in und durch die verschiedenen Felder bewegt, weil sie es als einen natürlichen Prozess einordnen und gemeinsam mit der Gruppe überlegen können, was ein sinnvoller nächster Schritt sein kann.

FREIWILLIGKEIT UND BEREITSCHAFT

Die Fähigkeit einer Gruppe, sich in diesen vier Feldern zu entfalten, hängt unmittelbar mit der Dialogbereitschaft zusammen. Wenn der Dialog nicht auf Freiwilligkeit beruht, gibt es generell weniger Bereitschaft. Dies trifft zu, wenn Dialog implizit oder auch explizit innerhalb einer hierarchischen Struktur verordnet wird. Wenn es Machtverhältnisse gibt, sei es formell oder informell, fehlt vorerst das Vertrauen, das es braucht, um sich im Dialog zu öffnen. In dem Fall wird es schwieriger, die Reise durch die vier Felder zu machen. Diese Gruppen werden zwischen dem ersten Wir-Feld und dem ersten Ich-Feld hin- und herpendeln und sich nicht im zweiten Ich- und Wir-Feld weiterentwickeln.

Dialogbereitschaft kann sich jedoch auch dann über die Zeit entwickeln, wenn klar wird, dass die Notwendigkeit dazu gegeben ist. Das ist oft in Arbeitskontexten der Fall, wo gemeinsam etwas erreicht werden muss, oder auch in persönlichen Beziehungen, wenn sie krisenhaft werden. Voraussetzung dabei ist, dass das Thema Macht ausreichend geklärt ist, die informelle oder auch formelle Macht während des Dialogs zurückgelegt wird und die Teilnehmenden auf Basis von Gleichberechtigung im Dialog sein können.

SICHERHEIT UND VERTRAUEN

Die Reise durch die vier Felder steht oder fällt mit dem Ausmaß an Sicherheit und Vertrauen, das die Teilnehmenden im Dialogprozess erfahren. Sicherheit, dass das, was hier passiert, wahrhaftig und aufrecht ist und dass man sich einbringen kann, ohne dass es später negative Konsequenzen mit sich bringt. Vertrauen, dass der Dialog einem, für alle positiven Zweck dient, und dass jeder Beitrag willkommen und wichtig ist.

Wenn Sicherheit und Vertrauen ausreichend vorhanden sind, hilft das einer Gruppe, mit den Unsicherheiten, die die Übergänge von dem einen in das andere Feld mit sich bringen, umzugehen. Wenn es Raum für diese Unsicherheiten gibt und sie sogar thematisiert werden können, ist das für die Gruppe ein wichtiger Schritt vom ersten Ich- zum zweiten Ich-Feld.

MOTIVATION

Anschließend an das Dialogmodell, in dem der Begriff Intention als wichtiger Pfeiler des Dialogs dargestellt wird, spielt Motivation eine wichtige Rolle in der Fähigkeit einer Gruppe, sich durch die Felder zu bewegen.

Wenn eine Gruppe klar auf ein gemeinsames Ziel ausgerichtet ist und die Mitglieder motiviert sind, dann haben sie ein starkes erstes Wir, mit dem sie eine gute Basis für den gemeinsamen weiteren Weg legen. Es gibt aber genauso diffusere Gruppen, in denen dies nicht von Anfang an so klar ist. Dann ist es wichtig, dass sich die Gruppe genügend Zeit nimmt, sich gegenseitig kennenlernt und persönliche Erfahrungen und Geschichten teilt. In diesem gemeinsamen Prozess entstehen dann die Verbindung, die Richtung und die Motivation, die notwendig sind, um den weiteren Weg zu gehen.

Für Gruppen mit freiwilliger Mitgliedschaft und starker Motivation kann es manchmal schwierig sein, die Schwelle vom ersten Wir-Feld zum ersten Ich-Feld zu überschreiten. Das liegt daran, dass die Mitglieder dieser Gruppen das Gefühl haben können, dass sie viel zu verlieren haben. Sie sind glücklich, Gleichgesinnte gefunden zu haben, und befürchten, diese wieder zu verlieren, wenn vermeintlich negative Gefühle zum Vorschein kommen. Es steht einfach viel auf dem Spiel. Dann braucht es Zeit und ein wachsendes Vertrauen, um den Wunsch nach Harmonie loszulassen und sich den Unterschieden zuzuwenden.

Sind wir in einer Gruppe loser miteinander verbunden, gibt es weniger zu verlieren. Es ist dann oft sogar leichter, Dinge anzusprechen. In dem Fall ist es wichtig, dass die Gruppe eine gute Verbindung aufbaut, die es braucht, um den Schritt vom ersten Ich zum zweiten Ich wagen können. Dies ist ein Schritt, für den man eine Motivation braucht, ein bestimmtes Ausmaß an Verbindung mit den anderen und Commitment am gemeinsamen Schaffen.

DIE GRENZEN DES MODELLS

So wie jedes Modell keine Wahrheit darstellt, sondern nur eine Perspektive eröffnet, gilt das auch für das Ich-Wir-Modell. Es ist wie eine Landkarte, die uns Anhaltspunkte bietet und eine Richtung durch das, oft schwierig zu ergründende Gebiet der Gruppenentwicklung zeigt. Oft erweist sich dieser Blickwinkel als hilfreich, weil er einen Rahmen für unsere Erfahrungen bildet, der uns entspannen lässt und klare Handlungsoptionen sichtbar macht

Auch wenn sie die langjährige Erfahrung vieler Autor*innen widerspiegelt, ist diese Landkarte aber nicht die Wirklichkeit. Sie wird nie der ganzen Komplexität eines Gruppenprozesses gerecht.

Darum ist es wichtig, das Modell dann einzusetzen, wenn es uns Kraft gibt, uns in Bewegung bringt und sich als hilfreich erweist, es aber auch zur Seite zu legen, sobald es unserer Erfahrung nicht mehr entspricht und uns an unserer weiteren Entwicklung hindert.

Gruppen sind so unterschiedlich wie die Menschen und das Leben selbst. Sie entwickeln sich auf einzigartige Weise und gehen ihren ganz eigenen Weg im Tanz zwischen Ich und Wir.

Sie unterscheiden sich im Tempo, in der Atmosphäre, in der Emotionalität und in der Art und Weise, wie sie mit ihren Herausforderungen umgehen. Selten läuft es genauso wie im Ich-Wir-Modell beschrieben. Wir erkennen zwar oft die unterschiedlichen Qualitäten der vier Felder, jedoch springen sie manchmal hin und her und zeigen sich nicht so schön zyklisch, wie es im Modell abgebildet ist. Dieses Modell kann vor allem sich selbst schnell im Wege stehen, wenn die Interpretation des Modells zum Machtkampf innerhalb der Gruppe führt.

Daher freuen wir uns ebenso über den neuen Blick und die Handlungsmöglichkeiten, die uns dieses Modell aufzeigt, wie über die Möglichkeit, es jederzeit zur Seite zu legen, und uns für das zu öffnen, was sich im Hier und Jetzt in jeder einzigartigen Gruppe zeigt.

KAPITEL 6

DER DIALOG UND DIE WIRKUNG UNSERES DENKENS

So ist das im Leben:
Wenn sich eine Tür schließt, öffnet sich eine andere.
Die Tragik liegt darin,
dass wir nach der geschlossenen Tür blicken,
nicht nach der offenen.
– André Gide

GRENZEN DES DIALOGS

Es ist das Versprechen des Dialogs, dass wir, über unsere Unterschiede hinaus, zu mehr Verbundenheit und Verständnis finden und uns persönlich und gemeinsam ko-kreativ weiterentwickeln.

In diesem Prozess stoßen wir auf die Grenzen unseres Denkens. Wir haben viele Überzeugungen und Annahmen, die sich unbemerkt als Barriere zwischen uns auftun. Da wir uns ihrer nicht bewusst sind, können wir sie nicht auf ihre Gültigkeit prüfen. Wir identifizieren uns mit den Inhalten unseres Denkens. Die Wurzeln unserer Denkweise, unsere tieferen Annahmen und Beweggründe, finden wenig oder gar keine Beachtung.

Ein Beispiel dafür ist, dass wir in unserer Arbeit mit einer neuen Situation konfrontiert werden und noch nicht wissen, wie wir damit umgehen sollen. Eine mögliche Reaktionsweise wäre, dass wir uns Informationen einholen, um unseren Standpunkt bestimmen zu können. Das kann sehr praktisch sein. Unbewusst gehen wir davon aus, dass es gut ist, wenn wir eine Meinung haben und dass Nicht-Wissen ein Zeichen von Schwäche ist. Wären wir uns dessen bewusst, könnten wir diese Annahme in Frage stellen, den Wert des Nicht-Wissens erkunden und unsere Unwissenheit als relevant und sogar als möglicherweise wichtig betrachten. Wenn wir akzeptieren, dass wir etwas nicht wissen und dass wir es nicht wissen müssen, kann das Nicht-Wissen eine Quelle der Spontanität, Kreativität und Authentizität sein.

Manchmal haben wir aber auch Überzeugungen, derer wir uns bewusst sind, die wir aber nicht erkunden wollen.

*Jemand ist zum Beispiel überzeugt, dass eine offene Gesellschaft einer Gesellschaft vorzuziehen ist, die Menschen aufgrund ihrer Religion oder Herkunft ausschließt. Er*sie weiß zwar, dass es in unserer Gesellschaft Menschen gibt, die anderer Meinung sind, ist aber so überzeugt vom eigenen Recht, dass ein Austausch darüber im Voraus ausgeschlossen wird.*

Früher oder später offenbart der Dialog die festgefahrenen Vorannahmen der Teilnehmenden. Halten wir unreflektiert an unseren Prämissen fest, wird der Prozess stagnieren. Die Gruppe entwickelt sich erst dann weiter, wenn die Mitglieder die Chance wahrnehmen, sich genau an dieser Schwelle weiterzuentwickeln. Das gelingt, wenn wir offen dafür sind, unsere Überzeugungen zu erkunden und sie auf ihre Gültigkeit zu prüfen. Es braucht die Bereitschaft sich zu öffnen, festgefahrene Standpunkte loszulassen und sich in diesem Sinne weiterzuentwickeln. Mit anderen Worten: Es gibt nur dann einen echten Dialog, wenn die Teilnehmenden gewillt sind, anders herauszukommen, als sie hineingegangen sind.

Es ist das Geschenk des Dialogs: Wir werden mit unserer eigenen Engstirnigkeit konfrontiert, die uns daran hindert, vollkommen offen im Leben zu stehen. Der Dialog gibt uns somit die Möglichkeit, verhärtete Ansichten zu erkunden und das loszulassen, was uns daran hindert, uneingeschränkt zu leben und verbunden zu sein. Zunächst scheint es um bestimmte Überzeugungen zu gehen, an denen wir so sehr hängen, dass sie uns daran hindern klar zu erkennen, was es jenseits von dem, was wir schon kennen, noch mehr gibt. Doch wenn wir diese Ansichten erkunden, stellen wir fest, dass es nicht nur um den Inhalt geht. Es geht um die Struktur unseres Denkens und darum, wie unser Denken funktioniert. Wir bilden ständig Gedanken, die uns daran hindern, tatsächlich offen für die Realität zu sein, in der wir leben. David Bohm[14] hat viel dafür getan, diesen Mechanismus zu verdeutlichen. Dieses Kapitel ist stark von seiner Person und seiner Arbeit inspiriert.

DAVID BOHM

David Bohm war Physiker und Philosoph und lebte von 1917 bis 1992. Er wurde in den Vereinigten Staaten geboren, wo er an der Universität Berkeley unter Robert Oppenheimer in Physik promovierte. Später war er in Princeton ein jüngerer Kollege Einsteins. Er spezialisierte sich auf die Quantenmechanik und leistete wichtige Beiträge dazu. Während der McCarthy-Ära wurde er in den USA aufgrund seines Interesses an marxistischer Philosophie strafrechtlich verfolgt. Bohm zog nach Brasilien, wo er Professor an der Universität von São Paulo wurde. Später lehrte er in Haifa (Israel) und an den Universitäten von Bristol und London (UK). Bekannt ist sein Buch *Wholeness and the Implicate Order*[15], in dem er über seine Erkenntnisse zur bruchlosen Ganzheit der Wirklichkeit auf subatomarer Ebene schreibt. Darin steht Heisenbergs Unschärferelation zentral, welche unter anderem besagt, dass die Wahrnehmenden das Wahrgenommene sind. Dies bezieht sich auf die Tatsache, dass auf der subatomaren Ebene keine Trennung zwischen den Wahrnehmenden und dem Wahrgenommenen vorgenommen werden kann und daher keine objektive Messung möglich ist.

Als Philosoph übersetzte er diese Erkenntnisse in die gesellschaftliche Wirklichkeit, in der wir leben. Auch hier gibt es eine bruchlose Wirklichkeit. Wir können gesellschaftliche Probleme nicht durch die Analyse von Teilbereichen lösen, da wir dann die Kohärenz des Ganzen aus den Augen verlieren. Dadurch würden wir in einem Bereich Lösungen hervorbringen, die in einem anderen Bereich wieder neue Probleme verursachen würden. Bohm sah in unserer Denkweise die grundlegende Ursache aller großen Probleme unserer Gesellschaft. Er war der Meinung, dass wir diese Probleme niemals mit derselben Denkweise, die sie verursacht hat, lösen können. Im Gegenteil: Wenn wir es versuchen, werden wir immer wieder neue, gleichartige Probleme verursachen. Daher war Bohm ein

---

14 David Bohm 1994, 1996

15 David Bohm 1985, deutscher Titel: Die implizite Ordnung. Grundlagen eines ganzheitlichen Weltbildes

großer Verfechter des Dialogs. Dialog bringt unsere Denkweise ans Licht und ermöglicht es uns, die Art und Weise, wie wir denken, zu erkunden.

Zusätzlich zu seinen wissenschaftlichen Forschungen ist Bohms Arbeit stark durch seine Kontakte mit Jiddu Krishnamurti beeinflusst. Krishnamurti[16] war ein spiritueller Lehrer, der nachdrücklich betonte, dass Spiritualität kein System oder eine Methode ist, sondern eine innere Haltung der Achtsamkeit. Er erklärte, dass psychologisch dasselbe passiert, was Heisenberg in der Quantenmechanik beobachtet hat: Solange die wahrnehmende Person in das Wahrgenommene eingreift, ist keine genaue Beobachtung möglich. Bohm war Vorsitzender der internationalen Organisation, die Krishnamurtis Arbeit unterstützte. Eine Reihe von Dialogen zwischen Krishnamurti und Bohm wurden auf Video aufgenommen und sind im Internet zu finden. Von seinem Kontakt mit Krishnamurti inspiriert, entwickelte Bohm seinen eigenen philosophischen Ansatz. Er stellte den Dialog als einen Weg vor, um Bewusstseinstransformation durch kollektive oder Gruppenkommunikation anzugehen und so gesellschaftliche Probleme zu bewältigen. Gleichwertigkeit und Freiraum sind wichtige Voraussetzungen für diese Form der Kommunikation, die als „Bohmscher Dialog" Bekanntheit erlangt hat. Bei dieser Form des Dialogs ist es wichtig, dass die Teilnehmenden ihr Handeln und Urteilen in der Schwebe halten, um Bewusstsein für den Denkprozess selbst zu gewinnen. Bohms Vorstellung war, dass diese Form der Kommunikation, wenn sie genügend Verbreitung fände, dazu beitragen würde, die Isolation und Fragmentierung, die er in unserer heutigen Gesellschaft sah, zu überwinden. Bohms Denken hat unter anderem die Entwicklung von Theorien über die lernende Organisation stark beeinflusst. Dieser Einfluss ist zum Beispiel bei Peter Senge[17], Joseph Jaworski[18] und Otto Scharmer[19] sichtbar.

16 Siehe z. B. Jiddu Krishnamurti 2002

17 Peter M. Senge 1990

18 Joseph Jaworski 2011, 2012

19 C. Otto Scharmer 2007

GEDANKEN ALS SYSTEM

Das Buch *Thought as a System*[20] (übersetzt: *Das Denken als System)* ist eine wertvolle Informationsquelle über die Ansichten Bohms. Es handelt sich um die überarbeitete Fassung eines zweitägigen Seminars, das er 1990 zu diesem Thema gab.

Bohm unterscheidet zwischen „thought" (Gedanken) und „thinking" (Denken) und stellt fest, dass unser Geist hauptsächlich mit Gedanken beschäftigt ist. So sagt er, dass *thought* nicht umsonst die Vergangenheitsform von *thinking* ist: Wir sind damit beschäftigt, alte Gedanken zu reproduzieren, in der – unbewussten – Annahme, dass sie uns helfen können, mit neuen Situationen umzugehen. In seinem Buch über die Theorie U nennt Scharmer dies „downloaden" (herunterladen). Wir betrachten eine neue Situation nicht mit neuen Augen, sondern greifen auf eine alte Denkdatei zurück. Alle Überzeugungen und Annahmen, die wir machen, stammen aus dieser alten Datei. Diesen alten Gedanken *(thought)* steht das Denken *(thinking)* gegenüber. Das Denken ist im Gegensatz zu den alten Gedanken frisch und neu und blickt offen auf die neuen Herausforderungen, vor denen es steht. Dadurch ist es kreativ, flexibel und passt tatsächlich zur Situation. Bohm unterscheidet also zwei Denkweisen. In diesem Kapitel befassen wir uns hauptsächlich mit der Denkweise, die auf alte Vorstellungen zurückgreift *(thought)*, weil wir damit im Dialog konfrontiert sind und einen Weg finden wollen, ins andere Denken *(thinking)* hineinzufinden.

Bohms Ansicht nach sind Gedanken nicht nur mental. Gedanken sind sehr eng mit Gefühlen und unmittelbaren Reaktionen verflochten. Man kann sie kaum isoliert betrachten, weil sie als Gesamtsystem hervortreten.

*Wenn wir uns zum Beispiel über unsere*n Partner*in ärgern, weil er*sie nicht pünktlich zu Hause ist, ist das nicht nur ein Gefühl, sondern auch mit der mentalen Erwartung verwoben, was in diesem Fall „pünktlich" bedeutet und wie sich unser*e Partner*in verhalten sollte. Wir reagieren unmittelbar mit einem Blick, einem Wort oder einer anderen Handlung, die wir kaum steuern können.*

20 David Bohm 1994

Es ist wichtig, dass wir das gesamte System betrachten. Wenn wir Gefühle des Unbehagens oder Wohlbefindens erfahren, stehen sie in engem Zusammenhang mit unseren Gedanken und Erwartungen. Bohm betrachtet auch die Produkte unseres Denkens, also die von unserem Denken produzierte materielle Welt, als Teil des Gedankensystems. Eine strikte Trennung zwischen den Vorstellungen, die einem materiellen Produkt zugrunde liegen, und dem Produkt selbst wäre nämlich unnatürlich.

Beide bilden zusammen eine Einheit, in der man höchstens irgendwo eine gestrichelte Linie zeichnen kann. Auch andere Menschen gehören zu unserem Gedankensystem, da wir sie nicht frei von unseren Erwartungen an sie und den Vorstellungen von ihnen sehen können.

Wie beim Denken, könnte man auch beim Fühlen zwischen „felt" (das, was gefühlt wurde) und „feeling" (das, was wir aktuell fühlen) unterscheiden. Viele unserer Gefühle sind alte Gefühle, die in der systemischen Therapie sekundäre Gefühle genannt werden. Sie waren in der Vergangenheit mit bestimmten Erfahrungen verbunden und werden nun in einer neuen Situation, die diesen alten Erfahrungen ähnelt, reaktiviert. Ebenso wie viele unserer Gedanken sind diese sekundären Gefühle nicht frisch und neu. Sie passen nicht zur neuen Situation. Es sind heruntergeladene Gefühle, die im Hier und Jetzt nicht mehr lebendig sind. Diese Qualität der Lebendigkeit finden wir in unseren primären Gefühlen, die eine frische, spontane Reaktion auf eine neue Erfahrung im aktuellen Moment darstellen.

Unser Denken bringt allerlei Konsequenzen mit sich, die wir nicht als wünschenswert erfahren. Wir behandeln sie, als seien es eigenständige Probleme, die nichts mit unserem Denken zu tun haben. Deshalb ist unsere gewöhnliche Denkweise auch nicht geeignet, die großen Probleme der Welt zu lösen, denn es ist eine Denkweise, die immer wieder die gleichen und auch neue Probleme verursacht. Es ist daher zunächst einmal sehr wichtig, mehr Einblick in die Wirkung dieses Systems zu erhalten.

Bohm schenkt der Tatsache, dass unser Gedankensystem auch eine sehr nützliche Funktion hat, nicht viel Aufmerksamkeit. Ohne die Unterstützung, die wir durch die Automatismen unseres Denkens erhalten, wäre es schwierig, unseren Alltag zu leben. Diese Automatismen sind also äußerst wertvoll, wenn es um den Umgang mit bekannten Situationen geht. Bohms Ausführungen konzentrieren sich hauptsächlich auf die Bereiche, in denen neues und kreatives Denken erforderlich ist und auf die Probleme, die auftreten, wenn wir uns weiterhin auf die Automatismen des bestehenden Denkens beschränken.[21]

DAS SYSTEM FUNKTIONIERT WIE EIN REFLEX

Bohm vergleicht die Wirkung des Gedankensystems mit dem Kniesehnenreflex. Wenn jemand mit einem Hammer an der richtigen Stelle direkt unterhalb der Kniescheibe auf unsere Kniescheibe schlägt, führt das entspannte Bein eine reflexartige Trittbewegung aus, über die wir keinerlei Kontrolle haben. In vielen Situationen funktioniert unser Denken und Fühlen genauso. Eine neue Situation entsteht und im Handumdrehen treten mentale und emotionale Reaktionen auf, ohne dass wir jegliche Kontrolle über sie haben.

Das sind Konditionierungen, ähnlich wie die Reaktion vom Pawlowschen Hund, der im Experiment mit Speichelfluss reagierte, sobald er eine Klingel hörte. Diese Reaktion wurde dadurch hervorgerufen, dass dem Hund in einem früheren Stadium des Experiments sein Futter mit dem Geräusch einer Klingel gegeben wurde. Viele unserer Gedanken, Gefühle, Urteile, Handlungsimpulse sind reflexartig, weil wir eine unbewusste Verbindung zwischen einer Erfahrung im Jetzt und einer Erfahrung in der Vergangenheit, die der jetzigen in gewisser Weise ähnelt, herstellen. Zum Beispiel können wir ein Urteil über jemanden fällen, weil uns diese Person an jemand anderen erinnert, ohne dass wir uns dessen bewusst sind. Oder wir fühlen uns durch die Reaktion einer anderen Person auf etwas, was wir sagen oder tun, ermutigt. Vielleicht hat das nicht so viel damit zu tun, was in dieser konkreten Situation passiert. Oft hat es viel mehr mit einer früheren Erfahrung in einer vergleichbaren Situation zu tun, die durch das konkrete Ereignis im Jetzt reaktiviert wird.

Thought ist nicht etwas, das wir bewusst tun; es „tut" uns. Wie jeder Reflex ist es eine Art, mit einer gewissen Spannung umzugehen. Wir sind mit einer neuen Situation konfrontiert, die einen Appell an uns richtet. Dies verursacht eine gewisse Spannung in unserem System und das Gedankensystem sorgt dafür,

---

21 Wir gehen hier nicht explizit auf die kreative Form des Denkens ein, die Bohm, im Gegensatz zu „thought" „thinking" nennt. Das ist ebenfalls gemeint, wenn wir von kollektiver Intelligenz und Ko-Kreativität sprechen. Siehe David Bohm 2005.

dass die Spannung abgebaut wird. Bohm bezeichnet *thought* daher als Stressreaktion. Diesen Stress spüren wir oft nicht, denn er ist eine Form von Stress, die wir sehr gewohnt sind. Trotzdem ist der Stress vorhanden und bestimmt unsere Reflexreaktion.

Der Begriff Gedankensystem bezieht sich auf die reflexartige Natur unseres konditionierten Denkens. Wir können es auch Reflexsystem nennen, um freies, kreatives Denken davon zu unterscheiden.

WIR SEHEN DIE REFLEXE UNSERES DENKENS NICHT

Neben den Ähnlichkeiten zwischen unseren körperlichen Reflexen und den Reflexen unseres Denkens, gibt es auch einen wichtigen Unterschied zwischen den beiden. Bei vielen körperlichen Reflexen, wie zum Beispiel dem Kniesehnenreflex, bemerken wir unsere Reflexreaktion sofort. Sie ist direkt in unserem Bewusstsein präsent. Die Reflexe des Gedankensystems hingegen bleiben weitgehend außerhalb unseres Bewusstseins. Es ist daher möglich, dass eine ganze Reflexkette stattfindet, ohne dass wir merken, dass wir in unserem Gedankensystem gefangen sind. So kann die Wirkung des Systems sehr lange fortfahren, wie eine sich selbst erhaltende Reflexkette. Viele Gewohnheiten in unserem persönlichen Leben, im Umgang mit Freunden oder Familie, in der Organisations- und Gesellschaftskultur sind das Ergebnis solcher Ketten von reflexartigen Mustern.

Reflexartige Muster bleiben lange erhalten, weil sie schwer wahrnehmbar sind, oder mit anderen Worten, weil es keine Rückmeldungsschleife gibt. Andere Gründe für das Fortbestehen dieser Muster sind:

- Sie sind oft als Überlebensmechanismus in einer emotional unsicheren Situation entstanden. Sie geben also ein gewisses Gefühl der Sicherheit und das Loslassen davon geht mit einer Erfahrung der Unsicherheit einher.
- Weil sich viele Gedankenmuster schon so oft wiederholt haben, ist es zur Gewohnheit geworden, so zu denken. Dann fühlt es sich unangenehm oder sogar unnatürlich an, das Gedankenmuster loszulassen.
- Schließlich sind die Reflexe umso hartnäckiger, wenn sie mit einer scheinbaren Notwendigkeit verbunden sind, also mit der Überzeugung, dass man

nicht anders reagieren kann als mit diesem Reflex. Diese Überzeugung, dass etwas notwendig ist und nicht anders geht, ist in den meisten Fällen selbst Teil des Gedankensystems.

DAS GEDANKENSYSTEM UND DIE GEWOHNHEITSBILDUNG

Wahnsinn ist: Immer wieder das Gleiche tun und trotzdem andere Resultate erwarten.
– Albert Einstein

Die reflexartige Wirkung des Gedankensystems führt zu Gewohnheiten, die weitgehend unbewusst bleiben. Ein Beispiel dafür ist die Gewohnheit, zu antworten, wenn eine Frage gestellt wird. Diese Gewohnheit ist so weit verbreitet, dass es fast selbstverständlich erscheint, jede Frage beantworten zu wollen oder zu müssen. Es kann den Anschein erwecken, dass wir übertreiben, wenn wir diese Gewohnheit in Frage stellen wollen. Trotzdem ist es eine der Gewohnheiten, die ein Gespräch leicht irreleiten können.[22]

Vielleicht rührt unsere reflexartige Art, Fragen zu beantworten, von dem Unbehagen her, das wir erleben, wenn wir keine Antwort parat haben. Viele von uns haben die Erfahrung gemacht, dass man auf eine Frage stets eine Antwort haben sollte. Möglicherweise wurden wir für dumm erklärt, wenn wir keine Antwort hatten, wodurch der Reflex entstanden ist, stets eine Antwort auf Lager zu haben, nach dem Motto: besser eine schlechte Antwort als gar keine Antwort. Was wir meist nicht gelernt haben, ist zu hinterfragen, ob die Frage, die uns gestellt wurde, eine gute oder relevante Frage war. Wenn wir an der Gewohnheit festhalten, jede Frage, die uns gestellt wird, zu beantworten, ist das eine Form der Bestätigung, dass die Frage gut war. Durch die Beantwortung der Frage entwickelt sich das Gespräch in eine bestimmte Richtung und die Frage, ob dies die Richtung ist, in die wir gehen wollten, wird nicht gestellt.

---

22 Personen, die Interviews für Sendungen zum aktuellen Zeitgeschehen oder Straßeninterviews halten, versuchen sich diesen Reflex zunutze zu machen. In der Politik lernen Menschen in Medientrainingskursen, ihre eigene Geschichte parat zu haben und diese immer wieder zu erzählen, ganz gleich, was der Inhalt der Frage ist. Sie versuchen, diesen Reflex zu vermeiden, indem sie ihn durch einen anderen ersetzen. Es ist klar, dass auf diese Weise ein Dialog nicht zustande kommen kann.

Manchmal machen wir eine Vereinbarung, dass jede Frage gestellt werden kann, dass das aber nicht heißt, dass die Frage auch beantwortet werden muss. Wenn eine Frage gestellt wird, bitten wir die Teilnehmenden, die Frage in der Schwebe zu halten und zu erleben und zu spüren, was diese Frage in ihnen bewirkt. Dann können sie entscheiden, ob und, wenn ja, wie sie diese Frage beantworten möchten. Eventuell möchten sie anders als mit einer Antwort auf die Frage reagieren. Vielleicht wollen sie auch gar nicht reagieren oder es kommt eine ganz andere Antwort, als man erwartet hätte. Diese Vereinbarung ist ein Hilfsmittel, um das gewohnte Muster des Gedankensystems, auf Fragen direkt eine Antwort geben zu müssen, zu durchbrechen. Sobald wir das tun, können wir wieder die Freiheit erleben, das zu tun oder zu sagen, was wir wirklich wollen.

DAS GEDANKENSYSTEM IN MEETINGS

Wenn man die Wirkung des Gedankensystems in Betracht zieht, ist es leicht verständlich, warum Meetings oft als langweilig, unangenehm und wenig inspirierend erfahren werden. Viele Menschen sind dieser Auffassung und dennoch halten wir in der ganzen Gesellschaft weiterhin unzählige Meetings ab. Es scheint, als seien wir alle der Meinung, dass es nicht anders geht, dass es lebenswichtig ist, weiterhin Meetings abzuhalten. Den Großteil der Zeit sind die Teilnehmenden eines Meetings damit beschäftigt, alte Gedanken darzulegen (die wir meist auch schon sehr oft gehört haben). Weil es so langweilig ist, hören wir nicht aufmerksam zu, sodass diejenigen, die das Wort haben, sich aus Reflex wiederholen, in der Hoffnung, dann gehört zu werden.

Auf all diese Langeweile können wir auf unterschiedliche Weise reflexartig reagieren:

- *Wir können über Angelegenheiten diskutieren, die wir, wenn wir darüber nachdenken würden, gar nicht so wichtig finden.*
- *Die Reaktion kann auch sein, dass allerlei Urteile über andere Teilnehmende des Meetings entstehen. Mit dem Ergebnis, dass wir uns distanzieren, was der Zusammenarbeit nicht unbedingt guttut.*
- *Der Reflex kann auch sein, dass wir aussteigen, mit unseren Gedanken woanders sind und nicht mehr richtig zuhören.*

*All diese reflexartigen Reaktionen führen dazu, dass bei den anderen Teilnehmenden des Meetings wieder neue Reflexe ausgelöst werden. Das Ergebnis ist bekannt: Meetings werden zu lästigen Verpflichtungen, die sich nicht vermeiden lassen. Die Inspiration und Kreativität, die wir im Kontakt mit Kolleg*innen erleben könnten, sind schwer zu finden.*

Die Tatsache, dass wir trotz der vielen negativen Erfahrungen mit Meetings damit weitermachen, weist auf die Inkohärenz unseres Gedankensystems hin. Kohärent wäre es, Verhaltensweisen zu ändern, die nicht zu den gewünschten Resultaten führen. Die Logik dahinter ist uns allen klar. Doch die Erfahrung zeigt, dass wir uns sehr oft inkohärent verhalten: Wir wiederholen unser Verhalten immer wieder, auch wenn sich stets aufs Neue herausstellt, dass es nicht zu den gewünschten Resultaten führt.

Bohm erklärt, dass das Gedankensystem die Funktion hat, unangenehme Gefühle zu vermeiden. Sobald wir unseren Reflexen nicht mehr unreflektiert folgen, spüren wir diese unangenehmen Gefühle. Wenn wir ihnen bewusst Aufmerksamkeit schenken, können wir sehen, dass die unangenehmen Gefühle selbst Teil des Gedankensystems sind. Unsere automatischen Reaktionen sind angelernt. Sie treten zum Beispiel auf, wenn sich andere Menschen anders verhalten, als wir es von ihnen erwarten. Unerwartetes Verhalten anderer löst unsere automatischen Reflexe aus. Ein automatischer Reflex, der häufig vorkommt, ist, dass wir Unbekanntes auf Basis von bereits Bekanntem interpretieren. Wenn wir bewusst beobachten können, dass unser Verhalten durch etwas ausgelöst wird, ist es nicht notwendig, weiterhin unangenehme Gefühle zu vermeiden. Wir können diese Gefühle dann als etwas Altes betrachten, das unser Leben nicht mehr beeinflussen braucht. Sobald wir dies erkennen, sind wir nicht länger in unseren Gewohnheiten gefangen. Wir sind freier, spüren unsere eigene Realität wieder mehr und können authentisch, auf eine Art und Weise, die zur gegenwärtigen Situation passt, miteinander kommunizieren.

MERKMALE DES GEDANKENSYSTEMS

Die wichtigsten Eigenschaften des Gedankensystems, die wir bis jetzt beschrieben haben, sind also:

- Es besteht aus alten Gedanken, die in einer neuen Situation reaktiviert werden.
- Es ist nicht nur mental. Auch Emotionen, körperliche Empfindungen, andere Menschen und die materielle Welt gehören dazu.
- Es funktioniert sehr schnell, reaktiv und reflexartig.
- Es gibt keine Rückkopplungsschleife und bleibt dadurch weitgehend unbewusst.

Weitere Merkmale des Gedankensystems sind:

- Es funktioniert fragmentarisch. Es isoliert bestimmte Aspekte der Wirklichkeit und reagiert darauf, während es gleichzeitig andere Aspekte der Wirklichkeit ignoriert. Es ist daher nicht in der Lage, adäquat mit Komplexität umzugehen. Infolgedessen verursachen die Lösungen des Gedankensystems oft an anderer Stelle wieder neue Probleme.
- Es erhebt einen Anspruch auf Objektivität. Es prätendiert lediglich wahrzunehmen, obwohl es in Wirklichkeit eine Sichtweise ist, die die Wirklichkeit mitkreiert. Es ist also mitverantwortlich für die Wirklichkeit und wie diese wahrgenommen wird, leugnet jedoch diese Verantwortung.
- Es ist immer unvollständig. Es arbeitet mit Abstraktionen, mit Darstellungen der Wirklichkeit, welche der Wirklichkeit selbst nie ganz gerecht werden.

  Martin Buber[23] hat anschaulich gemacht, welche Auswirkungen dies auf menschliche Beziehungen haben kann.

---

23 Martin Buber 1999

MARTIN BUBER UND DAS REFLEXSYSTEM

Der Philosoph Martin Buber, dessen Denken in der jüdischen Tradition verwurzelt ist, ist unter anderem für seine Unterscheidung zwischen Ich-Es-Beziehungen und Ich-Du-Beziehungen bekannt geworden. Bei Ich-Es-Beziehungen abstrahieren wir die andere Person. Wir sehen jemanden mit einem bestimmten Geschlecht, in einem bestimmten Alter, mit einem bestimmten Entwicklungsstand, einem bestimmten sozialen Status usw. und in direktem Kontakt reagieren wir auf diese Abstraktionen. Buber weist auf den Wert von Ich-Du-Beziehungen hin. In solchen Beziehungen sehen wir einander jenseits der Abstraktionen als die einzigartigen Individuen, die wir sind. Buber selbst verwendet das Konzept eines Gedankensystems nicht. In Bohms Worten kann man sagen, dass man in einer Ich-Es-Beziehung die andere Person durch die Augen des Gedankensystems sieht, während dies in einer Ich-Du-Beziehung nicht der Fall ist. Hier sehen wir einander mit neuen, frischen Augen, offen für das, was im Jetzt vorhanden ist.

- Die Abläufe des Systems sind so unbewusst, dass es schwierig für uns ist, seine Wirkung zu erkennen. Es hält sich selbst instand und kann seine Funktion weiterhin erfüllen. Diese Funktion besteht darin, die Identität einer Person zu schützen und damit eine gewisse Kontinuität im persönlichen Erleben zu gewährleisten.
- Das Gedankensystem ist weniger individuell, als wir glauben; es hat einen starken kollektiven Aspekt. Die Vorstellung, dass Menschen getrennte Individuen sind, ist eine kollektive Annahme unserer Kultur, die wir, wenn überhaupt, nur selten reflektieren und daher nicht erkunden können. Dies macht es für den individuellen Menschen schwierig, über den Tellerrand des eigenen Gedankensystems hinauszuschauen.

KOHÄRENZ UND INKOHÄRENZ

Man könnte sagen, dass es im Universum als Ganzes keinen Anlass dafür gibt, zu sagen, dass es Inkohärenz gibt. Doch wir, in unserer speziellen Struktur, sind nicht kohärent. Und eine Spezies, die nicht kohärent ist, entweder sich selbst gegenüber oder in Kontakt mit ihrer Umwelt, überlebt nicht. Das ist Teil der Kohärenz des Universums. Gerade weil das Universum kohärent ist, wird eine inkohärente Spezies nicht überleben.
– David Bohm[24]

Bohm kommt zu der Schlussfolgerung, dass unser so oft reflexartig funktionierendes Denken dazu führt, dass unser Handeln inkohärent wird.

KOHÄRENZ

Das Wort Kohärenz bedeutet wörtlich übersetzt „Zusammenhang". Kohärenz im Verhalten einer Person (Denken, Fühlen und Handeln) besteht:

- wenn verschiedene Aspekte des Verhaltens sich gegenseitig verstärken.
- wenn dieses Verhalten mit einem realistischen Bild der Wirklichkeit übereinstimmt.
- wenn das Verhalten in dem Sinne effizient ist, dass es zu den beabsichtigten Ergebnissen führt.

Kohärenz und Inkohärenz sind relative Begriffe: Verhalten kann mehr oder weniger kohärent oder inkohärent sein. Wenn unser Verhalten den obenstehenden Kriterien weniger entspricht, entsteht zunehmend Inkohärenz.

Bohm weist darauf hin, dass es, wenn wir kohärenter werden wollen, wichtig ist, dass wir in der Lage sind, die Folgen unseres Denkens und Handelns auf die Realität wahrzunehmen. Dies erfordert die Fähigkeit, diese Auswirkungen offen, unvoreingenommen und ohne Eigeninteresse zu beobachten. Kohärenz entsteht, wenn das Denken sich selbst auf Wahrheit und Richtigkeit überprüft. Wir

24 David Bohm 1994

erleben Kohärenz als Harmonie und Ordnung, als ein Gefühl von Wahrheit und Stimmigkeit. Sie ist gekennzeichnet durch eine gewisse natürliche und authentische Qualität. Eine kohärente Denkweise hat Einfachheit als Eigenschaft, nicht zu verwechseln mit Vereinfachung. Die Qualität der Einfachheit macht, dass eine kohärente Denkweise für den Umgang mit Komplexität geeignet ist. Zu starke Vereinfachung ist dafür nicht geeignet.

Wenn eine Gruppe von Menschen kohärent miteinander denkt, wird dies als kollektive Weisheit erfahren. Die Mitglieder der Gruppe sind auf sich selbst und auf ihre eigene Fähigkeit, offen wahrzunehmen, eingestimmt. Außerdem sind sie aufeinander und auf die Realität, mit der sie zu tun haben, eingestimmt. Sie respektieren ihre Unterschiede, die immerhin ein Aspekt der Realität sind. Um die Kraft der Kohärenz zu verdeutlichen, verwendet Bohm die Metapher der Lichtwellen:

Gewöhnliches Licht wird „inkohärent" genannt, was bedeutet, dass es in alle möglichen Richtungen strahlt und die Lichtwellen nicht phasengleich sind, sodass sie nicht einschwingen. Aber ein Laser baut einen sehr konzentrierten Lichtstrahl auf, und der ist kohärent. Die Lichtwellen gewinnen an Kraft, weil alle in dieselbe Richtung gehen. Dieser Strahl kann alle möglichen Dinge bewirken, die gewöhnlichem Licht nicht möglich sind. Nun könnte man sagen, dass unser normales Denken in der Gesellschaft inkohärent ist – es geht in alle möglichen Richtungen, und die Gedanken widersprechen sich und heben sich gegenseitig auf. Aber wenn Menschen gemeinsam auf kohärente Weise dächten, hätten die Gedanken eine ungeheuerliche Macht.[25]

Bohm meint, dass es in der Praxis nicht immer einfach ist, Kohärenz in unserem Denken auf die Spur zu kommen, und dass es deshalb wichtig ist, für Signale der Inkohärenz sensibel zu bleiben.

25 David Bohm 1998

INKOHÄRENZ

O glücklich, wer noch hoffen kann,
Aus diesem Meer des Irrtums aufzutauchen!
Was man nicht weiß, das eben brauchte man,
Und was man weiß, kann man nicht brauchen.
– Johann Wolfgang von Goethe

Ein wichtiges Signal der Inkohärenz ist, dass unser Denken und Handeln nicht zu den gewünschten Ergebnissen führen. Besonders inkohärent wird es, wenn wir dennoch mit dem gleichen Verhalten fortfahren oder sogar noch einen Zahn zulegen, in der unrealistischen Erwartung, dass mehr desselben helfen wird. Wir tun dies, weil es neben unserem bewussten Denken viele unbewusste, reflexmäßige Abläufe in unserem Gedankensystem gibt. Es gibt keine direkte Rückkopplung der Ergebnisse unseres Denkens, selbst wenn es nicht die erwünschten oder sogar kontraproduktiven Effekte erzielt. Die Konsequenz ist, dass wir trotzdem mit dem gleichen Verhalten fortfahren. Das passiert individuell, in Gruppen und auch auf gesellschaftlicher Ebene. Für das Gedankensystem geht es nicht um Kriterien wie Wahrheit und Richtigkeit, sondern darum, zu überleben, in der Komfortzone zu bleiben und Schmerzen und andere unangenehme Gefühle zu vermeiden.

Inkohärenz zeichnet sich durch Widerspruch, Konflikt, Stress und Verwirrung aus. Inkohärente Handlungen sind reflexartig. Wir handeln nicht mit Absicht so. Wir wissen nicht, dass wir es tun. Oft liegt es daran, dass wir von widersprüchlichen Überzeugungen ausgehen.

Beispiele dafür sind die vielen guten Vorsätze, die Menschen um Neujahr herum machen, um etwas in ihrem Leben zu verändern, die aber häufig schon bald scheitern. Trotzdem kommen die gleichen Vorsätze manchmal im folgenden Jahr wieder auf. Oft sind sowohl die guten Vorsätze als auch die Gründe, warum wenig dabei herauskommt, Teil des Reflexsystems.

Inkohärenz entsteht, wenn man an etwas Altem festhalten will, das nicht zur heutigen Realität passt. Wenn sich in der Realität etwas ändert, sich der Reflex aber nicht verändert, erfahren wir Inkohärenz. Sobald wir dies merken, wäre es gut, dem Impuls, weitermachen zu wollen, zu widerstehen und innezuhalten. Das erweist sich jedoch oft als schwierig, weil es defensive Reflexe gibt, die das inkohärente Vorgehen aufrechterhalten. Bohm nennt das defensive Inkohärenz. Oft verteidigen wir ein Selbstbild, an das wir uns gewöhnt haben.

Nehmen wir zum Beispiel eine Person, die sich als toleranter Mensch versteht und sich auch in allen möglichen Situationen so verhält. In einer Situation, in der Toleranz unproduktiv ist, kann es sehr schwierig sein, anders als tolerant zu reagieren, weil es nicht zum Selbstbild passt und man das eigene Selbstverständnis nicht in Gefahr bringen will.

Es gibt viele Beispiele für inkohärentes Handeln, das wir weiterverfolgen, obwohl es negative Konsequenzen mit sich bringt. Man denke an Probleme wie Übergewicht, Rauchen, Überfischung, einen zu großer ökologischen Fußabdruck in unserer westlichen Gesellschaft, Formen der Entwicklungshilfe, von denen die Empfänger*innen nur passiv und abhängig werden, ebenso wie zahllose Verhaltensweisen, die zur aktuellen Klimakrise beigetragen haben.

DIE ANNAHME DER NOTWENDIGKEIT

Eine wichtige Ursache für Inkohärenz in unserem Denken ist die tief verwurzelte und unbewusste Annahme, dass etwas notwendigerweise so sein muss und nicht anders sein kann.

Bohm nennt dies die Annahme der Notwendigkeit und weist darauf hin, wie diese Annahme unser Gedankensystem strukturiert.

Ein befreundetes Paar schien eine gute Beziehung zu haben. Als Kinder hinzukamen, entstand nach einiger Zeit eine große Meinungsverschiedenheit, die letztlich zum Ende der Beziehung führte. Die eine Person war der Meinung, dass es immer stark vorzuziehen sei, alternative Medizin anzuwenden und mit Diäten zu arbeiten, wenn eines der Kinder krank war. Die andere vertraute dem nicht ganz und war der Meinung, dass die Schulmedizin viel früher eingesetzt werden sollte. Trotz vieler Gespräche und Lösungsversuche fanden sie keine zufriedenstellende Lösung. Die Annahme, dass es „nur so sein kann", machte den Meinungsunterschied von beiden Seiten aus unüberbrückbar.

Bohm kontrastiert die Annahme der Notwendigkeit mit dem Begriff „Kontingenz". Es bedeutet so viel wie: das, was auch anders sein kann; das Unvorhergesehene, das Zufällige, das, was durch die Umstände bestimmt ist. Wenn etwas auch anders sein kann, dann hat es Sinn, zu versuchen, es zu verändern. Wenn etwas nicht anders sein kann, brauchen wir erst gar nicht probieren, es zu verändern. Ein Großteil unserer alltäglichen Logik beruht darauf zu wissen, was anders sein kann und was nicht. Das ist hilfreich. So wissen wir, dass sich das Geschäft, in dem wir heute einkaufen wollen, noch am selben Ort befindet wie letzte Woche. Und wir wissen, dass das Wetter morgen anders sein kann als heute. Etwas kann manchmal notwendig sein und ein andermal nicht, etwas kann aber auch immer notwendig sein. Letzteres bezeichnet Bohm als absolut notwendig.

Die Annahme der Notwendigkeit ist Teil unseres Gedankensystems. Überall wo Menschen Schwierigkeiten miteinander haben, basieren diese Schwierigkeiten auf den unterschiedlichen Überzeugungen darüber, was (absolut) notwendig ist. Verhandlungen basieren auf der Annahme, dass etwas auch anders sein kann (Kontingenz) und sind Versuche, Raum zu schaffen für das, was Menschen für notwendig erachten. Starke Annahmen darüber, was notwendig ist, können einen Dialog unmöglich machen.

Überzeugungen darüber, was absolut notwendig ist, können stärker als unser Selbsterhaltungstrieb sein. Bohm nennt dafür als Beispiel, dass wir aus dem Instinkt des Selbstschutzes heraus unser Leben erhalten wollen. Doch wenn der Staat sagt, dass es absolut notwendig ist, unser Leben aufs Spiel zu setzen, kann dies stärker wirken. Für Gläubige kann der Wille Gottes stärker sein als der Selbsterhaltungstrieb. Bohm weist auch darauf hin, dass man, um etwas im Leben zu erreichen, ein gewisses Gefühl der Notwendigkeit braucht.

Solange wir unsere Überzeugungen darüber, was notwendig ist, nicht als Überzeugungen sehen und sie somit nicht erkunden können, ist der Effekt, dass wir sie weiterhin reflexartig ausleben. Die Inkohärenz, also die negativen Auswirkungen dieser Annahmen, wird uns nicht bewusst und bleibt dadurch aufrecht.

VON INKOHÄRENZ ZU KOHÄRENZ

Zwischen Reiz und Reaktion gibt es einen Raum.
In diesem Raum liegt unsere Macht, unsere Reaktion zu wählen.
In unserer Reaktion liegen unser Wachstum und unsere Freiheit.
– Viktor E. Frankl

Was kann uns helfen, von Inkohärenz zu Kohärenz zu gelangen?

- **Bewusstsein**
  Es geht in erster Linie darum, das System so zu sehen, wie es in unserem eigenen Leben funktioniert. Dass wir tiefgehend erkennen müssen, wie unsere eigenen Gedanken und Handlungen durch Reflexe gesteuert werden. Das ist die wichtigste Grundlage für eine mögliche Transformation. Bohm meint, dass wir nicht versuchen sollen, etwas gegen unser Gedankensystem zu unternehmen. Wir lernen das System einfach kennen, bewusst und aufmerksam. Es geht darum, unser Reflexsystem in Aktion zu sehen, unsere Reaktionen jedoch zu verzögern. Wenn wir den Reflex fühlen und sehen, ohne ihn auszuführen, können wir besser sehen, wie das System funktioniert. Wir erkunden das Reflexsystem nicht, um diesen oder jenen spezifischen Reflex loszuwerden; wir erkunden es mit der Absicht, mehr über das gesamte System zu lernen.

- **Vision**
  Um eine größere Kohärenz zu erreichen, brauchen wir eine Vision einer größeren Realität: Eine Überzeugung, dass unser Leben und die Wirklichkeit größer sind als das, was unser Denken begreifen kann. Wir müssen mindestens davon ausgehen, dass es das freie, unkonditionierte Denken gibt. Nicht, *dass* es existiert, denn das kann unser Denken nicht beweisen, sondern dass es existieren *könnte*. Wir brauchen diese Überzeugung, um das Gedankensystem zu überwinden und zu mehr Kohärenz in unserem Denken zu gelangen.

- **Klare Sicht**
  Wir können üben, mit neuen Augen auf das zu schauen, was wirklich da ist. Buddhisten nennen dies „Beginner's Mind".

Otto Scharmer[26], der stark von Bohms Denken inspiriert ist, nennt den ersten Schritt in jedem wirklichen Transformationsprozess „seeing", also sehen, was wirklich da ist. Seine Empfehlung für diese erste Phase lautet: Beobachten, beobachten, beobachten.

Byron Katie[27] erzählt, wie sie einmal allein durch die Wüste lief. Als sie weit weg von zu Hause war, sah sie in der Ferne eine große Schlange auf ihrem Weg liegen. Es gab keinen anderen Weg, auf dem sie der Schlange ausweichen konnte. Sie überwand ihre Angst und ging weiter und als sie näherkam, sah sie, dass es sich nicht um eine Schlange, sondern um einen Stock handelte. Sie schreibt: „Wenn man einmal gesehen hat, dass es keine Schlange, sondern ein Stock ist, kann man nie wieder denken, dass es eine Schlange ist."

Bohm weist jedoch darauf hin, dass der Reflex damit nicht verschwunden ist. Dieser ist in der Chemie unseres Gehirns verankert und mit einem ganzen System von Reflexen verbunden. Daher ist es schwierig, ihn auf Dauer zu verändern. Selbst wenn es eine Öffnung gibt, weil wir „den Stock als das gesehen haben, was er ist", kann diese sich auch leicht wieder schließen. Es ist aber eine andere Art von Erkenntnis möglich, kein intellektuelles Verständnis, sondern eine direkte Wahrnehmung dessen, was wirklich da ist. Diese Art von Erkenntnis verändert die Reflexe und die Gehirnzellen. Wenn eine solche Erkenntnis stattfindet, gibt es keinen Weg zurück zu den Reflexen.[28] Es bedarf Training und Hingabe, um aus dieser direkten Wahrnehmung heraus zu leben.

Der Organisationsberater Edgar Schein[29] schreibt über die Wichtigkeit, ein Augenmerk für die real existierende Wirklichkeit zu haben: Das wichtigste Prinzip des Veränderungsmanagements ist es, sich immer mit der Realität auseinanderzusetzen, das heißt: mit dem Blick auf das zu beginnen, was wirklich vor sich geht. Die Herausforderung besteht darin, einen Weg zu finden, die kollektive Fähigkeit des Sehens zu kultivieren und zu stärken.

- **Führung**

Laut Schein können Führungskräfte dabei eine wichtige Rolle spielen. Er sagt, dass Führungskräfte die Aufgabe haben, das Individuum und das Systems zu

26 C. Otto Scharmer 2007

27 The Work of Byron Katie, www.thework.com

28 Persönliche Mitteilung von Javier Gómez Rodríguez

29 Edgar H. Schein 1998

stärken, sich eingehend mit der Wirklichkeit auseinanderzusetzen, mit der die Menschen konfrontiert sind und die sie selbst schaffen. Die eigentliche Arbeit der Führung besteht darin, Menschen zu helfen, die Kraft des Sehens und des gemeinsamen Sehens zu entdecken.

- **In Worte fassen**
  Das, was wir erleben und wahrnehmen, in Worte zu fassen, ist eine effektive Form, sich vom Reflexsystem zu lösen und ein klareres Bild von der Realität zu bekommen. Diesem Thema widmen wir einen eigenen Absatz: Die Wichtigkeit, unsere Erfahrungen in Worte zu fassen.

- **Unterschiede respektieren**
  Offene, urteilsfreie Aufmerksamkeit für Unterschiede zwischen Menschen in Bezug auf die Art und Weise, wie sie die Wirklichkeit sehen und erleben, trägt zu einem realistischeren Bild dessen bei, was da ist. Dies wird im nächsten Abschnitt erörtert werden.

Die hier beschriebenen Elemente der Bewegung von Inkohärenz zu Kohärenz lassen sich in der Arbeit der Wahrheits- und Versöhnungskommission in Südafrika finden. Es gab große Befürchtungen, dass die Umwandlung der Apartheid in eine Demokratie mit viel Blutvergießen einhergehen würde. Die schwarze Bevölkerung hatte unter dem Apartheidregime sehr gelitten und es war durchaus denkbar, dass den rachsüchtigen Reflexen freien Lauf gelassen würde. Angesichts dessen rief Mandela die Wahrheits- und Versöhnungskommission unter der Leitung von Bischof Desmond Tutu ins Leben. Damit wurde ein Raum geschaffen, in dem die Gräuel, die sich ereignet hatten, offen besprochen, anerkannt und verarbeitet werden konnten.

*Die Prämisse war, dass politisch motivierten Kriminellen unter dem Apartheidregime Amnestie gewährt werden konnte, wenn sie bereit waren, die ganze Wahrheit zu erzählen und Entschädigung für begangene Verbrechen zu zahlen. Die Arbeit des Komitees war in der Ubuntu-Philosophie verwurzelt, dass niemand endgültig aus der Gemeinschaft, der er*sie angehörte, ausgeschlossen werden sollte.*[30]

30 Siehe Kapitel 3: Inklusivität

KOHÄRENZ, INKOHÄRENZ UND DER UMGANG MIT UNTERSCHIEDEN

Ein wichtiges Thema im Dialog ist der fruchtbare Umgang mit Unterschieden zwischen Menschen.[31] Wenn wir unsere Unterschiede wahrnehmen, respektieren, nebeneinanderstellen und ihnen einen guten Platz geben können, sehen wir mehr vom Ganzen. Das ermöglicht uns ganzheitlicher und somit kohärenter zu denken.

In unserer Gesellschaft gehen wir auf unterschiedliche Weisen mit Unterschieden um. Einerseits gibt es Interesse an dem, was anders und neu ist. Wir machen Urlaub in anderen Kulturen, weil es unseren Horizont erweitert. Über Beziehungen sagen wir, dass Gegensätze sich anziehen. Auf der anderen Seite erleben wir auch Unbehagen im Umgang mit Unterschieden. Unser Gedankensystem hat viele reflexartige Gewohnheiten entwickelt, um die vermeintliche Bedrohung der Unterschiedlichkeit zu vermeiden. Sie halten die Fragmentierung und dadurch die Inkohärenz in unserem Denken aufrecht. Einige Beispiele:

- mit jemandem streiten, der*die anders denkt oder handelt als wir
- Menschen, die anders sind, versuchen zu meiden und vor allem Kontakt mit Gleichgesinnten suchen
- zu schnell Kompromisse eingehen, ohne der Bedeutung der Unterschiede wirklich Aufmerksamkeit zu schenken
- sich von den Ansichten andersdenkender Menschen und damit von der darin enthaltenen Information abschotten

Eine fruchtbarere Art, mit Unterschieden umzugehen, besteht darin, sich dem Unbehagen zu stellen, das sie verursachen. Dadurch verbinden wir uns mit der Realität unserer inneren Erfahrung und nehmen wahr, was wirklich da ist, nämlich unsere eigenen Gefühle. Wenn wir in diesen Gefühlen verweilen und sie als uns zugehörig anerkennen können, ohne unsere gewohnten Reaktionen auszuleben, kann ein Transformationsprozess beginnen, in dem sich auch dieses Gefühl verändern wird. Wir merken in den allermeisten Fällen, dass es nur unsere Annahmen sind, die uns im Wege stehen, und dass es keine wirkliche Bedrohung

31 Siehe Kapitel 4: Das Diversitätsmodell

gibt. Dadurch können wir uns mehr für das Anderssehen, Andersdenken und Anderssein anderer Menschen öffnen. Wenn wir sowohl in uns selbst als auch in unserer Gruppe unterschiedliche Visionen der Wirklichkeit zulassen können, erhalten wir ein weiteres und ausgewogeneres Bild der Wirklichkeit. Ein Bild, das kohärenter ist, weil es der Wirklichkeit, so wie sie ist, besser gerecht wird.

IM DIALOG IST PLATZ FÜR KOHÄRENZ UND FÜR INKOHÄRENZ

Eine Gruppe von Menschen, die über einen langen Zeitraum hinweg Dialoge miteinander führt, bewegt sich zwischen Kohärenz und Inkohärenz hin und her. Eine Gruppe, die Sitzungen und Arbeitsbesprechungen normalerweise diskussionsartig abhält, macht im Dialog die Erfahrung, dass es mehr Raum gibt, über das wirklich Wichtige zu sprechen, und dass man sich gegenseitig tatsächlich zuhört. Dadurch wächst die Sicherheit der Gruppe und es gibt weniger Störung in den Gesprächen. Es gibt weniger Anlass, auf defensive Reflexe zurückzugreifen, und das wird meist als sehr angenehm empfunden. Zu Beginn führt der Dialog rasch zu mehr sozialer Kohärenz in der Gruppe.

Nach einiger Zeit, wenn die Gespräche tiefer werden und jede*r in seiner*ihrer Weltsicht herausgefordert ist, werden die defensiven, reflexartigen Muster, die nach wie vor vorhanden sind, wieder aktiviert. In dieser Phase trägt der Dialog dazu bei, die Inkohärenz, also all das, was nicht nachvollziehbar ist, sichtbar zu machen. Wenn genügend Vertrauen entstanden ist, gibt es auch Raum, um diesem mangelnden Zusammenhang, dieser Inkohärenz, Aufmerksamkeit zu schenken. Die Inkohärenz wird sichtbar und wir können sie besprechen, erkunden und reflektieren. Wenn sich daraus ein neues, gemeinsames und persönliches Verständnis entwickelt, gelangt die Gruppe allmählich zu mehr Kohärenz. Damit geht der Dialog in die nächste Phase, die sich durch ein hohes Maß an Ko-Kreativität auszeichnet. Ein Container für Gespräch und Zusammenarbeit ist entstanden, der auf einem hohen Maß an Kohärenz beruht.

DIE WICHTIGKEIT, UNSERE ERFAHRUNGEN IN WORTE ZU FASSEN

Erst wenn die Erweiterung des Wissens
von tiefer Rührung des Herzens begleitet wird,
hast du es dir wirklich zu eigen gemacht.
– Frei nach Kierkegaard

Das Gedankensystem funktioniert aufgrund von Überzeugungen über die Wirklichkeit. Diese Überzeugungen sind normalerweise unsichtbar; wir sind uns ihrer in der Regel nicht bewusst. Unser Gehirn funktioniert so, dass es unsere Überzeugungen verbirgt, was es einfacher macht, sie instand zu halten. Wenn wir in Dialog treten und verlangsamen, um uns die Zeit zu nehmen, unsere Erfahrungen zu reflektieren, entdecken wir allmählich, welche Überzeugungen ihnen zugrunde liegen. Indem wir ihnen Worte geben, verstärken wir dieses aufflackernde Bewusstsein; es wird dadurch klarer und stabiler. Wir stellen unsere Überzeugungen ins Licht, wodurch sie allmählich ihre Kraft verlieren.

Nehmen wir zum Beispiel eine Situation, in der wir uns unausgeglichen und energielos fühlen, ohne genau zu wissen, woher das kommt. Manchmal laufen wir sehr lange damit herum, immer und immer wieder denken wir darüber nach und drehen uns mit den Gedanken stets im Kreis, ohne wirklich Klarheit darüber zu bekommen, was los ist. Dann kann es helfen, mit Bekannten oder einer anderen Person, die gut zuhören kann, darüber zu sprechen. Indem wir unsere Erfahrungen in Worte fassen, können wir unseren Gefühlen näherkommen und mehr Klarheit darüber erlangen, was wirklich vor sich geht, was unser Gefühl der Trübsinnigkeit und Energielosigkeit ausgelöst hat. Oft hat das mit unbewussten Überzeugungen zu tun. Wenn man die Erfahrung in Worten zum Ausdruck bringt, verändert sich oft auch etwas im Gefühl. Wir identifizieren uns weniger mit dem Gefühl. Wir erleben uns selbst auch als die Person, die das Gefühl wahrnimmt, die es benennt und die es da sein lassen kann.

Dieses Beispiel verdeutlicht, dass es sich um mehr als nur eine Denkübung handelt. Auch Gefühle und körperliche Empfindungen spielen eine Rolle. Mentale Erkenntnis allein ändert das System unserer Gedanken nicht.

Wenn wir genau die richtigen Worte für die Erkenntnis finden, die wir haben, und diese aussprechen, merken wir, dass unser Körper mit ihnen mitschwingt. Eine Emotion wird ausgelöst oder Entspannung tritt ein. Daran können wir erkennen, dass das Finden der richtigen Worte die physischen Wurzeln des Gedankensystems berührt. Bohm nennt das den qualitativen Unterschied zwischen mentalen und direkten Erkenntnissen. Direkte Erkenntnisse, die mit körperlicher Resonanz einhergehen und für die wir die richtigen Worte finden, können das Reflexsystem entkräften. Da wir aber leicht in unsere alten Muster zurückfallen, insbesondere in Stresssituationen, ist es wichtig, unsere Überzeugungen immer wieder neu im Hier und Jetzt auf ihre Gültigkeit zu überprüfen und offen zu sein für neue Erkenntnisse.

DIALOG UND GEDANKENSYSTEM

Die Beziehung zwischen dem Dialog und dem Gedankensystem ist vielfältig:

- Der Dialog spiegelt die Wirkung unseres Denkens wider. Im Dialog wird diese sichtbar und erfahrbar. Wir schenken ihr Aufmerksamkeit. Anstatt automatisch davon auszugehen, dass die Wirklichkeit mit dem übereinstimmt, was unser Denken uns über sie erzählt, werden wir uns bewusst, dass das Gedankensystem eine begrenzte Repräsentation dieser Wirklichkeit bietet.
- Das gibt uns die Gelegenheit, die Wirkung des Systems zu erkunden und tiefere Erkenntnisse darüber zu gewinnen.
- Wenn wir durch dieses Erkunden zu einer durchlebten Erkenntnis über die Wirkung unserer Gedanken kommen, wächst unsere Freiheit. Wir nehmen unserem eigenen Gedankensystem die Macht, die es unbewusst auf uns ausübt.

Je weiter sich dieser Prozess entwickelt, desto größer wird der dialogische Raum. Es gibt weniger Störungen in der Kommunikation und damit mehr gegenseitiges Verständnis. Die Teilnehmenden des Dialogs erfahren mehr Verbindung miteinander und mit sich selbst. Sie haben ein größeres Freiheitsgefühl und gönnen einander mehr Freiheit, die eigene Individualität einzubringen. Der Raum wächst, um auch heiklere und kontroversere Themen ansprechen zu können. In der Gruppe herrscht in der Regel eine angenehme und entspannte Atmosphäre. Es gibt mehr Ko-Kreativität und fließende Zusammenarbeit. Es entsteht mehr Raum für das Unbekannte, für das, was wir nicht wissen, was jedoch bedeutungsvoll sein könnte. In diesem dialogischen Raum können verschiedene Erfahrungen nebeneinander existieren. Das ist sowohl zwischen den Teilnehmenden als auch innerhalb jedes Individuums der Fall. Mit anderen Worten, es gibt Raum für die Existenz einer vielfältigen Wirklichkeit. Die Gruppe kann mit Paradoxen leben.

Letztlich, so Bohm, geht es darum, zu erkennen, dass das System unserer Gedanken niemals alles wissen kann. Es bleibt eine Repräsentation der Wirklichkeit und egal wie weit es sich entwickelt, es bleibt zwangsläufig begrenzt. Die Herausforderung besteht darin, das Bewusstsein dafür lebendig zu halten und offen zu sein für das Neue, das jederzeit, über die Grenzen unseres Gedankensystems hinaus, entstehen kann. Diese Fähigkeit wächst in Gruppen, die sich über längere Zeit mit dem Dialog beschäftigen.

DAVID BOHMS VISION FÜR DIE GESELLSCHAFT

Die Welt, wie wir sie geschaffen haben,
ist ein Prozess unseres Denkens.
Sie kann nicht verändert werden,
ohne unser Denken zu verändern.
– Albert Einstein

Bohm geht der Frage nach, was der dialogische Raum für unsere Gesellschaft, in unserer Zeit, bedeuten kann. Aus seiner Sicht hat der Dialog das Potenzial, eine Quelle von Kreativität zu sein. Im Dialog entdecken wir, dass es in Kunst und Wissenschaft um ganz andere Dinge geht, als wir dachten, nämlich um die grundlegende Art, wie wir die Welt betrachten. Im Dialog können wir die Kultur, die Gesellschaft und uns selbst mit anderen Augen sehen lernen. Er sieht den Dialog als eine kreative Kunstform, durch die eine neue Kultur und eine neue Gesellschaft entstehen können. Diese neue Kultur wird sich in erster Linie daraus ergeben, dass wir die Bedeutung der gesamten Situation, ebenso wie ihren Wert, erkennen. Während wir gemeinsam unterwegs sind, werden sich die konkreten Ziele für das, was wir zu tun haben, nach und nach herauskristallisieren. Laut Bohm ist dies eine bessere Vorgehensweise als mit einem festgelegten Ziel anzufangen. Es ist ein Ausblick darauf, was möglicherweise entstehen kann, wenn wir uns als Gesellschaft von der Macht des Gedankensystem, die uns gefangen hält, befreien können.

KAPITEL 7

DAS VERMEIDEN DES DIALOGS

Vermeidung mag im Moment wie ein einfacher Ausweg aus einem Dilemma erscheinen, doch sei dir bewusst, dass das Problem immer wieder auftauchen wird, bis wir es konfrontieren, verarbeiten und daraus lernen.
– Randi G. Fine

Dialog ist ein Wagnis. Wir wissen nie, wo der Dialog uns hinführt. Wir wissen nur, dass er uns verändern wird, wenn wir uns dafür öffnen. Wir bewegen uns in einem offenen Raum, der viel von uns verlangt. Es wird an die Bereitschaft appelliert, das Anderssein der anderen zu respektieren, Offenheit in dem zu entwickeln, was wir sagen wollen, und den Meinungen und Erfahrungen anderer zuzuhören. Das erfordert die Bereitschaft, die anderen nicht ändern zu wollen, sondern vor allem wahrzunehmen, was in uns selbst vorgeht und wohin uns das Denken und Fühlen der anderen führt. Wir sind bereit, uns in einem Fluss von ständig wechselnden Bedeutungen mitnehmen zu lassen, und sind zuversichtlich, dass es uns und die Gruppe als Ganzes weiterbringt; an einen Ort, der mit ziemlicher Sicherheit anders ist, als wir ihn uns ausgemalt haben, und den wir uns allein nicht hätten vorstellen können.

Mit der erwartungsvollen Aussicht, dass wir gemeinsam kreativ sein, eine neue Zukunft schaffen und schwierige Fragen und Probleme friedlich lösen können, stoßen Menschen und Gruppen unterwegs auf Hindernisse. Durch unsere Sozialisierung haben wir gelernt, dass wir als Individuum selbst die Kontrolle über unser Leben übernehmen müssen. Bestimmte Meinungen sind mehr wert als andere, es gilt das Recht der Stärkeren, die Verantwortung für die Führung liegt bei einigen wenigen Personen oder Gruppen. Wir haben uns daran gewöhnt, in Mehrheiten und Minderheiten zu denken und uns auf demokratische Prozesse zu verlassen. Das Gewinnen und Verlieren ist ein wichtiger Motor für Entscheidungsprozesse. Etwas in der Welt zu erreichen, ist vor allem mit Konzepten wie Ausdauer, Überzeugungskraft und der Entwicklung von persönlichem oder kollektivem Einfluss verbunden. Wenn sich die Widersprüche als zu groß erweisen, suchen wir in Konflikt, Gewalt und Krieg nach einem Ausweg.

Diese Facetten unserer Sozialisierung haben einen großen Einfluss auf unser individuelles Denken, unsere Werte und Normen. Sobald diese in Frage gestellt werden, sind wir mit unseren tiefen Ängsten konfrontiert: der Angst vor Kontrollverlust, vor Einflussverlust, vor Gesichtsverlust und Verlust des Selbstwertgefühls. Das Denken protestiert daher in der Regel vehement, wenn es mit Sichtweisen, Gefühlen und Erfahrungen konfrontiert wird, die sich von den unseren unterscheiden.

Im Dialog streben wir danach, uns dieser Seite unserer Sozialisierung bewusst zu werden, aber nicht danach zu handeln. Wir öffnen uns den Prinzipien der Gleichwertigkeit, des Respekts für Unterschiede, der Offenheit und der Gemeinschaftlichkeit. Wir wollen unser fragmentarisches Denken transzendieren, stoßen dabei aber an unsere Grenzen.

Egal wie schön die Prinzipien des Dialogs sind und wie bereit wir sind, diesen neuen Weg zu beschreiten, sobald es spannend wird, entsteht die Tendenz, den Dialog zu vermeiden und auf die uns vertrauten Kommunikationswege zurückzugreifen.

Für Gruppen, die sich dem Dialog verschrieben haben, ist es hilfreich zu lernen, wie man diese Vermeidungsmechanismen erkennt. Wenn sie rechtzeitig benannt und ins Bewusstsein gehoben werden, sind wir freier zu entscheiden, im Dialog zu bleiben, auch wenn es schwierig wird.

Hier beschreiben wir einige Arten, wie Menschen und Gruppen den Dialog vermeiden können. Das mag zunächst negativ klingen, ist aber nicht so gemeint: Wir sehen Dialogvermeidung sowohl als eine verständliche Strategie, um sich im Notfall schützen zu können, als auch als Hindernis für den Fluss des Dialogs. Es besteht sowohl der Wunsch nach Dialog als auch das Bedürfnis, das Persönliche zu verteidigen und die Kontrolle zu behalten. Die im Folgenden beschriebenen Wege der Dialogvermeidung sollen daher keine Bewertung und kein Urteil darstellen, sondern eine Möglichkeit, das Bewusstsein zu schärfen.

FLUCHT AUS DEM DIALOG

Annette Simmons[32] beschrieb verschiedene Strategien von Gruppen, dem Dialog aus dem Weg zu gehen. Wir ließen uns von dieser Beschreibung inspirieren, haben sie in unsere eigenen Worte gefasst und mit den Erfahrungen ergänzt, die wir in unserer bisherigen Dialogarbeit gesammelt haben.

Die folgenden Vermeidungsmechanismen sind uns immer wieder begegnet:

- Suche nach Autorität
- Subgruppen bilden
- Ausschließen
- Harmonie und Gruppendenken
- Verurteilen
- Philosophieren
- Helfen

In einem Modell sieht das so aus – siehe Modell 6.

SUCHE NACH AUTORITÄT

Die Autorität der Lehrkraft schadet nur allzu oft denjenigen, die lernen wollen.
– Marcus Tullius Cicero

Der Dialogkreis ist ein Raum, der auf Gleichwertigkeit basiert. Das bedeutet, dass der Beitrag jeder einzelnen Person als gleichermaßen wertvoll für den Prozess in der Gruppe angesehen wird. Obwohl es Führung gibt, in Form einer oder mehrerer Personen, die den Kreis einberufen und organisieren, den Raum vorbereiten, den Kreis einführen und bestimmte Regeln, auf die sich die Gruppe geeinigt hat, im Auge behalten, ist von Autorität keine Rede. Autorität bedeutet hier, dass einige wenige Personen mehr als andere bestimmen, was im Kreis pas-

32 Annette Simmons 1999

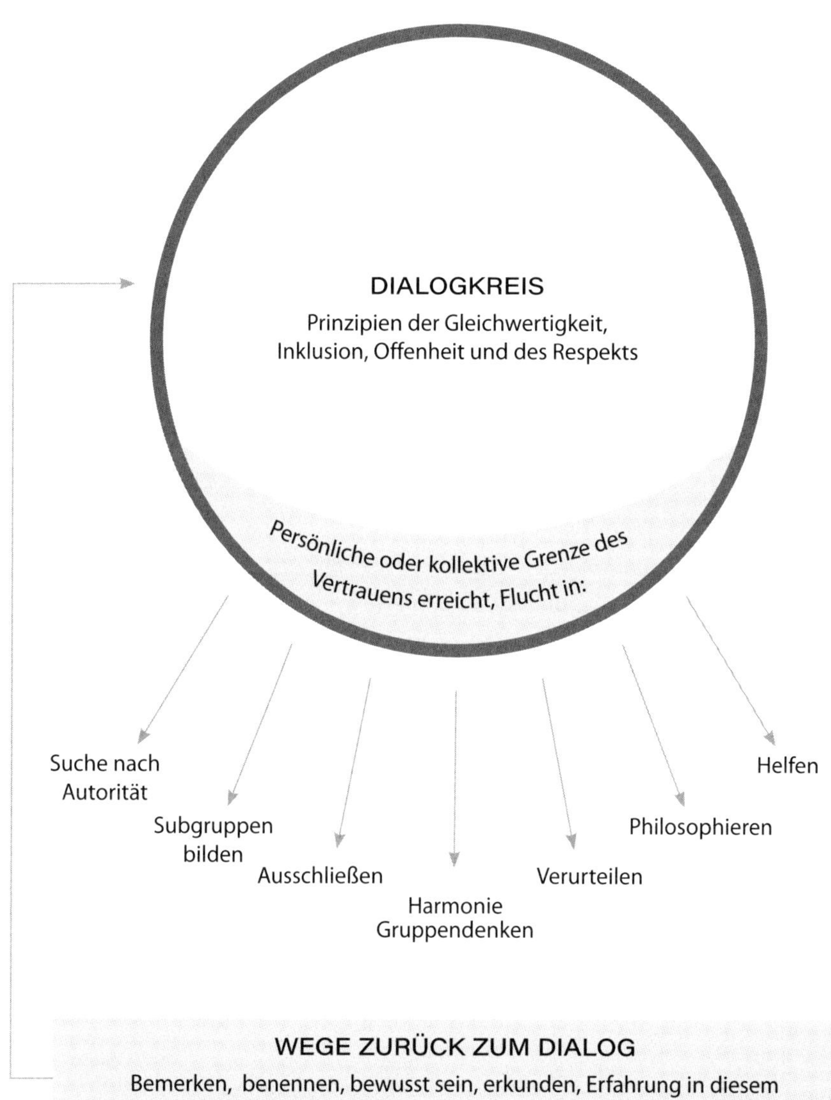

MODELL 6 | Wege zurück zum Dialog

siert, in welcher Weise beigetragen wird und in welche Richtung sich der Dialog entwickelt. Stattdessen wird an die Eigenverantwortlichkeit aller individuellen Teilnehmenden appelliert. Jede Person ist gleichermaßen für ihre eigene Anwesenheit und ihren Beitrag in der Gruppe verantwortlich.

Erreicht die Gruppe jedoch eine Grenze, an der Konflikte spürbar werden und Meinungen aufeinanderprallen, wird es schwieriger, auf den gemeinsamen, offenen und gleichwertigen Prozess zu vertrauen. Die Flucht in die Autorität ist dann eine der automatischen Reaktionen, um diese Spannungen zu vermeiden. Plötzlich taucht die Frage nach Autorität oder die Infragestellung der Autorität auf: Wer hat hier eigentlich das Sagen? Sind wir wirklich gleichwertig? Wäre es nicht besser, wenn uns hier jemand sagen würde, wie wir vorgehen sollen? Sind unsere Schwierigkeiten nicht auf einen Mangel an Führung zurückzuführen? Können sie (die Begleitung) uns nicht sagen, was wir tun können, um voranzukommen? Warum gibt es kein klares Programm?

Als Begleiter*innen werden wir direkt auf eine bestimmte vermeintliche Verantwortung angesprochen und dazu verführt, die Rolle der Autorität anzunehmen. Wenn wir jedoch dementsprechend handeln, führt dies oft dazu, dass unsere vermeintliche Autorität wiederum Fragen und Widerstand aufwirft. Schnell entwickelt sich eine Gegenbewegung, die diese Autorität in Frage stellt und die Wiederherstellung der Gleichwertigkeit im Dialog fordert.

Es kann uns helfen, wenn wir uns bewusst werden, dass wir in dem Wunsch nach Autorität einen Ausweg aus einer schwierigen Situation suchen, indem wir den gleichwertigen und offenen Dialog versuchen zu vermeiden. Wir finden den Weg zurück zum Dialog, indem wir uns unserer persönlichen Erfahrung in diesem Moment bewusst werden. Unsere Sorgen über die Spannung, die wir gerade erleben, oder auch unser Frust darüber, dass wir im Dialog an eine Grenze zu geraten scheinen. Wir können dies teilen, ohne es auszuleben. Wir können mit diesen Gefühlen verweilen und darauf vertrauen, dass sich eine neue Bewegung zeigen wird und der Dialog weitergehen kann. Dies gilt insbesondere für die Begleitung, die in diesem Moment am meisten versucht ist, Autorität zu repräsentieren. Wenn wir den Appell zwar wahrnehmen, ihm jedoch nicht folgen, sondern spüren und ausdrücken können, was er mit uns macht, und zugleich darauf vertrauen, dass der Dialog seinen Weg finden wird, ist das ein hilfreicher Impuls für authentische und gleichwertige Gemeinschaftlichkeit.

*In einer von uns betreuten Trainingsgruppe kam es innerhalb der Gruppe zu Unzufriedenheit über die Inhalte des Kurrikulums und des Ablaufs des Programms. Eine wichtige Frage war: Was müssen wir als zukünftige Dialogprozessbegleiter*innen eigentlich können, was sind unsere Kernkompetenzen, welche Kriterien müssen wir erfüllen, um Dialogprozesse begleiten zu können? Der Grund für diesen Prozess war die Meinung einiger Personen, dass eines der Gruppenmitglieder nicht geeignet wäre, als Dialogprozessbegleiter*in zu arbeiten. Sie teilten uns dies in einer Pause mit, äußerten ihre Meinung aber nicht in der Gruppe.*

*Als wir als Begleitung darüber sprachen, wurde uns klar, wie sehr wir geneigt waren, auf den Wunsch der Gruppe einzugehen, Kernkompetenzen für Dialogbegleitung zu formulieren und uns dadurch in eine Position zu begeben, in der wir beurteilen, was und wer eine bessere und schlechtere Dialogbegleiter*in ist. Wir hatten sogar schon damit angefangen, bis wir beide merkten, dass wir dies nicht selbst bestimmen, sondern nur gemeinsam als Gruppe denken können. Deshalb wollten wir dieses Thema in unsere gemeinsame Dialogarbeit mitnehmen, anstatt dabei als Autorität aufzutreten.*

Wir entschieden uns dazu, das Thema wieder als Gesprächsgegenstand in die ganze Gruppe zu bringen und dem starken Ruf nach Autorität zu widerstehen. Wir begannen am nächsten Morgen mit einem Input zum Thema Vermeidung des Dialogs und der Tendenz aller, uns eingeschlossen, in das Zuweisen oder Übernehmen von Autorität zu flüchten. Es war konfrontierend, das in diesem Training bewusst nicht zu tun, um spüren und erleben zu können, was passiert, wenn wir in Gleichwertigkeit miteinander und voneinander lernen wollen und wie es uns auf unsere Eigenverantwortung zurückwirft.

*Diese Auseinandersetzung vertiefte den Dialogprozess und resultierte in einer Gruppe kraftvoller Begleiter*innen, die alle auf ihre eigene Art und Weise, in aller Vielfalt, selbst entschieden, wofür sie im Dialog stehen wollen und können.*

Das obige Beispiel beschreibt einen besonderen Kontext: Wir sind bewusst weit gegangen im Verzicht auf Autorität und Bestehen auf Gleichwertigkeit, weil es genau das Thema war, für das wir als Trainingsgruppe zusammengekommen waren. In anderen Kontexten wird Autorität oft mehr oder weniger benötigt und das ist auch völlig in Ordnung. Hier wollen wir nur deutlich machen, dass Autorität den Dialog auch behindern kann und dass der Dialog uns eine direkte Möglichkeit bietet, weniger Autorität von außen und mehr in uns selbst zu erfahren.

SUBGRUPPEN BILDEN

Eine andere Möglichkeit, einen Dialog zu vermeiden, besteht darin, sich mit einigen Personen in der Gruppe zu verbinden, mit denen man sich verwandt fühlt oder die mehr oder weniger die gleiche Meinung zu einem bestimmten Thema haben. So können eine oder mehrere Untergruppen entstehen, die sich den anderen Meinungen in der Gruppe verschließen. Oft entsteht dies aus dem Bedürfnis heraus, eine eigene Vision oder Position zu verteidigen. Das wird bemerkbar durch Blicke des Einvernehmens, ständiges Aufsuchen der Nähe der anderen und weniger persönliche Beiträge der einzelnen Personen. Da die Wirkung einer Subgruppe für die anderen Gruppenmitglieder sehr schnell und intensiv wahrnehmbar ist, nimmt das Gefühl der Sicherheit und des Vertrauens in die Gruppe als Ganzes generell ab und die Offenheit im Sprechen und Zuhören wird weniger.

Zur Bildung von Subgruppen kommt es vor allem dann, wenn persönliche Interessen auf dem Spiel stehen, ein bestimmtes Ergebnis im Dialog angestrebt wird oder man dieses verhindern will. Wenn dies der Fall ist, ist es wichtig, dass wir es ansprechen können. Die Subgruppenbildung erfolgt nicht ohne Grund. Offensichtlich steht etwas auf dem Spiel, etwas, das gefährdet ist. Oft vertritt eine Subgruppe auch eine bestimmte Vision, die als unerwünscht oder gefährlich für das Ganze angesehen wird und wäre gerade deshalb ein wichtiger Input für den Dialog. Wenn es möglich ist, persönlich darüber zu sprechen, integriert die Subgruppe sich wieder in das Ganze und jede einzelne Person bringt sich wieder persönlich als Individuum ein. Im günstigsten Fall wird der Wert des Beitrags, den die Subgruppe liefert, sichtbar und Teil des weiteren Gesprächs. Zumindest aber werden die individuellen Personen mit ihren eigenen Meinungen und Gefühlen wieder im Ganzen sichtbar. Die Subgruppe ist dann keine geschlossene Einheit mehr.

Die Bildung von Subgruppen ist eines der hartnäckigsten Muster, die einen Dialog schwierig oder sogar unmöglich machen, sowohl für die Begleitung als auch für die Gruppe. Wenn Offenheit und Austausch über das zugrunde liegende Bedürfnis einer Subgruppe entstehen kann, vertieft dies den Dialogprozess. Gelingt dies nicht, verkompliziert die Bildung von Subgruppen den Prozess und führt letztlich zum Ende des Dialogs.

Das nächste Beispiel zeigt eine Erfahrung mit der Bildung von Subgruppen, die letztlich zu einem Ausstieg aus dem Dialogprozess, längerfristig jedoch zu einer neuen und sinnvollen Bewegung führte.

*Ich begleite einen Dialogkreis in einem Verein von Outdoortrainer*innen, die sich zusammenfinden, um miteinander zu erkunden, wie und was sie miteinander machen wollen. In diesem Kreis wird deutlich, dass zwei Personen, die nebeneinander sitzen, sich nicht in das Gespräch einmischen wollen. Mir fällt auf, dass sie sich nach den Beiträgen der anderen regelmäßig bedeutungsvoll anschauen und es scheint, als würden sie sich dem Gruppenprozess verschließen. Nach einiger Zeit werden sie von anderen darauf angesprochen, es erfolgt jedoch immer noch keine Reaktion. Ich habe keine Ahnung, wie ich damit umgehen soll, außer das zu benennen, was ich wahrnehme. Ich teile meine Vermutung, dass es für die beiden wahrscheinlich etwas gibt, das sehr wichtig ist, und lade sie ein, etwas dazu zu sagen.*

Es folgt eine klare Reaktion, die an sich schon eine Öffnung bringt: Einer von ihnen erzählt, wie frustriert er über die geringe Unterstützung ist, die er in den letzten Jahren von den anderen erfahren hat, und dass er nicht daran glaubt, dass es einen weiteren gemeinsamen Weg gibt. Er sagt ehrlich, dass er auch nicht mehr weitermachen will, steht auf und verlässt den Kreis. Nach einiger Zeit steht die andere Person auf und geht ebenfalls. In der Gruppe mit den zwei offenen Stühlen ist es lange still, eine Art Schock und Traurigkeit ist deutlich spürbar, denn es handelt sich um eine Trennung und einen Abschied. Nach einer Pause von etwa 20 Minuten beschließen wir, wieder zusammenzukommen und zu sehen, wie es weitergeht.

Dann wird ausführlich über den Frust und die Spannungen der letzten Zeit gesprochen, über die Angst vor dem Auseinanderfallen, aber auch über die Hoffnung, dass jetzt etwas Neues beginnen kann. Der Kreis endet mit der Frage, wer bereit ist, gemeinsam weiterzumachen, und wer lieber gehen möchte. Zwei Personen geben an, dass auch sie lieber nicht weitermachen, die anderen verpflichten sich für ein nächstes Treffen, das einen Neuanfang, vielleicht auch in einer neuen Form zum Ziel hat.

AUSSCHLIESSEN

Du und ich. Wir sind eins. Ich kann dich nicht verletzen,
ohne mich selbst zu verletzen.
– Mahatma Gandhi

Im Dialog gehen wir von dem Prinzip der Inklusion aus: Alle Teilnehmenden sind wichtig für den Prozess der Gruppe und haben Anspruch auf einen Platz im Ganzen. Wir gehen noch einen Schritt weiter. Wir gehen davon aus, dass jedes Mitglied der Gruppe einen wichtigen Aspekt des kollektiven Denkens repräsentiert. Daher ist es wichtig, dass das Kollektiv alle Stimmen als einen wichtigen Teil des Ganzen integriert. Besonders schwierig wird dies, wenn eine oder mehrere Personen ein Thema einbringen oder eine Position vertreten, die ungewöhnlich, konfrontierend oder unerwünscht ist. In der Gruppe gibt es dann die Tendenz, diese Vision oder sogar die Person selbst ausschließen zu wollen: Diese Person passt nicht in die Gruppe, wir wollen dieses Thema nicht besprechen, wir können dieses Verhalten nicht akzeptieren. Es werden Stimmen laut, die sagen, dass es besser wäre, wenn diese Person nicht teilnehmen würde, weil sie den Dialog gefährdet. Oder es wird versucht, bestimmte Themen aus dem Dialog herauszuhalten. Oft geht dies mit einer Flucht in die Autorität einher: So kann es sein, dass die Begleitung außerhalb des Dialogs auf ihre Verantwortung angesprochen wird, eine Person von der Teilnahme auszuschließen, jemanden zu belehren oder den Prozess in anderer Weise zu steuern.

Es wäre zu einfach, davon auszugehen, dass ein Ausschlussprozess immer verhindert werden sollte und könnte. Das ist sicherlich nicht der Fall. Manchmal gibt es für eine Gruppe keinen anderen Weg, als zuzugeben, dass wir bestimmte Personen, Meinungen oder Gefühle ausschließen müssen. Dann ist es wichtig, dass die Gruppe als Ganzes richtig damit umgeht. Wenn das nicht geschieht, wird das Ausschließen den weiteren Dialogprozess erschweren.

Der Dialog lädt uns ein, allem, was geschieht, einen Platz zu geben. Mit anderen Worten: das Prinzip der Inklusion zu praktizieren. Es ist oft überraschend, dass das, was wir zunächst ablehnen und mit dem wir nicht umgehen können, sich später oft als sehr wichtig für das Ganze herausstellt.

Vor einiger Zeit saßen wir in einem Kreis in einer Schulklasse mit 14-jährigen Jugendlichen und deren Lehrer. Von dem Lehrer hatten wir bereits gehört, dass es in der Klassengemeinschaft viel Unruhe gab, weil es ein Mädchen gab, das von vielen ausgegrenzt wurde: Ihr Aussehen, ihre Art, Dinge zu tun, und ihre schlechten Lernergebnisse brachten sie in eine Position, in der niemand mit ihr befreundet sein wollte und sie auch für den Lehrer wirklich ein Problem darstellte. Sie saß oft allein und war deutlich traurig und wütend. In gewisser Weise bestätigte sie aber auch ihre Position, denn sie war schnell beleidigt und wies die Versuche einiger Kinder, ihr zu helfen und sie einzubeziehen, zurück.

Als der Kreis begann, stellte sich heraus, dass das Mädchen selbst nicht anwesend war. Bald kam das Thema auf und obwohl wir natürlich lieber den Dialog in Anwesenheit des Mädchens hätten stattfinden lassen, beschlossen wir, den Schulkindern Raum zu geben, sich darüber zu äußern. Damit hofften wir, einen Schritt weiterzukommen und ein Tabu zu brechen, das in dieser Klasse für viel Spannung sorgte. Wir stellten einen leeren Stuhl für sie in den Kreis, damit sie symbolisch von Anfang an einen Platz hatte. Lange Zeit kreiste der Redestab und die Kinder sprachen über ihre Erfahrungen mit ihr. Was gesagt wurde, bestätigte vor allem ihre schwierige Position in dieser Klasse. Ab und zu setzte sich ein Kind auf den leeren Stuhl und sprach von dieser Position aus zur Gruppe. Ein Mädchen hatte es in diesem Gespräch besonders schwer, weil es sich als eine Art Vertrauensperson dieser Schülerin fühlte und für sie eintreten wollte.

*Wir beschlossen dazu ein Time-out zu nehmen und besprachen offen vor der Gruppe, wie wir uns als Begleiter*innen fühlten. Wir erlebten den Dialog als eine Bestätigung der schwierigen Situation für dieses Mädchen und für die Gruppe insgesamt. Wir waren beide von der Tatsache berührt, dass sich diese Klasse wirklich Mühe gab, über Lösungen für dieses Problem nachzudenken. Wir schlugen den Kindern vor, nicht mehr über dieses Mädchen zu sprechen, sondern zu überlegen, wann wir selbst in einer solchen Situation waren, in der wir uns ausgeschlossen fühlten. Wir luden die Schüler*innen ein, im Kreis darüber zu erzählen. Wir teilten ihnen in einfacher Sprache auch unsere Hypothese mit, dass dieses Mädchen etwas repräsentieren könnte, das für uns alle wichtig sein könnte. Wir gingen davon aus, wenn wir das in uns selbst spüren können, dass die Außenposition in der Gruppe weniger Energie bekommen würde. Nachdem alle, die wollten, ihre Geschichte erzählt hatten, wurde spürbar, dass das Thema in der Gruppe ganz anders wahrgenommen wurde als zuvor und ein Bedürfnis und eine Bereitschaft* *entstand, sich anders damit auseinanderzusetzen. Es wurden konkrete neue Vorschläge gemacht, um gemeinsam anders mit der Situation umzugehen und das Mädchen auf unterschiedliche Weise aktiv einzuladen, Teil der Gruppe zu sein.*

HARMONIE UND GRUPPENDENKEN

Wenn die Unterschiede zwischen Menschen, Visionen, Meinungen und Gefühlen in einer Gruppe deutlicher werden, entsteht eine gewisse Spannung. Es kann sein, dass das Bedürfnis besteht, einander direkt darauf anzusprechen, mitzuteilen, was als negativ oder unangenehm erlebt wird. Es entsteht ein Hang zur Konfrontation, die als bedrohlich erlebt wird.

Dies geschieht vor allem dann, wenn eine Gruppe über einen längeren Zeitraum im Dialog ist und durch die erste Phase des Konsenses und der Einmütigkeit (erstes Wir-Feld) eine Bewegung in Richtung Authentizität, Aufrichtigkeit und Individualität (erstes Ich-Feld) machen will.[33] Die damit einhergehenden Spannungen führen regelmäßig zu der spontanen Neigung, Konflikte und Konfrontationen vermeiden zu wollen.

HARMONIE

Eine Form, der Spannung zu entkommen, ist die Rückkehr in den sicheren Hafen der gefühlten Harmonie und Einheit. Dies macht sich oft durch Aussagen bemerkbar wie: „Eigentlich sind wir uns doch alle einig", „Wir wollen doch alle das Gleiche" oder „Lasst uns kein Drama daraus machen". Abweichende Meinungen sind nicht willkommen. Die Gruppe vermeidet Irritationen und dreht sich im Kreis in einer relativ oberflächlichen Harmonie.

GRUPPENDENKEN

Dasselbe Prinzip wird beim Phänomen des Gruppendenkens deutlich, wenn auch weniger explizit. Auch wenn das Harmoniebedürfnis nicht klar geäußert wird, deuten die Beiträge einmütig in die gleiche Richtung und es scheint ein

33 Siehe Kapitel 5: Das Ich-Wir-Modell

Gefühl von Übereinstimmung zu herrschen. Zunächst fühlt es sich angenehm und befriedigend an, dieses Gefühl von Harmonie und Einmütigkeit. Dauert dies jedoch länger, entsteht ein unausgesprochener Druck, auch weiterhin auf die gleiche Art und Weise beizutragen, um nicht auf der Strecke zu bleiben. Man merkt, dass sich darunter eine Spannung und Unruhe aufbauen. Menschen fangen an, sich zu langweilen, weil es einfach uninteressant ist, wenn über einen längeren Zeitraum alle das Gleiche denken und einer Meinung sind.

Hier ist es hilfreich, wenn die Begleitung auf die oft nonverbalen Signale achtet, die darauf hinweisen, dass jemand eine andere Meinung vertritt oder etwas ganz anderes einbringen möchte, sich aber aus Angst, die Gemeinschaft zu gefährden, zurückhält. Eine Einladung an diese Menschen, sich auszudrücken, kann das Gruppendenken aufbrechen und einen neuen Impuls für den nächsten Schritt im Prozess geben.

*Eine Gruppe von Lehrkräften führt einen Dialog miteinander, nachdem sie beschlossen haben, dass Kreisarbeit an ihrer Schule ein Gewinn für die Schulkinder sein könnte. Der erste Schritt ist, dass sie den Prozess selbst erleben, um danach innerhalb der Schule als Vertreter*innen dafür auftreten zu können. Der Dialog beginnt mit einer kurzen Stille, dann ergreift die erste Person das Wort. Sie spricht über ihre Frustrationen bei der Arbeit im Klassenzimmer. Sie spricht Themen an, die vor allem mit dem hohen Anteil ausländischer Kinder in der Klasse, der zunehmenden Gewalt, aber auch dem Druck, der von der Schule ausgeht, mit weniger Ressourcen ständig mehr leisten zu müssen, zusammenhängen. Die ganze Gruppe reagiert dankbar: Es findet ein reger Austausch von Frustrationen statt, bis sich nach etwa einer Stunde eine Art Atmosphäre der Verbundenheit und Harmonie einstellt, die anfangs wichtig war, sich nun aber auch wie eine Art Gefängnis anfühlt. Als Begleiter benenne ich dieses Gefühl und sage, dass ich mich frage, was für sie jetzt wichtig ist. Eine Teilnehmende, eine junge Frau, die schon lange nichts mehr gesagt hat, fühlt sich eingeladen und sagt: „Ich fühle mich in diesem Gespräch schon lange nicht mehr wohl, weil es zwar nett ist, immer wieder im Selbstmitleid zu baden, ich mache auch immer wieder gerne mit, aber jetzt möchte ich konstruktiv darüber nachdenken, was wir dagegen tun können!" Es hilft aber nicht sofort: Jemand anderes ärgert sich über das Wort Selbstmitleid und wieder stehen die Frustration und Ohnmacht, als Lehrkräfte in diesem System zu arbeiten, im Mittelpunkt. Erst als auch einige andere das Bedürfnis äußern, kon-*

kret zu werden und nicht mehr in der Einmütigkeit der Opferrolle verweilen zu wollen, bewegt sich die Gruppe langsam in eine neue Richtung; man beginnt, persönlicher zu sprechen, über die Notwendigkeit, als Lehrer gut für sich selbst sorgen zu können, und darüber, was das für jede einzelne Person bedeutet. Der Dialog wird wieder lebendig und prickelnd.

VERURTEILEN

Wenn wir im Dialog an persönliche oder kollektive Grenzen stoßen, ist es eine natürliche Abwehrreaktion, nicht mehr offen für die Wahrnehmungen anderer zu sein, sondern die eigene Position schützen und verteidigen zu wollen. Wir suchen nach Bestätigung und Legitimation unserer persönlichen Meinung. Wir verurteilen die Beiträge anderer als weniger wertvoll, weniger wichtig oder weniger richtig. In all diesen Fällen führt es automatisch zu dem Gefühl, dass die eigene Meinung oder Vision besser ist als die andere.

Verurteilung kann verschiedene Formen annehmen. Sie tritt oft in der zweiten Phase eines Dialogprozesses auf, in der die Unterschiede ans Licht kommen und gegenseitige Reibung verursachen. In dieser Phase ist es ein natürlicher Prozess, die andere Person aufgrund eines bestimmten Verhaltens, Ausdrucks oder einer gewissen Eigenart offen anzugreifen.

Es kommt auch häufig vor, dass der Prozess als Ganzes verurteilt wird. Dann gibt es ein Ringen um die Frage, was die richtige Art und Weise ist, sich auf einen Dialog einzulassen, was eine dialogische Haltung ist und was nicht. Es folgen Vorschläge wie: „Wir müssen mehr in Ich-Botschaften sprechen“, „Du erzählst eigentlich nichts über dich selbst“, „Deine Beiträge sind zu verkopft“, „Du bist nicht authentisch“ oder „Das ist kein richtiger Dialog für mich“. Die Grundprinzipien des Dialogs und die Struktur des Dialogkreises helfen, den Hang zur Verurteilung langsam in eine Offenheit gegenüber sich selbst und den anderen zu verwandeln. In der Verlangsamung, die im Kreis durch die Verwendung eines Sprechsymbols unterstützt wird, können wir nicht direkt und impulsiv auf die anderen reagieren. Es entsteht ein natürlicher Raum, in dem der eigene erste Impuls gespürt und reflektiert werden kann. Dies, in Kombination mit den vielen verschiedenen anderen Beiträgen, die auf ein bestimmtes Thema folgen, erschwert das Festhalten an der eigenen Meinung und lädt dazu ein, offen zu sein für andere Sichtweisen.

Eine gute Einführung in den Dialog und seine Prinzipien hilft, den Raum für echtes Zuhören und das In-der-Schwebe-Halten von Urteilen zu öffnen. Vor allem aber ist es die Einladung an die Teilnehmenden, aus ihrer persönlichen Erfahrung in diesem Moment zu sprechen, die ein offenes und unvoreingenommenes Zuhören unterstützt.

Fünf Abende lang kommt eine Gruppe von zehn Personen zusammen, um eine Einführung in die Dialogkreisarbeit zu erhalten. Nach der ersten Einführung in die Hintergründe und die Struktur der Arbeit machen wir einen ersten Kreis. Zwei Teilnehmende haben viel Erfahrung mit einer anderen Form der Kreisarbeit, nämlich Community Building nach Scott Peck.[34] *Diese Form zeichnet sich vor allem durch eine weniger strukturierte Form des Austausches aus und legt großen Wert auf die Entwicklung von Authentizität in der Kommunikation. Aus diesen Erfahrungen heraus bringen beide ihre Ideen ein und verurteilen die Beiträge der anderen scharf, wenn sie in ihren Augen nicht authentisch sind. Sie verurteilen auch den Prozess als Ganzes, die Form und die Struktur, sowie die Begleitung.*

Ein anderer Teilnehmender, der besonders im Fokus der Angriffe steht, hat vor allem Erfahrung mit den Ideen von David Bohm.[35] *Er bestreitet, dass seine Beiträge mental oder nicht authentisch wären. Die Spannung in der Gruppe nimmt zu, da sich die verschiedenen Meinungen immer mehr gegeneinander richten. Drei Abende lang tauchen immer wieder diese persönlichen Widersprüche in der Gruppe auf. Dazwischen finden lange E-Mail-Wechsel zwischen dem Paar und dem anderen Teilnehmenden statt, in die alle eingebunden werden. Die Urteile darüber, was richtig und falsch ist und wie die andere Person sein sollte, werden stärker und schärfer.*

Es ist ein Wunder, dass die Gruppe durchhält und wirklich versuchen will, mit diesen Unterschieden umzugehen. Da alle Teilnehmenden idealistische Menschen sind, gilt das Motto: Wenn wir es hier nicht miteinander schaffen, wie soll es dann

34 M. Scott Peck 1988

35 Siehe Kapitel 6

da draußen funktionieren, wenn es um wirklich große Konflikte geht? Diese Intention hält uns alle bei der Sache.

Am vierten Abend befassen wir uns mit dem Ich-Wir-Modell und richten unsere Aufmerksamkeit darauf, was nötig ist, um aus dieser Sackgasse herauszukommen und in die nächste Phase des Dialogs einzutreten. Es scheint wichtig zu sein, sich nicht gegenseitig verurteilen und verändern zu wollen. Ich lade dazu ein, die Hintergründe unserer Meinungen und Gefühle miteinander zu teilen. Aus welchen persönlichen Lebenserfahrungen stammen sie? Da die Gruppe so an ihre Grenzen stößt, sind alle bereit und in der Lage, diesem Vorschlag zu folgen, was vorher absolut nicht möglich war. Einige der Geschichten sind sehr persönlich und machen deutlich, warum die jeweilige Richtung, die sie vertreten, für sie so wichtig geworden ist. Der vierte Abend endet in Stille. Am fünften Abend ernten wir die Früchte dieses intensiven Prozesses: Alle sind froh, sich wiederzusehen, und es gibt einen starken Impuls, nicht stehen zu bleiben, sondern den Dialog fortzusetzen.

Es war für mich eine wichtige Erfahrung, die Flucht in die Verurteilung nicht als etwas Schlechtes zu sehen. Was es braucht, ist, diese wahrzunehmen und bewusst damit umzugehen. Es war eine Erfahrung, die mir immer in Erinnerung bleiben wird, weil sie einerseits zeigte, dass wir alle, egal wie geübt wir sind, an Grenzen stoßen und uns gegenseitig verurteilen. Es hat gezeigt, wie viel Aufwand und Bewusstsein nötig sind, um da rauszukommen. Es hat aber auch gezeigt, was im Dialog letztlich möglich ist, wie viel Raum und Verbindung entstehen kann, wenn wir den Geschichten der anderen über die Grenzen unserer Urteile hinaus wirklich zuhören.

PHILOSOPHIEREN

Zu denken, dass man etwas bereits weiß,
ist das Haupthindernis für den Erwerb von neuem Wissen.
– Sokrates

Ein wichtiger Weg, die Unsicherheit, die in einem Dialogprozess entsteht, zu vermeiden, ist das oft hochintellektuelle Philosophieren über ein bestimmtes Thema. Anstatt Geschichten zu erzählen, die auf persönlichen Erfahrungen basieren, sprechen wir über Modelle und Konzepte, die mehr darüber aussagen, wie wir die Welt sehen könnten oder sogar sollten, als wie wir unsere Welt in diesem Moment selbst erleben.

Natürlich gibt es Momente, Themen und Kontexte, die uns zum Philosophieren einladen. Wenn wir zum Beispiel einen Dialog über interkulturelle oder wissenschaftliche Themen führen, in dem wir komplexe Probleme miteinander besprechen wollen, dann sind philosophische Beiträge und der Austausch von hilfreichen Modellen und Erkenntnissen ein ganz wesentlicher Teil des Dialogprozesses.

Philosophie wird erst dann zu einem Vermeidungsmechanismus, wenn die Gruppe damit über einen längeren Zeitraum dem Aussprechen persönlicher Gefühle und Erfahrungen aus dem Weg geht. Da diese Offenheit schwierig und bedrohlich ist, kann die Gruppe im gemeinsamen Philosophieren stecken bleiben, auch wenn zu spüren ist, dass dies für das weitere gemeinsame Denken nicht mehr fruchtbar ist.

In einem Dialogkreis in einer Non-Profit-Organisation, der mehrere Tage zusammenkommt, um die gemeinsame Kommunikation zu verbessern und eine Strategie zu entwickeln, wird der Begriff „Kommunikation" ausgiebig besprochen. Verschiedene Teilnehmende stellen diverse Konzepte vor, die im Detail erklärt und besprochen werden. Die Bedeutung von gewaltfreier Kommunikation, Feedback, Ehrlichkeit zueinander, nicht hinter dem Rücken der anderen zu reden sowie andere Kommunikationsmodelle werden ausführlich diskutiert. Die Beiträge sind lang, und obwohl sie anfangs interessant sind und mit großer Aufmerksamkeit verfolgt werden, wird es immer schwieriger, all diesen Weisheiten wirklich zuzuhören. Man merkt es in der Gruppe: Am Ende sprechen nur noch wenige Leute viel, immer mehr Leute steigen innerlich aus.

Hier korrigiert sich der Dialogprozess selbst: Eine Teilnehmende steht auf, nimmt das Sprechsymbol und bleibt in der Mitte stehen. Sie sagt, dass sie nicht mehr zuhören kann, dass sie genervt ist, dass sie das Gefühl hat, dass um den heißen Brei herumgeredet wird, und stellt die Frage: „Was wollen wir einander wirklich sagen?" Sie macht selbst den Anfang, indem sie einen teilnehmenden Manager über einen Vorfall anspricht, in dem sie sich von ihm nicht gesehen oder gehört gefühlt hat. Als sie sich wieder hinsetzt, folgt ein langes Schweigen. Dann steht der angesprochene Manager auf und erzählt, wie er dieselbe Situation erlebt hat und was er in seiner Rolle als Manager dieser Gruppe als besonders schwierig erlebt. Gelegentlich folgen wieder philosophische Beiträge, aber ab diesem Zeitpunkt sind sie kürzer. Eine direktere, persönliche Interaktion in der Gruppe macht sich breit. Die Aufmerksamkeit ist wieder groß, alle sind voll dabei, der Austausch ist lebendig und ehe man sich versieht, ist die Zeit für diesen ersten Kreis zu Ende.

HELFEN

Ein wichtiges Bedürfnis der Menschen ist es, sich gegenseitig helfen zu wollen, wenn jemand in Schwierigkeiten zu sein scheint. Im täglichen Leben ist das gegenseitige Helfen eine wichtige und hilfreiche Eigenschaft, die die Verbindung zwischen Menschen und der Gemeinschaft unterstützt. In einem Dialogkreis kann die Tendenz, helfen zu wollen, jedoch zu Schwierigkeiten führen.

Das Problem der anderen Person, zum Beispiel eine Frage oder eine starke Emotion, fokussiert die Aufmerksamkeit auf diese eine Person oder diese eine Frage und führt eine Gruppe oft vom kreativen Austausch und dem Teilen persönlicher Erfahrungen weg. In einem dialogischen Setting führt es zu einer Ungleichwertigkeit in der Gruppe, wenn die Dynamik von Helfenden und Geholfenen entsteht.

Weil der Wunsch zu helfen so tief in uns allen steckt, kann es sehr schwierig sein, jemandem zuzuhören, wenn diese Person zum Beispiel viel Kummer hat, ohne etwas dagegen tun zu wollen oder zu müssen. Dann sind wir nicht so sehr in Kontakt mit dem, was in uns selbst berührt wird, sondern mit unserer ganzen Aufmerksamkeit dabei, der anderen Person zu helfen.

Wenn dies stark und über längere Zeit auftritt, kann es eine ganze Gruppe aus dem Dialog herausreißen und der Kreis verwandelt sich langsam in ein helfendes oder beratendes Gruppengespräch. Es entsteht ein Gefühl des Drucks und die Unzufriedenheit steigt, sowohl bei den Teilnehmenden, die gewollt oder ungewollt mitgerissen werden, als auch bei der Person, die das Ziel der angebotenen Hilfe ist. In diesem Sinne ist das Helfen-Wollen eine Art, den Dialog zu vermeiden, und es ist oft hilfreich, wenn die Gruppe die Bewegung zurück zum gleichwertigen Austausch von Erfahrungen und Gedanken findet.

Es kann manchmal notwendig sein, Teilnehmenden eines Kreises Hilfe anzubieten. Dies kann dann auch benannt werden. Wichtig ist aber, wenn es wirklich notwendig ist (was oft gar nicht so ist!), dass ein eigener Moment und eine eigene Form für solche Hilfe gesucht werden. In dem Fall wird das Helfen ausgelagert, damit der Raum für den Dialog wirklich offen bleibt. Das wird der Person, die Hilfe braucht, gerecht, aber auch der Gruppe, die dadurch tatsächlich im Dialog bleiben kann.

Wir sitzen im Kreis, in der Dialoggruppe, die sich einmal im Monat sonntags trifft, und tauschen uns vor allem über persönliche Themen aus. An diesem Sonntag erzählt eine junge Teilnehmende, wie schwierig ihr Leben im Moment ist. Sie weint und spricht über ihre Probleme im Umgang mit sich selbst und ihrer Situation. Die meisten Teilnehmenden in dieser Gruppe sind im mittleren Alter – diese Frau ist 17 Jahre alt. Dies trägt direkt zu einem starken Impuls der anderen bei, ihr helfen zu wollen. Eine Person setzt sich neben sie und legt einen Arm um sie. Die nächste Stunde hat sie immer wieder das Wort. Andere, die das Wort ergreifen, versuchen, Worte des Trostes, des Verständnisses und der Erklärung zu finden, die hilfreich sein könnten. Nach einiger Zeit fühle ich mich nicht wohl dabei. Ich meine zu merken, dass auch diese junge Frau nicht froh darüber ist, dass sie immer mehr zum Mittelpunkt unseres Kreises wird, und ich selbst fühle mich nicht frei, das, was mir wichtig ist, wirklich einzubringen. Ich fühle mich auch etwas schuldig aufgrund dieser Gefühle und Gedanken und behalte sie für mich.

Unsere Zeit ist fast vorbei, als jemand das Wort ergreift und langsam und vorsichtig formuliert, wie sie sich jetzt in diesem Kreis fühlt, dass sie sich nicht frei und offen fühlt und sich fragt, ob sie selbst noch glücklich sein darf, angesichts von so viel Traurigkeit im Kreis. Die junge Frau reagiert direkt, indem sie angibt, sich auch unwohl zu fühlen, vor allem weil sie das Gefühl hat, dass ihr Beitrag uns als Gruppe „den Dialog weggenommen“ hat. Hier haben wir uns dann als Gruppe bewusst dafür entschieden, eine klare Trennung zwischen einem dialogischen und einem helfenden oder coachenden Setting vorzunehmen. Diese junge Frau hat uns viel darüber gelehrt, wie unsere Impulse, helfen zu wollen, die Gleichwertigkeit störten, uns von unseren eigenen Erfahrungen ablenkten und dass der Dialog dafür gewichen war.

ABSCHLIESSEND

Das Zwischenmenschliche ist nicht selbstverständlich und stellt uns immer wieder vor große Herausforderungen. So sehr wir Begegnung und Austausch wünschen, gibt es auch viele Gründe, sie zu vermeiden. Wir befinden uns in einem Spannungsfeld zwischen der Bewegung hin zum Dialog und der Bewegung weg vom Dialog. In diesem Licht können wir respektvoll betrachten, was einen Dialogprozess fördert und was ihn hindert. Wir haben hier einige Wege gesehen, die uns vom Dialog wegführen. Das soll dazu beitragen, dass Begleiter*innen von und Teilnehmende an Dialogprozessen sich dessen bewusst werden und so leichter den Weg zurück zum Dialog finden können. Dies erfordert eine aufrichtige Bereitschaft und manchmal einen mutigen Einsatz, sich achtsam, persönlich und authentisch einzubringen. Es ist ein Weg voller Hindernisse und Risiken, der, wenn wir ihn mit Herz und Seele wählen, auch sein besonderes Potenzial offenbart. Deshalb möchten wir einen Satz von einem unserer Teilnehmenden zitieren, der einmal sagte: „Dialog ist nichts für Weicheier." Denn mit Herz und Seele dabei zu sein, den Mut zu haben, sich zu zeigen, auch wenn es schwierig wird, braucht den ganzen Menschen, in all seiner aufrichtigen Ehrlichkeit.

KAPITEL 8

DAS DIALOGISCHE PARADIGMA

Probleme kann man niemals mit derselben Denkweise lösen,
durch die sie entstanden ist.
– Albert Einstein

Mit dieser Aussage erinnert uns Einstein daran, dass es uns zunächst schwerfällt, die Welt anders zu sehen als aus dem Paradigma heraus, in dem wir leben.

Wenn in Folge dieses Paradigmas Probleme auftreten, sind wir bei ihrer Lösung in unserer eigenen Perspektive gefangen. Veränderung wird erst möglich, wenn wir unsere Sichtweise grundlegend ändern. So wie es zum Beispiel geschah, als man entdeckte, dass die Erde nicht flach, sondern rund ist, dass sich die Erde um die Sonne dreht und nicht umgekehrt oder als das Mikroskop erfunden wurde und Bakterien als Verursacher von Krankheiten erkannt und mit Antibiotika behandelt werden konnten.

Ein Paradigma ist eine Sammlung von Annahmen, Vermutungen und Hypothesen, die ineinandergreifen und den Rahmen bilden, innerhalb dessen man die Welt wahrnimmt und interpretiert. Es bestimmt die Art und Weise, wie wir mit der Welt in Beziehung stehen und wie wir uns daher verhalten. Das Wort stammt aus dem Griechischen „Paradeigma", was Vorbild, Abgrenzung oder Weltbild bedeutet. Oft sind wir uns des inneren Bildes, nach dem wir leben, nicht bewusst. Wir sind damit genauso vertraut wie der Fisch mit dem Wasser und werden uns dessen erst bewusst, wenn wir aus diesem Wasser springen und unsere Lebensweise von oben betrachten können. Dann beginnen wir, unsere Annahmen, die wir über die Welt haben, zu reflektieren.

Das Merkmal eines Weltbildes ist, dass es schwer zu erkennen ist. Wir kommen ihm nicht so schnell auf die Spur, denn alles, was wir wahrnehmen, tun und denken, ist darin verankert. Es ist die Quelle, die Wurzel unserer Wahrnehmung und unseres Handelns. So wie sich der oben genannte Fisch keine Fragen über das Wasser stellt, in dem er schwimmt, hinterfragen wir nur selten, wenn überhaupt, bewusst unser eigenes Weltbild. Wir leben danach und bemerken seine Auswirkungen erst, wenn wir mit bestimmten Problemen konfrontiert werden und uns fragen, woher sie kommen.

UNSERE ALLTÄGLICHE KOMMUNIKATION

Wenn wir beginnen, dialogische Prinzipien in unserer Arbeit und in unseren Beziehungen anzuwenden, gehen wir von anderen Ausgangspunkten aus, als wir es gewohnt sind. Zumindest sind wir nicht vertraut mit ihnen, da wir hauptsächlich in einem Paradigma der Trennung und Individualität aufwachsen.

Die Annahme dominiert, dass wir konkurrierende Wesen sind. Wir denken in besser und schlechter, in Gewinnen und Verlieren. Es gilt das Gesetz der Stärkeren: Diejenigen mit der besten Argumentation, den meisten Worten und der größten rhetorischen Qualität haben den größten Einfluss. Es ist eine weit verbreitete Tendenz, den Sinn unserer Existenz mehr in der Qualität unserer eigenen individuellen Leistung zu suchen als in der Fähigkeit, in Beziehung zueinander zu leben und zu lernen. Die Art und Weise, wie unser Bildungssystem aufgebaut ist, spiegelt die Annahme wider, dass wir in einer wettbewerbsorientierten, individualistischen Gesellschaft leben. Wir gehen häufig unbewusst davon aus, dass wir als Individuen in einer Welt überleben müssen, in der die Besten gewinnen.

Obwohl dies für viele längst überholt ist und wir inzwischen viele Beispiele kennen, die das Gegenteil beweisen, ist es immer noch ein – meist unbewusstes – Motiv beziehungsweise eine Gewohnheit in unserer Kommunikation. Wir merken nicht, dass unser Verhalten und unsere Art zu kommunizieren weitgehend davon bestimmt werden, besonders wenn Spannungen zwischen uns auftreten.

DIALOGISCH DENKEN

Innerhalb einer dialogischen Perspektive gehen wir davon aus, dass wir miteinander und mit unserer Umwelt verbunden sind. Dass wir Teil eines größeren Ganzen sind, von dem wir alle nur einen Ausschnitt wahrnehmen können. In diesem Weltbild ist jede Stimme wichtig. Wir glauben an und vertrauen auf Verbindung und Miteinander. Wir setzen auf die Kraft des Kreises, in dem sich Sinn und Bedeutung aus der Beziehung zu anderen und zur Umwelt ergeben. Als Kollektiv entwickeln wir uns in und durch die Beziehung zueinander. Deshalb wenden wir uns dialogischen Prinzipien und Fähigkeiten zu, die darauf ausgerichtet sind, gemeinsam zu denken und zu wachsen.

Wenn wir eine dialogische Haltung praktizieren und in unseren Alltag integrieren, merken wir, wie grundlegend diese Prinzipien unsere Lebensweise beeinflussen. Wir beginnen, anders zuzuhören und zu sprechen. Unsere Werte weisen in Richtung Verbindung, Authentizität, Zusammengehörigkeit und Ko-Kreation. Wir reflektieren, was in uns vorgeht, und sprechen mehr aus dem Herzen. Rechtfertigung und Verurteilung weichen langsam dem Zuhören und dem In-der-Schwebe-Halten unserer Annahmen und Bewertungen. Was in erster Linie eine Fähigkeit oder eine Methode war, beginnt sich zu verinnerlichen. Wir suchen nach Räumen, in denen ein Dialog wirklich möglich ist. Wo dies nicht oder weniger möglich ist, bringen wir uns dialogisch ein oder machen Vorschläge, um Raum für den Dialog zu schaffen. Wir suchen Menschen, die mehr oder weniger gleich gesinnt und offen für den Dialog sind. Dies verändert auch unser soziales Umfeld. Wir beginnen, dem Wasser, in dem wir schwimmen, eine Qualität der Beziehung und Verbindung hinzuzufügen, die sich auf die Art und Weise, wie wir handeln und in der Welt stehen, auswirkt.

Jiddu Krishnamurti[36] beschrieb diese dialogische Qualität wie folgt:

Wenn Du an Deiner Meinung festhältst und ich an meiner, wenn Du an Deinen Überzeugungen, Deiner Erfahrung und Deinem Wissen festhältst und ich das Gleiche tue, dann kann es kein wirkliches Gespräch geben. Dann sind wir nicht frei, wirklich Fragen zu stellen und nachzuforschen. In einem Gespräch geht es nicht nur um den Austausch von Erfahrungen. Es geht nicht nur darum, uns mitzuteilen. Es geht um die Schönheit der Wahrheit, die weder Du noch ich besitzen können. Sie ist einfach da. Um intelligent miteinander sprechen zu können, müssen wir uns einander nicht nur zuwenden, wir müssen auch achtsam sein. Wenn wir nicht verlangsamen, können wir nichts erkunden. Erkunden bedeutet, sich langsam und vorsichtig an etwas heranzutasten, sich etwas Schritt für Schritt zu nähern. Es sollte zwischen uns so sein, dass wir im Gespräch sind, als ob wir Freunde sind. Wir halten an nichts fest und wir versuchen nicht, etwas zu erreichen. Wir versuchen nicht, die andere Person zu überzeugen oder zu dominieren. Vielmehr sprechen wir in einer freundlichen Atmosphäre miteinander und versuchen, gemeinsam etwas zu entdecken. Mit einer solchen geistigen Einstellung werden wir Dinge entdecken, doch ich versichere Dir: Es ist nicht wichtig, was wir entdecken. Im Wesentlichen geht es darum, dass wir überhaupt etwas entdecken und dann weitermachen. Es ist ungünstig, bei dem zu bleiben, was man entdeckt hat, denn dann ist der Geist blockiert und eingeschränkt. Doch wenn wir etwas wieder loslassen, sobald wir es entdeckt haben, dann bewegen wir uns in einem Strom, wie ein Fluss, in dem mehr als genug Wasser für alle fließt.

Wenn diese Qualität in unserem Leben und unserer Beziehungen wächst, merken wir, wie stark Individualität, Schnelligkeit, Aktivität, Macht, Konkurrenz und Fragmentierung unsere tägliche Kommunikation durchdringen. Deshalb erfordert es inneres Engagement, die Prinzipien des Dialogs wirklich zu üben und zu leben, ihm Raum zu geben, sowohl in uns selbst als auch in der Beziehung zu anderen.

Dabei stoßen wir an Grenzen, an unsere eigenen und die von anderen, und wir werden immer wieder scheitern. Doch das Scheitern gehört hier zum menschlichen Prozess des Dialogs dazu. Wir stolpern, fallen, stehen wieder auf

36 Aussagen Jiddu Krishnamurtis, zusammengefasst von Eelco de Geus

und kehren wieder zum Dialog zurück. So wächst das dialogische Paradigma in uns. Es breitet sich aus in unserem Denken, unserem Tun, in der Art und Weise, wie wir Beziehung gestalten und in Gemeinschaft leben und arbeiten.

Es schließt unser altes Weltbild jedoch nicht aus, sondern eher mit ein. Es ist genauso wichtig, diskutieren und argumentieren zu können. Wir brauchen angemessene Hierarchien, die es uns ermöglichen, in funktionellen Strukturen miteinander zu leben und zu arbeiten. Wir können und brauchen nicht alle und alles jederzeit einzubeziehen. Es ist wichtig, miteinander streiten zu können, sich zu trauen, Position zu beziehen und Konflikte einzugehen.

Eine dialogische Perspektive fügt dem Ganzen eine Dimension hinzu. Nämlich dass wir letztlich Teil eines großen Ganzen sind, in dem alles einen Platz und eine Stimme hat und untrennbar miteinander und mit unserer Umwelt verbunden ist.

TEIL 3

DIALOG
IN DER PRAXIS

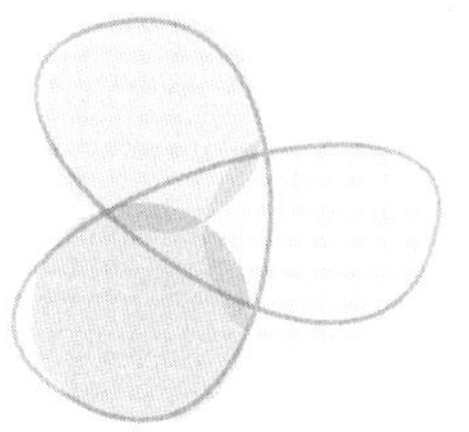

KAPITEL 9

DER DIALOGKREIS

When the tribe first sat down in a circle and agreed to allow only one person to speak at a time – that was the longest step forward in the history of law.
– Judge Curtis Bok

In diesem Kapitel wird der Dialogkreis als spezifische Form der dialogischen Arbeit hervorgehoben, der archetypische Charakter und die Methodik des Dialogkreises werden besprochen. Der Kreis ist eine wichtige Grundform des Dialogs. Gegenseitiges Zuhören, authentisches Sprechen und Verlangsamung sind wichtige dialogische Prinzipien, die die Grundlage des Kreises bilden. Damit eignet sich der Kreis hervorragend, um eine dialogische Gesprächskultur miteinander zu üben. Außerdem ist er eine Methodik, die sich sehr gut dafür eignet, dialogische Gespräche in Alltagssituationen zu ermöglichen.

KREIS

In den letzten Jahren erlangte der Kreis als Arbeitsform viel Beachtung. Viele Seminare und Workshops basieren auf dem gleichwertigen Beitrag der Teilnehmenden und arbeiten mit kreisförmigen Aufstellungen, oft ohne Tische, wodurch in der Mitte ein offener Raum entsteht. Es hat etwas Besonderes, wenn Menschen im Kreis zusammenkommen, um miteinander über bestimmte Themen zu sprechen und einen Dialog zu führen. Sobald wir einen Raum betreten, in dem Stühle kreisförmig um ein Zentrum angeordnet sind, strahlt dies eine ganz andere Atmosphäre aus als die bekannteren reihenförmigen und frontalen Aufstellungen eines Seminarraums, eines Konferenz- oder Tagungsraums oder eines Klassenzimmers. Wenn dann auch noch die Tische fehlen und wir somit in direkten und offenen Kontakt miteinander treten, wird spürbar, dass wir hier auf eine andere Art und Weise miteinander kommunizieren wollen, als wir es im Alltag oft gewohnt sind.

KREISFÖRMIGE KOMMUNIKATION ALS ARCHETYP

Ein Kreis hat weder Ende noch Anfang.
Jeder Punkt ist immer ein Teil des Ganzen.
– Anita Hersenspinsel

Der Kreis ist womöglich eine der ältesten Formen, in denen die Menschen begannen, miteinander in sozialen Kontakt zu treten.[37] Man sagt, dass seine Ursprünge auf die Zeit zurückgehen, in der das Feuer entdeckt wurde und die Menschen nach einem Tag des Jagens oder Sammelns am Feuer zur Ruhe kamen, sich aufwärmten und gemeinsam das Essen teilten. War die Kommunikation davor noch individueller und sporadischer, so entstand hier ein sich wiederholendes Ritual, das die Menschen dazu einlud, miteinander in Kontakt zu treten, Sprache zu entwickeln, Geschichten miteinander zu teilen und zusammen den Alltag in der Gemeinschaft zu organisieren. Das Feuer in der Mitte war damals nicht nur eine materielle Notwendigkeit, sondern wurde auch zu einem Symbol für Gemeinschaft, Kraft und Weisheit. Der Kreis um das Feuer wurde zu einer Urform der sozialen Interaktion. Da jede Person im Kreis einen Platz hatte, alle einander sehen konnten und die Entfernungen zwischen den Menschen und zum Feuer gleichmäßig verteilt waren, erhielt die Interaktion rund um das Feuer einen starken Aspekt der Gleichwertigkeit und Partizipation. Alle waren involviert und alle konnten hören, was die andere Person zu sagen hatte. In diesen früheren Zeiten waren es die Geschichten, die man sich am Feuer erzählte, die dafür sorgten, dass Informationen weitergegeben wurden und die Geschichte des Stammes in den Erinnerungen seiner Mitglieder weiterlebte. Der Kreis wurde zu einer archetypischen Form für Kommunikation, Gemeinschaft, Gleichwertigkeit, Respekt und Weisheit.

---

37 Christina Baldwin 1998. Die Entwicklungsphase, in der der Kreis im Mittelpunkt steht, bezeichnet sie als „first culture".

Auch heute, in unserer modernen Zeit, ist es noch so, dass die Kreisform in einigen Traditionen Grundlage für das Gemeinschaftsleben und die Kommunikation miteinander ist. Am Beispiel der Geschichte von Joe sieht man, wie in der Tradition der Native Americans wichtige Entscheidungen für die Gemeinschaft getroffen wurden, indem man den Geschichten der anderen im Kreis zuhörte.

Der Kreis lädt allein schon durch seine Form ein, uns gleichwertig miteinander auszutauschen, alle zu Wort kommen zu lassen, einander zuzuhören und authentisch zu sprechen. Deshalb ist es für viele Menschen eine besondere und wohltuende Erfahrung, den Dialog im Kreis zu führen.

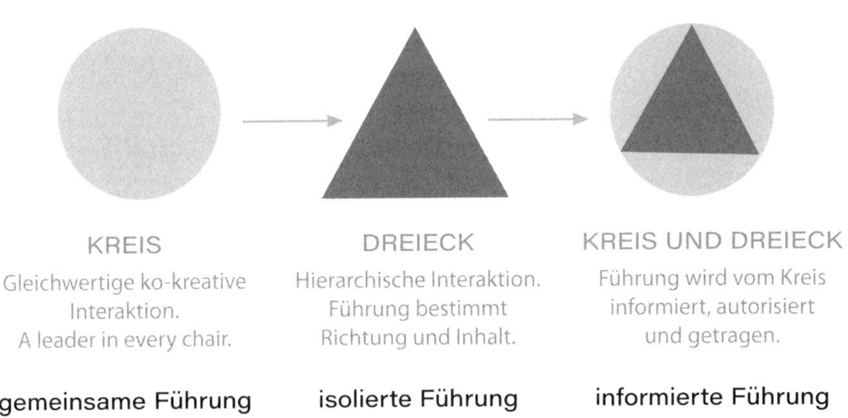

MODELL 7 | Archetypen der sozialen Interaktion

DREIECK

Während wir uns als Menschen weiterentwickelten, entstand mehr soziale Organisation. Dies war notwendig, da die Interaktion zwischen Menschen komplexer und schneller wurde und die Menschen zu immer größeren Projekten in der Lage waren. Es bedurfte einer anderen Organisationsform, die es ermöglichte, schneller zu entscheiden und in kurzer Zeit viel Arbeit zu erledigen. In dieser Entwicklung entstand eine zweite Form der sozialen Interaktion, die auf Hierarchie basiert und in Modell 7 in Form eines Dreiecks dargestellt ist.

Das Dreieck ist das archetypische Symbol für einen hierarchischen Führungsstil und ist eine wichtige Form für die Leitung großer Gruppen und komplexer Prozesse. An der Spitze des Dreiecks steht eine Person oder eine kleine Gruppe von Menschen, die die Führung innehat. An der Basis des Dreiecks befindet sich eine große Gruppe, die die Arbeit ausführt. Eine äußerst effiziente und schnelle Form der Interaktion wird möglich, weil nicht alle Personen an allen Entscheidungen beteiligt werden müssen und die ausführende Arbeit mehr oder weniger von der konzeptionellen und visionären Arbeit getrennt ist. Das ermöglicht die Entwicklung großer und stabiler Organisationen, in denen Menschen als Gruppe in kurzer Zeit viel leisten und gleichzeitig leicht ausgetauscht werden können, ohne die Organisation zu gefährden. Diese Form ist die Grundlage unserer technologischen und wirtschaftlichen Entwicklung der letzten Jahrhunderte.[38]

Das Dreieck als Interaktions- und Organisationsstruktur hat als Kraft, gleichzeitig aber auch als Kehrseite, dass es auf Macht basiert. Als Kraft kann Macht viel Gutes bewirken, als Kehrseite führt sie zu Aggression, Unterdrückung und Gewalt, wie die vielen Konflikte, die wir nur allzu gut kennen, zeigen. Viele Jahrhunderte lang bestimmte das Dreieck nicht nur die Art und Weise, wie wir miteinander arbeiteten, sondern auch die soziale Struktur innerhalb von Familie, Bildung und Erziehung, wobei Autorität und Fügsamkeit die beiden wichtigsten Antriebskräfte waren.

KREIS UND DREIECK

Indem wir den Kreis wieder wertschätzen
und in unsere tägliche Kommunikation integrieren,
machen wir 30.000 Jahre Weisheit
wieder zugänglich für uns selbst.
– Christina Baldwin

Ein nächster Schritt in unserer Entwicklung besteht darin, dass Kreis und Dreieck als Formen der sozialen Interaktion miteinander verschmelzen, sich abwechseln

38 Christina Baldwin 1998. Diese Entwicklungsphase bezeichnet sie als „second culture".

und gegenseitig stärken. Wenn wir Community, Gemeinsamkeit, geteilte Führung und Gleichwertigkeit anstreben, dann sind Momente des Kreises wichtig für unsere Interaktion. Wenn wir schnell und zielgerichtet handeln und in kurzer Zeit viel Arbeit erledigen möchten, dann ist das Dreieck als Form eine solide Grundlage für unser gemeinsames Tun.

Der Kreis gibt der Führung einen anderen Platz und bietet eine inklusive Möglichkeit, Probleme anzugehen, sie zu lösen, Aufgaben zu delegieren, neue Ideen zu generieren, den Wert jeder Person sichtbar zu machen und Verbindung zu schaffen. Er bietet einen Raum, in dem wir uns begegnen, anstatt einander aus dem Weg zu gehen. Nicht einander beurteilen, sondern miteinander reden. Uns nicht zurückziehen, sondern uns aussprechen. Nicht verurteilen, sondern unsere Unterschiede zulassen. Gerade dann entsteht die Verbindung, in der wir miteinander leben und arbeiten können.[39]

Ein Beispiel für eine klare dreieckige Führungsstruktur, die auf dem Kreisprinzip basiert und von diesem getragen wird, ist die Kgotla.

In der traditionellen südafrikanischen Ubuntu-Kultur wurde der Anführer vom Volk gewählt und unterstützt. Solange der Stamm als Ganzes fand, dass dieser das Kollektiv gut repräsentierte, wurden seine Entscheidungen akzeptiert und er blieb im Amt. Sobald der Stamm meinte, dass dies nicht mehr der Fall sei, wurde die Person abgesetzt. Die Kgotla war eine wichtige Kommunikationsform in der Gemeinschaft. Wenn es um für den Stamm wichtige Entscheidungen ging, berief die Führung eine Kgotla ein. Die Mitglieder des Stammes saßen in einem Halbkreis, der Anführer an einem eigenen Platz. Er tat nichts anderes, als tief zuzuhören, was die Stammesmitglieder zu dem Thema zu sagen hatten. Nachdem alle gesprochen hatten und alles gehört worden war, zog sich der Anführer zurück und traf eine Entscheidung, die dem Stamm als Kollektiv am besten diente und die kollektive Meinung repräsentierte. Übrigens wird das Kgotla-Prinzip mit seiner klaren Form und Struktur heutzutage erfolgreich in Organisationen eingeführt.[40]

Konkret bedeutet das, dass wir Kreismomente schaffen als Räume der Begegnung, des Austausches, des Zuhörens und des Ausdrucks unserer Gedanken.

---

39 Christina Baldwin 1998. Hier spricht sie von „third culture".

40 Siehe auch Willem H.J. de Liefde 2002

Wenn wir in diesen Kreisen als gleichwertige Menschen miteinander reden, können wir danach zu unseren Rollen und Funktionen zurückkehren und von da aus gemeinsam die Arbeit tun, die gerade notwendig ist. Wir kommen regelmäßig im Kreis zusammen, um Gedanken und Gefühle auszutauschen, uns wieder zu verbinden und neue Schritte vorzubereiten.

Wie wir das genau machen, dafür gibt es keine Gebrauchsanleitungen, das müssen wir jedes Mal aufs Neue miteinander herausfinden. Jede Gruppe, jeder Moment hat ein anderes Bedürfnis und wählt andere Formen für die Integration des Kreises in Leben und Arbeit, und das ist gut so. Es ist, wie Christina Baldwin beschreibt, eine neue Kultur, die wir Schritt für Schritt miteinander entdecken und gestalten.

KREISFÖRMIGE KOMMUNIKATION

Wir müssen nicht unbedingt in einem Kreis sitzen, um kreisförmige Kommunikation zu praktizieren und zu erleben. Die Merkmale der kreisförmigen Kommunikation sind:

- Es besteht Gleichwertigkeit.
- Jede Stimme wird gehört.
- Man hört einander zu.
- Der Beitrag jeder Person wird respektiert.
- Reaktionen werden in der Schwebe gehalten (suspendiert), wodurch Raum für Reflexion entsteht.
- Wir sprechen darüber, was uns wirklich bewegt.

Diese Eigenschaften kennzeichnen befriedigende oder bedeutungsvolle Gespräche, die auch im Supermarkt, bei einem Getränk, in der Schulklasse oder im Tagungsraum geführt werden können, ohne dass wir tatsächlich miteinander in einem Kreis sitzen. In diesen Momenten entsteht ein spontaner Dialog, der uns bereichert und inspiriert. Wenn wir jedoch einen expliziten Dialog miteinander führen und unser dialogisches Bewusstsein schulen möchten, hilft das Sitzen im Kreis dabei, unseren Körper und Geist an die Merkmale des Dialogs zu erinnern.

DER DIALOGKREIS ALS KONKRETE FORM

Wir nutzen den Kreis, um die obengenannten archetypischen Aspekte des Zuhörens, des Sprechens aus dem Herzen heraus, der Gleichwertigkeit und des Respekts direkt zu erfahren. Zeremonien und Rituale, wie das Bilden einer Kreismitte, der Gebrauch eines Sprechsymbols oder das Anzünden einer Kerze, tragen dazu bei, eine Atmosphäre der Aufmerksamkeit, des Respekts und der Gleichwertigkeit zu schaffen. Der Kreis besteht aus einer runden Aufstellung von Stühlen mit einem bewusst gestalteten Mittelpunkt. Oft verwenden wir einen Talking Stick oder ein anderes Sprechsymbol, das dafür sorgt, dass wir uns voll und ganz auf den Beitrag jeder Person konzentrieren und frei sprechen können, ohne unterbrochen zu werden.

DIE MITTE

Die Mitte des Kreises ist eine zentrale Position, die sich in gleicher Entfernung von allen Teilnehmenden befindet. Sie symbolisiert das Prinzip, dass wir zusammen mehr sind als jede einzelne Person. Sie ist der Ort, an dem alle Beiträge zusammenfließen. Die Kreismitte symbolisiert das kollektive Denken, die Gemeinsamkeit und Kreativität der Gruppe als Ganzes. Sie ist das symbolische Feuer der Gruppe. Deshalb ist es wichtig, die Kreismitte sorgfältig zu gestalten. Manchmal genügt ein Blumenstrauß, oft wird ein Tuch schön drapiert und mit besonderen Symbolen versehen. Bestimmte Objekte oder Elemente aus der Natur können die spezifische Energie und den Fokus der Gruppe zum Ausdruck bringen. Eine Kerze in der Mitte, die zu Beginn des Dialogs angezündet und am Ende ausgeblasen wird, markiert den rituellen Raum, in dem wir uns bewegen, wenn wir einen Dialog im Kreis führen. Gruppen, die regelmäßig im Kreis zusammenkommen, gestalten gerne selbst die Mitte, indem sie persönliche Symbole mitbringen und etwas über sie sagen oder indem sie in einem gemeinsamen kreativen Prozess ihre Kreismitte bilden. In formelleren Kontexten ist es wichtig, die Kreismitte auf die Energie und Kultur innerhalb der Gruppe abzustimmen. Es ist möglich, in einem Managementteam eine Mitte zu schaffen, die dem Kontext entspricht. So kann zum Beispiel das Logo oder das schriftliche Mission Statement als verbindendes Element zwischen den Teilnehmenden und der Organisation in der Mitte des Kreises platziert werden. Am meisten Kraft gewinnt die Mitte eines Dialogkreises, wenn sie von den Teilnehmenden selbst gewählt oder mitgestaltet wird.

DIE ENERGETISCHE WIRKUNG DER KREISMITTE

Der Fokus der Menschen im Kreis liegt auf der Mitte. Wenn man spricht, gibt man seinen Beitrag sozusagen in die Mitte. Dies steht im Gegensatz zu unserer alltäglichen Kommunikation, bei der wir zueinander sprechen und von dort aus schnell – und oft unbewusst – aufeinander reagieren. Bei diesem schnellen Aufeinander-Reagieren landen wir regelmäßig in einer Wiederholung von Handlungsweisen, wobei die eine Reaktion die andere hervorruft, und wir uns rasch in alte Denk- und Gefühlsmuster verstricken. Die Kreismitte bildet eine zusätzliche Position, die symbolisiert, dass zwischen uns Neues entstehen kann. Wenn wir uns auf die Mitte konzentrieren statt aufeinander, wird sie zu einem Ort, an dem unsere verschiedenen Wahrnehmungen und Geschichten zusammenfließen können. Die Mitte lädt ein, aus dem Herzen heraus zu sprechen und uns auf das Wesentliche zu reduzieren. Wir nehmen uns selbst und das, was uns wirklich wichtig ist, einfacher wahr und sprechen mehr aus unserer eigenen Erfahrung, sind dadurch spürender und weniger rational in Kontakt. Das hat nicht nur den großen Vorteil, dass wir füreinander als Mensch sichtbar werden, sondern auch dass unsere einzigartige Erfahrungswelt und Authentizität dem Ganzen tatsächlich etwas Neues hinzufügen kann. Als Metapher für die Kreismitte verwenden Christina Baldwin und Ann Linnea[41] das Bild eines Wasserglases. Wenn wir unsere Aufmerksamkeit in einem Gespräch direkt aufeinander richten und von dort aus aufeinander reagieren, ist es, als ob wir ein Glas Wasser herumreichen, wobei jede Person einen Schluck nimmt, bis das Glas leer und das Gespräch beendet ist. Die Mitte ist wie ein Glas Wasser, zu dem die Geschichte jeder einzelnen Person etwas beiträgt. Ohne es anzurühren, beobachtet der Kreis, wie sich das Glas mit Geschichten füllt. Am Ende können wir alle aus dieser magischen Mischung trinken, das Wasser aus dem gefüllten Glas nährt uns als Gruppe und jede Person individuell. Die Mitte wird zur dritten Position im Dialog zwischen uns.

---

41 Christina Baldwin, Ann Linnea 2010

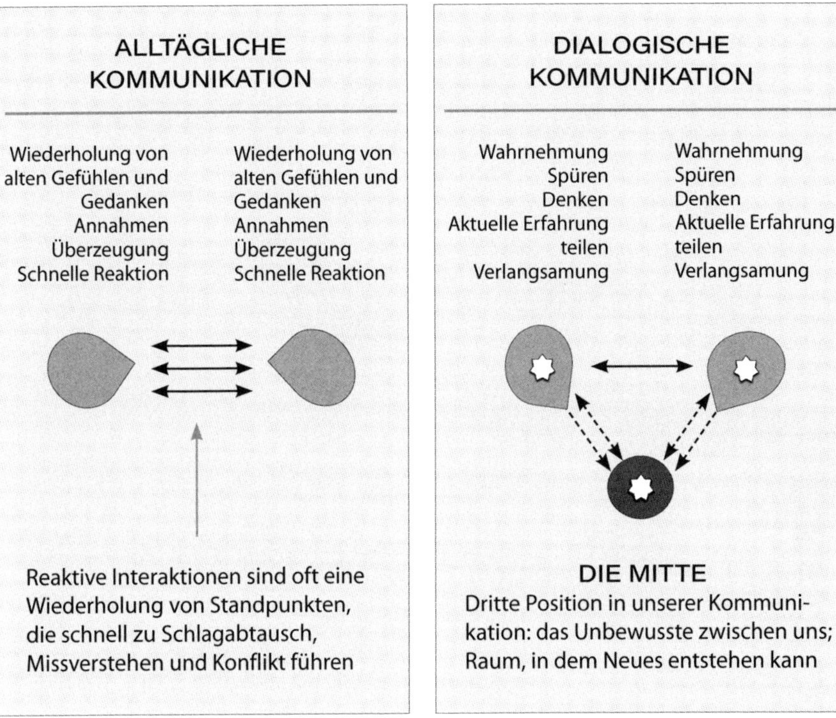

MODELL 8 | Die Mitte als dritte Position: Symbol für das Unbewusste zwischen uns

SPRECHSYMBOLE

Die Verwendung eines Sprechsymbols kann helfen, die notwendige Verlangsamung im Kreis zu ermöglichen. Wer sprechen möchte, nimmt das Sprechsymbol und stellt es nach dem Sprechen wieder in die Mitte oder gibt es an die nächste Person weiter. Die Vereinbarung besteht darin, dass die Person, die spricht, nicht unterbrochen wird, und dass diejenigen, die nicht sprechen, sich im aufmerksamen Zuhören üben. Der Vorteil eines Sprechsymbols liegt darin, dass es anhaltende Tendenzen zu schneller Reaktion, Diskussion und Argumentation abfängt und Raum für Verlangsamung, Stille und Reflexion schafft.

Viele Gruppen verwenden einen traditionellen Talking Stick, der im Kreis weitergegeben wird. Talking Sticks sind in der Regel aus Holz und können, der Art der Gruppe entsprechend, schön verziert sein. Wiederum gilt, dass sich Gruppen, die regelmäßig auf diese Weise miteinander in Dialog treten, gerne ihre eigenen Talking Sticks oder andere Sprechsymbole aussuchen und diese gestalten. Somit bleiben sie als Symbol lebendig und bilden einen wichtigen Anker, der in der Gruppe, auch außerhalb der Treffen, an das dialogische Prinzip erinnert.

Sprechsymbole werden unterschiedlich verwendet. Meistens beginnt ein Dialog mit einer Check-in-Runde, bei der das Symbol im Kreis von einer Person an die andere weitergegeben wird. Wenn jemand gesprochen hat, ist die Weitergabe des Symbols eine Einladung an die nächste Person, weiterzusprechen. Wenn die Gruppe geübt ist, ohne Unterbrechung zuzuhören und genügend Verlangsamung erreicht wurde, kann die Spontanität im Kreis mehr zum Leben erweckt werden, indem man den Stab oder das Symbol durch die Mitte gehen lässt. Man geht in die Mitte und nimmt das Symbol, wenn man sprechen möchte, und wenn man gesprochen hat, legt man es wieder in die Mitte. Dann kann eine andere Person aufstehen und das Symbol nehmen. Die Teilnehmenden werden eingeladen zu sprechen, wenn sie sich dazu bewegt fühlen. Dieses Sich-bewegt-Fühlen ist das Warten auf einen Impuls zum Sprechen, der weniger kognitiv, sondern eher intuitiv und körperlich wahrgenommen wird.

Wenn genügend Verlangsamung, offenes Sprechen, Zuhören und gegenseitiger Respekt vorhanden sind, kann man sich dazu entscheiden, den Dialog ohne das Sprechsymbol fortzusetzen, mit der Möglichkeit, es als Gruppe jederzeit wieder zur Hand nehmen zu können. Ein solcher Moment kann zum Beispiel auftreten, wenn die Emotionen rund um ein Thema zunehmen und das Gespräch einen schnellen und reaktiven Charakter annimmt.

Die Verwendung eines Sprechsymbols ist ein kraftvolles Ritual. Das merken wir besonders bei der Arbeit in Schulen, wo wir mit Kindern und jungen Erwachsenen Dialoge führen. Bei ihnen sehen wir noch die spontanen Reaktionen, die bei vielen Erwachsenen durch allerlei interne Kontrollmechanismen verdeckt bleiben. Wir sehen, wie aufregend es ist, mit dem Sprechsymbol in der Hand im Mittelpunkt der Aufmerksamkeit zu stehen und zu wissen, dass alle Augen auf uns gerichtet sind. Viele Kinder neigen dazu, dieser Aufmerksamkeit schnell wieder zu entkommen, indem sie das Symbol so schnell wie möglich weitergeben. Es ist auffallend, wie viel körperliche Aufregung entsteht, wenn das Sprechsymbol in die Hand genommen wird, wie man sich aber auch daran gewöhnen kann und wie dadurch das Selbstwertgefühl der Kinder nach einiger Übung zunimmt. Sie beginnen, mehr Vertrauen zu haben, erst in das Symbol, dann in sich selbst und in das, was sie beitragen können. Wachsende Ehrlichkeit und Offenheit entstehen. Der Mut, sich selbst einzubringen, die Geduld und die Bereitschaft, anderen offen zuzuhören, nehmen zu.

Lehrkräfte berichten uns immer wieder, wie überrascht sie darüber sind, was sie von ihren Schüler*innen hören und wie bereitwillig die Kinder und Jugendlichen sind, miteinander und voneinander zu lernen. Dieser Prozess der Gewöhnung an Aufmerksamkeit und ein langsam wachsendes Vertrauen vollzieht sich bei Erwachsenen in gleicher Weise, wenn auch weniger unmittelbar sichtbar.

STILLE UND VERLANGSAMUNG

Die Kraft des Kreises besteht aus der Verlangsamung der Kommunikation und der Wertschätzung für Momente der Stille während des Gesprächs. Durch diese Verlangsamung ist es uns möglich, unsere Urteile und Annahmen in der Schwebe zu halten und zu erkunden. In der Stille während eines Dialogs geschehen oft die wesentlichsten Dinge. Wir können uns selbst besser wahrnehmen, wenn wir uns einen Moment der Ruhe gönnen. Was wir gehört haben, schwingt in uns nach und kann eine tiefgreifende Wirkung auf uns haben. Wir können wahrnehmen, welche neuen Gedanken und Impulse in uns entstehen. Wir können die Atmosphäre in der Gruppe bewusster spüren. Wir können freier atmen.

Viele Menschen erleben die Stille als wohltuend. In der Stille entstehen oft neue Gedanken und Impulse, die den Dialog im Kreis so bereichernd machen. Viele Gruppen benutzen eine Klangschale, Glöckchen oder ein anderes Instrument, um auf diese Verlangsamung aufmerksam zu machen. Der Kreis wird mit einem Klang eröffnet, der für einige Zeit ertönt. Es folgt gewöhnlich eine kürzere oder längere Stille in der Gruppe, bevor die erste Person zu sprechen beginnt. Das Instrument kann von allen Teilnehmenden während des Dialogs genutzt werden, wenn Bedarf nach Verlangsamung besteht. Es ist wichtig, dass dies nicht geschieht, während eine andere Person spricht, sondern wenn das Sprechsymbol wieder in der Mitte liegt. Andernfalls wird der Klang des Instruments als grobe Unterbrechung erfahren, was nicht die Absicht dieses Rituals ist. Es ist hilfreich, wenn die Person, die die Klangschale oder ein anderes Instrument während des Dialogs zum Klingen bringt, kurz sagt, was sie dazu bewegt hat, damit es in der Gruppe keine Unruhe gibt.

REFLEXION

Verlangsamung gibt uns die Zeit, uns unserer eigenen Reaktionen, Annahmen und Urteile bewusst zu werden. In der täglichen Kommunikation leben wir unsere Reaktionen aus, haben jedoch nicht die Zeit zu erkunden, aufgrund welcher Annahmen, Erfahrungen und Gefühle wir reagieren, geschweige denn diese zu kommunizieren. Der langsame Dialogkreis schafft diesen Raum und bietet die Möglichkeit, sich darüber miteinander auszutauschen. In Gruppen, die die bewusste Intention haben, über ihr eigenes Denken und Fühlen zu reflektieren, kann nach Abschluss einer Dialogrunde eine spezielle Reflexionsrunde stattfinden, in der alle auf das zurückblicken, was während des Dialogs in ihnen geschehen ist. Dies bietet eine zusätzliche Möglichkeit, die Wurzeln des eigenen Denkens zu erkunden.

INTENTION

Dialogprozesse stehen oder fallen mit der Klarheit der Intention. Für den Dialog im Kreis bedeutet dies, dass diese Intention im Vorfeld klar und transparent in der Gruppe kommuniziert wird. Intention bedeutet nicht, dass es ein bestimmtes, definiertes Ziel gibt (z. B. Konsens finden, Commitment stärken, Handlungsziele setzen). Für die Offenheit des Prozesses ist es wichtig, dass alle Möglichkeiten offen bleiben und dass sich der Dialog in die Richtungen bewegen kann, die für die Gruppe in diesem Moment offenbar relevant sind. Die Intention ist eher der Ausgangspunkt, der Grund, warum wir überhaupt zum Dialog eingeladen haben, der Wunsch, ein bestimmtes Thema zu vertiefen oder einen offenen Raum für ein Gespräch zu schaffen. Im Dialogkreis wird diese Intention in der Regel durch die Gastgebenden oder die Begleitung des Kreises ausgesprochen.

GENERATIVE UND THEMATISCHE DIALOGKREISE

Ein Aspekt der Intention ist die Entscheidung, ob der Dialog ein bestimmtes Thema hat oder nicht. Kreise ohne Thema, die sogenannten generativen Dialoge, laden zum völlig freien Denken und Assoziieren ein, über alles, was gerade in einer Gruppe lebendig ist. Der generative Dialog wird häufig mit einem inspirierenden Text, Musikstück oder einer Bewegungs- oder Kontaktübung mit der Gruppe begonnen. Im Laufe des Dialogs wird wie von selbst das Thema sichtbar, das für diese Gruppe gerade von Bedeutung ist. Das macht den generativen Dialogkreis zu einem optimalen offenen Raum. Diese Form eignet sich sehr gut für Gruppen mit großer Diversität, die einen offenen Raum schaffen wollen für das, was in der Gemeinschaft lebendig ist, und einen gemeinsamen Sinn darin finden wollen.

Kreise mit einem bestimmten Thema nennen wir einen thematischen Dialog. Das Thema ist vorgegeben und wird eventuell durch einen Vortrag, eine Präsentation oder einen anderen Input eingeleitet. Danach wird der Raum geöffnet für alles, was in Bezug auf dieses Thema lebendig ist. Der thematische Dialog hat daher einen klareren Fokus. Fokus ist jedoch etwas anderes als ein festgelegtes Ziel. Das gemeinsame Denken im Kreis über ein Thema hat kein konkretes, beabsichtigtes Resultat. Alles, was in Bezug auf das Thema gedacht und gefühlt wird, erhält Raum und die Gruppe assoziiert frei darum herum.

Thematische Dialoge können dokumentiert werden, sodass der Inhalt erhalten bleibt und als Grundlage für nachfolgende Gespräche, Meetings und strategische Planungen dienen kann. Es ist jedoch wichtig, dass der Dialog nicht zur Strategieplanung, zur Festlegung von Zielen oder zum Benennen konkreter Schritte genutzt wird; dafür sind andere Gesprächsformen besser geeignet. Die Kraft des Dialogs liegt darin, Raum für freie Assoziation zu schaffen. Zu viel Zielorientierung im Kreis ist dabei meist ein Hindernis. Es ist hilfreich, den offenen, divergierenden Raum für den Dialog von den handlungsorientierten, konvergierenden Räumen für Schlussfolgerungen, Ergebnissicherung und die Planung der nächsten Schritte zu trennen.

RICHTLINIEN FÜR DEN KREIS

Die Form des Kreises, die Funktion der Kreismitte und die Verwendung der Sprechsymbole bewirken bei den meisten Menschen automatisch eine zuhörende, respektvolle, gleichwertige Haltung. Dennoch ist es hilfreich, am Anfang des Kreises einige beachtenswerte Punkte zu nennen und diese miteinander zu besprechen. Wenn die Gruppe mit diesen Punkten einverstanden ist und sie als Richtlinien übernehmen will, stellen sie eine gute Grundlage und einen Ausgangspunkt für das Gespräch im Kreis dar.

Die Richtlinien, die unserer Erfahrung nach am nützlichsten sind, sind die folgenden:

- Wir hören mit unserer ganzen Aufmerksamkeit zu.
- Wir sprechen, wenn wir uns dazu bewegt fühlen, aus dem Herzen heraus.
- Alles, was gesagt wird, ist ein wichtiger Teil des Ganzen (Respekt).
- Wir halten Annahmen und Urteile in der Schwebe (Suspendieren).
- Wir sprechen bewusst und reduzieren uns auf das Wesentliche.

Die ersten vier Richtlinien wurden in den vorhergehenden Kapiteln bereits besprochen. Der fünfte Punkt lenkt die Aufmerksamkeit auf die Tendenz, unsere Aussage mehrmals mit anderen Worten zu wiederholen oder sehr viele Worte zu verwenden, sobald wir uns mitteilen. Reduktion auf das Wesentliche macht unseren Dialog dichter und lädt gleichzeitig diejenigen, die von Natur aus eher zurückhaltend sind, ein, ihren Beitrag im Kreis einzubringen.

BEGLEITUNG DES KREISES

Dialogkreise zeichnen sich grundsätzlich durch eine einfache Form und Struktur aus. Gruppen können schnell eine eigene Kreisstruktur schaffen und den Dialog in dieser Form praktizieren. Lehrkräfte können mit ihren Klassen Kreise machen, Führungskräfte mit ihren Mitarbeiter*innen, Seminarleitende mit den Teilnehmenden, Familienmitglieder können einen Talking Stick zur Hand nehmen, damit alle zu Wort kommen.

Trotzdem ist es gut, wenn eine oder mehrere Personen die Rolle der Dialogbegleitung an sich nehmen. Besonders zu Beginn, wenn die Gruppe noch nicht mit dieser Art der Kommunikation vertraut ist, kommen schnell Unsicherheit und Verwirrung auf. Das liegt an der unbekannten Struktur, an alten Gewohnheiten und Reaktionsmustern und an den unterschiedlichen Erwartungen innerhalb der Gruppe. Die Begleitung kann vor allem in der Anfangsphase den notwendigen Halt bieten. In Kapitel 10 werden wir die vielen Facetten der Dialogkreisbegleitung erörtern.

VARIATIONEN DER KREISFORM

Der Dialogkreis hat sich in den letzten Jahrzehnten in vielerlei Hinsicht entwickelt. In den verschiedensten Zusammenhängen wurde mit Dialogkreisen experimentiert und darüber veröffentlicht.[42] Diverse Variationen sind entstanden, die wichtigsten stellen wir hier vor:

FISHBOWL

Besonders in großen Gruppen oder in Gruppen mit großen Gegensätzen kann es sehr hilfreich sein, mit einem Teil der Gruppe im inneren Kreis einen Dialog zu führen, während die Menschen im äußeren Kreis beobachten und zuhören. Der innere Kreis kann mit einem oder mehreren offenen Stühlen erweitert werden, auf denen Menschen aus dem äußeren Kreis sitzen können, wenn sie etwas Wichtiges beitragen wollen. Diese Gäste verlassen den inneren Kreis, nachdem sie gesprochen haben, wodurch der Platz für andere frei wird.

Wir haben Beispiele für diese Form der Kreisarbeit in Organisationen gesehen, wobei die Teamleiter*innen im inneren Kreis einen Dialog darüber führten, was sie in der täglichen Arbeit beschäftigte, während die Manager*innen im äußeren Kreis zuhörten. Danach führte die Managementgruppe einen Dialog darüber, was sie beschäftigte, und die Teamleiter*innen hörten zu. Ein anderes Beispiel gab es in einer Gruppe, in der das Thema Mann und Frau stark in den Vordergrund rückte. Wir führten den Dialog als Kreis von Männern und als Kreis

---

42 Siehe Literaturverzeichnis am Ende des Buches

von Frauen, wobei im äußeren Kreis abwechselnd das andere Geschlecht in der beobachtenden Rolle war. In beiden Beispielen entstand in kurzer Zeit ein hohes Maß an Austausch, Verständnis und Respekt für die Erfahrungen und Ansichten der jeweils anderen.

BEZIEHUNGS-COUNCIL

Manchmal wird in einer Gruppe ein Thema besprochen, das nicht die ganze Gruppe betrifft, sondern beispielsweise zwei oder drei Personen untereinander. Eine Form und Möglichkeit, damit in der Gruppe zu arbeiten, ist das Beziehungs-Council. Wenn die Gruppe einverstanden ist, können sich die beteiligten Personen innerhalb des Kreisraums gegenübersetzen. Ein zusätzlicher Stuhl wird für die Stimme der Beziehung aufgestellt. Mit Hilfe des Sprechsymbols führen die beteiligten Personen einen Dialog. Die Dialogbegleitung, Gruppenmitglieder sowie auch die Beteiligten selbst können sich auf den Stuhl der Beziehung setzen und von dort aus einbringen, was für den Kontakt zwischen den beteiligten Personen notwendig, wichtig oder hilfreich ist. Natürlich können sich die Gruppe und die Dialogbegleitung auch dafür entscheiden, einen Beziehungs-Council stattfinden zu lassen, ohne dass der Rest der Gruppe anwesend ist. Manchmal scheint ein Thema zwischen zwei oder mehreren beteiligten Personen so persönlich zu sein, dass dies notwendig ist. Häufig spiegeln die Spannungen oder Unklarheiten zwischen zwei oder mehr Personen jedoch ein Thema wider, das auch in der gesamten Gruppe eine Rolle spielt. In dem Fall ist es sehr bereichernd für die Gruppe, wenn dem Beziehungs-Council innerhalb des Kreises ein Platz eingeräumt wird. Deshalb entscheiden wir uns nur eher selten für ein Beziehungs-Council, bei dem die Gruppe nicht anwesend ist.

SYSTEMDYNAMISCHER DIALOG

Eine dritte Formvariante ist der systemdynamische Dialogkreis. In diesem Kreis erhalten bestimmte Begriffe, Polaritäten oder abwesende Personen durch offene Stühle einen sichtbaren Platz im Kreis. Das sind Kreise, in denen wir ein Gefühl für die Dynamik des gesamten Systems gewinnen, indem wir erfahrbar machen, was fehlt, ausgeschlossen wird, nicht oder unzureichend gesehen wird oder zusätzliches Bewusstsein erfordert.

Dies ist beispielsweise dann sinnvoll, wenn eine Person, die von wichtigem Einfluss ist, nicht anwesend ist. Zum Beispiel kann eine abwesende Führungskraft, eine ganze Managementebene oder ein Kind, das in der Klasse fehlt, durch einen offenen Stuhl vertreten werden. Manchmal ist dies schon im Voraus klar und der Kreis beginnt mit einer oder mehreren offenen Positionen. Manchmal wird es erst während des Dialogs deutlich und in diesem Moment ein Stuhl für die fehlende Position dazugestellt. Die offenen Stühle bieten die Möglichkeit, die Gefühle, Gedanken und Perspektiven des fehlenden Teils des Systems auch hörbar zu machen. Die Teilnehmenden bekommen die Möglichkeit, sich während des Dialogs jederzeit auf einen der offenen Stühle zu setzen und aus dieser Position heraus einen Beitrag zu leisten. Dies ist eine Form der Repräsentation, die ein unvollständiges System in seiner Gesamtheit erfahrbar macht.

Ebenso ist es möglich, im Kreis offene Positionen für bestimmte abstrakte Konzepte oder Aspekte zu schaffen, die in der Gruppe lebendig sind, die bisher jedoch nicht viel Bewusstsein und Aufmerksamkeit erhalten haben. In Gruppen, die sich selbst als rational und harmonisch erleben, können wir zum Beispiel vorschlagen, offene Sessel für verschiedene Emotionen wie Gereiztheit, Traurigkeit, Wut, Angst oder Freude aufzustellen. Die bloße Anwesenheit solcher offener Sessel kann einer Gruppe genau die Energie bringen, die sie braucht, um einen Schritt weiterzukommen im gemeinsamen Dialogprozess.

Es hilft, wenn der offene Sessel für ein abstraktes Element deutlich gekennzeichnet ist, zum Beispiel durch ein buntes Tuch oder ein Blatt, auf dem deutlich geschrieben steht, worum es sich bei diesem Sessel handelt.

Wir begleiteten eine Gruppe, die sich in ihrem Dialog mit Emotionen beschäftigte, und stellten vier große Sessel auf, auf denen Tücher in vier verschiedenen Farben drapiert waren: rot für Wut, blau für Trauer, gelb für Freude und schwarz für Angst. Diese vier Sessel kontrastierten sehr gut mit den Klappstühlen, auf denen wir saßen, und kreierten eine intensive Atmosphäre. Der anschließende Dialog führte zu einem tiefgreifenden Prozess, der wichtig war für die Phase, in der sich diese Gruppe befand.

In Organisationen können wir zum Beispiel für die Mission, die Zusammenarbeit, das Wissen oder das Geld offene Stellen im Kreis schaffen. Dies rückt die für die Organisation wichtigen Themen und Spannungsfelder direkt in den Mittelpunkt und erweitert und vertieft den Fokus für den Dialog. Systemdynamische Dialogkreise sind lebendig und energisch, weil sie Bewegung und Perspektivenwechsel ermöglichen. Sie laden das Unerwartete und Unbenannte explizit ein und erwecken es zum Leben.

ANWENDBARKEIT

Der Dialogkreis eignet sich in Situationen, in denen wir einen optimal offenen Raum brauchen für Erfahrungen, Gedanken und Standpunkte, die in einer Gruppe lebendig sind. Dies ist dann der Fall, wenn wir die Weisheit der Gruppe anzapfen und dem gemeinsamen Erleben und Denken eine neue Bedeutung geben wollen.

Der Kreis eignet sich besonders für Gruppen von bis zu 40 Personen, die:

- die Beziehung untereinander als wichtige Grundlage für die Zusammenarbeit erfahren und einen Dialog über alles, was in der Gruppe lebendig ist, führen wollen. Dies ist vor allem in Familien, Schulen, Vereinen und bestimmten Teams innerhalb von Organisationen der Fall. Auch in gesellschaftlichen Kontexten, z. B. in Stadtteilen mit verschiedenen Bevölkerungsgruppen oder in Lebens- oder Wohngemeinschaften, ist der Dialogkreis eine hilfreiche und häufig verwendete Form.
- durch ein gemeinsames Thema verbunden sind und sich darüber austauschen wollen, zum Beispiel Dialogkreise über Trauer und Verlust, Elternschaft usw.
- einen offenen Raum schaffen wollen, um Annahmen und Ideen zu bestimmten Themen innerhalb der Gruppe ohne vorgefasstes Ziel zu erkunden.
- unzensiert kreativ über bestimmte Themen nachdenken wollen.
- Reflexion für wichtig halten, um sich persönlich zu entwickeln und die eigene dialogische Haltung zu vertiefen.

ABSCHLIESSEND

Der Kreis erfüllt das menschliche Bedürfnis, gesehen und gehört zu werden, einen Beitrag zu leisten, die anderen wahrzunehmen und ein wertvoller Teil der Gemeinschaft zu sein. Er ist eine archetypische Form der menschlichen Kommunikation, die uns daran erinnert, dass wir Teil eines größeren Ganzen sind und dem Leben und unserer Arbeit gemeinsam einen Sinn geben. Den meisten von uns tut es sogar körperlich gut, im Kreis zu sitzen; wir entspannen uns, werden offener, neugieriger und flexibler. Bei Kindern ist das am schnellsten und natürlichsten sichtbar. Für die meisten Kinder ist der Kreis noch etwas Natürliches und Spontanes. Sie verstehen die Form und die Rituale der Kreismitte und des Sprechsymbols direkt, sprechen authentisch und spontan. Für uns Erwachsene ist das oft schwieriger. Wir sind nicht so selbstverständlich an Gleichwertigkeit und Respekt in der Kommunikation gewöhnt, weil wir diese oft anders erlebt haben.

Der Kreis ist nicht immer in der konkreten Form notwendig. Als innere Einstellung zueinander funktioniert er genauso gut. Wenn wir jedoch bewusst üben wollen, dialogisch zu leben und zu arbeiten, dann ist der Dialogkreis ein wichtiger Anker und Übungsraum für die Vertiefung unserer dialogischen Haltung.

Es muss unsere Aufgabe sein, uns selbst […] zu befreien,
indem wir den Horizont unseres Mitgefühls erweitern, damit er
alle Lebewesen und die gesamte Natur in ihrer Schönheit umfasst.
– Albert Einstein

KAPITEL 10

DIALOGPROZESSBEGLEITUNG

Verlieb dich in den Prozess und die Ergebnisse werden folgen.
– Bradley Whitford

Was bedeutet es, Dialogprozesse zu begleiten? Wie unterscheidet es sich von anderen Formen der Begleitung? Welche Vorbereitung und innere Haltung braucht es und wie können wir als Begleiter*innen in Dialogprozessen aktiv intervenieren? In diesem Kapitel richten wir den Fokus vor allem auf die Begleitung des Dialogkreises als archetypische Form und spezifische Methodik. Das Setting des Kreises ist die optimale Form, um dialogische Prinzipien zu erfahren, zu üben und zu reflektieren. Wir betrachten die Unterschiede zwischen gelegentlichen und strukturellen Dialogprozessen und legen am Ende dieses Kapitels besonderes Augenmerk auf Interaction Design, einen gemeinsamen Planungsprozess, der bei der Begleitung struktureller Dialogprozesse den Ton für den Verlauf des Prozesses angibt.

DIALOG IST EIN PROZESS

Wahre Liebe passiert nicht sofort; sie ist ein ständig wachsender Prozess.
Sie entwickelt sich, nachdem man durch viele Höhen und Tiefen gegangen ist,
wenn man gemeinsam gelitten, geweint und gelacht hat.
– Ricardo Montalban

Im Dialog begeben wir uns auf einen unsicheren Weg. Wir wissen nie im Voraus, wo wir landen werden, aber eines ist sicher: Es ist immer anders, als wir es uns zuvor vorstellen konnten. Auf diesem Weg der Begegnung mit anderen Erfahrungen, Weltanschauungen, Gedanken und Überzeugungen, kommen wir mit dem Anderssein der anderen[43] und damit gleichzeitig mit den Grenzen unseres eigenen Denkens und Fühlens in Berührung. Manchmal sind wir inspiriert und erfahren, wie sinnvoll es ist, gemeinsam zu denken. Manchmal stoßen wir auch an Grenzen, verurteilen uns selbst oder andere aufs Schärfste und finden es schwierig, mit den Unterschieden umzugehen. Vielleicht kommen wir mit starken Gefühlen in Berührung, die wir nicht erwartet haben. Oder wir können nur ablehnen, was die andere Person sagt oder tut.

Es gibt Zeiten, in denen wir den Dialog nicht sinnvoll finden oder nicht mehr offen zuhören können. In alltäglichen Situationen ist es eine normale Reaktion, das Gespräch zu unterbrechen, aus dem Gespräch auszusteigen, die Schwierigkeiten zu vermeiden, indem man eine Form des Konsenses findet oder die Hindernisse auf andere Weise umgeht. Im Dialog versuchen wir, gerade wenn wir auf Hindernisse stoßen, mit unserer Aufmerksamkeit dabei zu bleiben, sie anzusprechen und einander weiterhin zuzuhören. Wir gehen einen Weg, der manchmal leicht und manchmal schwierig ist und der uns immer wieder in neue Räume, mit neuen Möglichkeiten und Perspektiven, führt.

Ich bin in einer Besprechung mit Kollegen und stelle fest, dass ich gar nicht wirklich da bin. Meine Gedanken schweifen ab. „Immer wieder das gleiche Gefasel, nichts Neues“, denke ich. „Die gleichen Leute, die reden, die gleichen Themen …“ Eine Zeit lang bin ich selbstkritisch über meine innerliche Abwesenheit und mein unruhiges Gefühl dabei. Ich betrachte meine Gefühle als rein persönlich und mache mir Gedanken darüber, was ich ändern muss und ob ich mich nicht lieber nach einer anderen Arbeitsstelle umsehen sollte. Dann kommt der Gedanke auf, dass meine Wahrnehmung auch etwas damit zu tun haben könnte, wie es der Gruppe als Ganzes geht. Ich stelle fest, dass auch andere entweder unruhig oder mit ihrer Aufmerksamkeit irgendwo anders sind. Ich kenne die vergleichbare Unzufriedenheit meiner Kollegen aus dem Flurfunk.

Ich beschließe, es einzubringen. „Ich kann mich nicht konzentrieren“, sage ich. „Ich habe das Gefühl, dass wir seit Wochen an denselben Themen arbeiten und dass sich unsere Gespräche wiederholen. Ich ärgere mich und würde am liebsten etwas anderes machen. Ich frage mich, wie es euch ergeht und was nötig ist, damit wir wirklich etwas miteinander verändern können …“ Auf einmal sind alle wie-

43 Siehe Kapitel 4: Das Diversitätsmodell

der mit dabei. Es entsteht ein lebhaftes Gespräch über die Frustration und den Wunsch, wirklich etwas bewegen zu können. Uns allen scheint es gut zu tun, über etwas zu sprechen, das uns wirklich wichtig ist. Nachdem wir einige Zeit damit verbracht haben, schlägt jemand vor, dass wir einen Punkt der Tagesordnung aufgreifen, bei dem wir alle viel Energie verspüren, und ansonsten den Druck der Tagesordnung auf das Notwendigste reduzieren. Es ist auffallend, wie energetisch, effektiv und für alle befriedigend wir zusammenarbeiten und die Besprechung zum ersten Mal innerhalb der geplanten Zeit abschließen.

Ein Dialog ist wie ein strömender Fluss, in dem wir uns treiben lassen, manchmal der Biegung nach links oder rechts folgen, mal schneller und mal langsamer fließen, manchmal fast ertrinken und manchmal in ruhigen Gewässern mit der Sonne auf dem Bauch entspannen. Es ist ein Bild der Bewegung, des ständigen Wandels, eines Prozesses.

Der Dialog ist mehr als eine Methode. Methode bedeutet die Art und Weise, etwas zu tun, oder die Form. Es gibt viele verschiedene Arten des Dialogs, die alle ein Bett für den strömenden Fluss des Dialogs bilden. Eine Voraussetzung für einen natürlichen Fluss ist, dass das Flussbett stark genug ist, wo nötig in Schuss gehalten wird und in seiner Form variieren kann. Wir achten darauf, wenn wir einen Dialogprozess begleiten. Der Dialog selbst ist jedoch das, was wir in diesem Fluss erleben. Wir können ihn nur erfahren, wenn wir uns in den Strom hineinbegeben.

DEN RAUM FÜR DEN PROZESS ÖFFNEN

Gleichwertigkeit ist die Seele der Freiheit.
Tatsächlich sind wir ohne Gleichwertigkeit nie frei.
– Frances Wright

Neulich fragte mich jemand, was Dialogprozessbegleitung genau bedeutet. Ich habe etwas über die Kontexte erzählt, in denen wir Dialogprozesse begleiten. Über Organisationen und Schulen, Teams und Gemeinschaften, über offenes Sprechen und offenes Zuhören, wobei alle zu Wort kommen können und jede Meinung gleichermaßen Gewicht und Bedeutung hat, damit wir dann ein vollständigeres Bild von allem bekommen, was in einer Gruppe gedacht und erlebt wird, und wir von da aus vielleicht gemeinsam etwas Neues erleben und denken können. „Oh, ja", sagte sie, „das verstehe ich. Und was macht die Begleitung? Die lenkt sicherlich den Prozess, wenn es zum Beispiel Konflikte gibt, stellt Fragen und vermittelt zwischen den Menschen?"

Das Begleiten eines Dialogprozesses unterscheidet sich grundlegend von Coaching, Mediation oder Moderation. Es geht nicht darum, einzugreifen, gegenzusteuern oder zu beraten, sondern darum, den Raum für den Dialog vorzubereiten und offen zu halten. Wir haben Vertrauen in den Prozess selbst, der, wenn er die Gelegenheit erhält seinen eigenen Weg zu gehen, selbst zeigt, was innerhalb der Beziehung, Gruppe oder Organisation wichtig und notwendig ist. Das folgende Beispiel veranschaulicht diese grundlegend andere Haltung von Dialogprozessbegleiter*innen.

Vor einiger Zeit saß ich in einer Schule im Dialogkreis, an dem 12-jährige Schulkinder und ihr Klassenlehrer teilnahmen. Diese Gruppe hatte sich bereits einige Male getroffen, kannte die Struktur des Kreises und arbeitete mit einem Redestab. Nach einer Aufwärmrunde ließen wir den Stab einmal im Kreis herumgehen, mit der Frage, was in diesem Moment wichtig für alle Beteiligten sei. Das erste Mädchen, das an der Reihe war, saß zu meiner Linken. Sie blickte an mir vorbei zu dem Jungen, der rechts neben mir saß, sprach ihn an und sagte: „Ich finde, du bist ein Idiot, und ich hasse dich!" Es war für die ganze Gruppe ein schockierend direkter Angriff. Ich bewunderte das Mädchen für ihre Ehrlichkeit, gleich zu Beginn des Dialogs. Ich spürte auch, wie der Junge neben mir versteifte, und ich sah, wie er rot wurde.

Da wir beschlossen hatten, den Stab links im Kreis weiterzugeben, bedeutete dies, dass der Junge als Letzter im Kreis reagieren können würde. In der offensichtlichen Spannung des Augenblicks plädierten mehrere Kinder dafür, dem Jungen sofort den Stab zu geben, damit er direkt reagieren könne. Wir zweifelten und überlegten, wie wir am besten vorgehen sollten. Wir entschieden bewusst, den Stab doch erst durch den ganzen Kreis gehen zu lassen, bevor er den Jungen erreichen würde. Grund dafür war, dass wir gerne erfahren wollten, was es für die Gesprächsqualität und die allgemein sehr hohe Reaktivität in der Klasse ausmachen würde, wenn wir notgezwungen unsere Reaktionen in der Schwebe halten und sie nicht direkt ausleben. Nach anfänglichen Protesten war die Gruppe damit einverstanden.

Als der nächste Schüler das Wort ergriff, erzählte er etwas, das ihn in diesem Moment beschäftigte und nichts mit dem vorherigen Konflikt zu tun hatte. Die nächsten drei Kinder taten dasselbe. Dann war ein Mädchen an der Reihe, das dem ersten Mädchen sagte, wie gemein es ihrer Meinung nach war, so mit dem Jungen zu reden, und dass sie doch auch kein Engel sei. Es folgten verschiedene Beiträge, die mal die Unterstützung einer der Klassenkameraden zum Ausdruck brachten, mal eine ganz neue Perspektive einführten. Je weiter der Stab im Kreis herumgereicht wurde, desto klarer wurde, welcher Vorfall das Mädchen veranlasst hatte, so ausfällig gegen den Jungen zu werden. Sie sprachen darüber, was davor passiert war und wer noch beteiligt gewesen war, und Geschichten über andere, ähnliche Situationen, die in dieser Klasse häufig vorkamen, kamen zu Vorschein.

*So hatte sich ein lebhaftes Gespräch entwickelt, als der Stab endlich bei dem Jungen ankam. Trotz seiner Anspannung hatte er alle Beiträge gut hören können. Offenbar nahm er den Angriff des Mädchens dadurch nicht mehr so persönlich. Er sagte, dass das Mädchen Recht hatte, entschuldigte sich für den Vorfall und erzählte dann, was er an ihrem Verhalten schwierig fand. Er bat sie, sich ihm gegenüber anders zu verhalten, da auch ihn viele Dinge in ihrem Kontakt gestört hätten. Nach diesem ersten Kreis entwickelte sich das Gespräch in Richtung eines gemeinsamen Austauschs zu diesem Thema weiter. Die Schüler*innen tauschten sich über ihren Umgang miteinander aus, was darin gut lief, was sie gerne anders machen würden, und sie sprachen einander direkt auf allerlei Dinge an. In diesem Kreis wurde viel besprochen und ausgesprochen, von allen gehört und gesehen und respektiert. Es trug stark zum Gemeinschaftsgefühl dieser Klasse bei.*

Diesem Beispiel folgend, können wir uns fragen: Was wäre passiert, wenn wir den Jungen direkt hätten reagieren lassen, anstatt erst den ganzen Kreis zu Wort kommen zu lassen? Wahrscheinlich hätte der Junge versucht, sich zu verteidigen, beide Beteiligten würden weiter in einen Kampf verwickelt werden und ihre Standpunkte hätten sich wahrscheinlich verhärtet. Möglicherweise würden die Urteile übereinander und darüber, was richtig und falsch ist, schnell aufeinander folgen. Die Gruppe würde sich vielleicht in Befürworter*innen und Gegner*innen der einen oder anderen Sichtweise oder Person aufteilen. Was wäre passiert, wenn wir, wie wir es normalerweise vielleicht tun würden, als Begleiter*innen vermittelt, Fragen gestellt und den Austausch zwischen den beiden begleitet hätten? Wir hätten die Verantwortung für die Lösung des Konflikts übernommen. Dadurch wäre die Gruppe zu einem Publikum geworden, das die Veranstaltung zwar beurteilen, unterstützen oder kritisieren, jedoch nicht daran teilnehmen kann. Es wäre unwahrscheinlicher geworden, dass die Gruppe selbst die Bewegung hin zu einem tieferen und allgemeineren Gespräch über den Umgang miteinander gemacht hätte. Wahrscheinlich hätten sich andere Schüler*innen weniger eingeladen gefühlt, selbst ebenso ehrlich zu sein wie diese beiden, und nicht sofort den Mut gehabt, selbst Dinge anzusprechen. Nicht zuletzt wäre es sehr ungewiss, ob sich der Konflikt zwischen den beiden Kindern wirklich entspannt hätte.

Wenn wir einen Dialogprozess im Kreis begleiten, haben wir Vertrauen in den Prozess innerhalb und von der Gruppe. Wir nehmen selbst gleichwertig teil, lenken den Prozess aber nicht. Wir stehen nicht daneben und rufen den Schwimmenden im Fluss zu, wie sie sich bewegen sollen, sondern sind selbst Teil des Flusses. Wir vertrauen darauf, dass in der Gruppe und in jeder einzelnen Person alles Potenzial vorhanden ist, gemeinsam zu Lösungen, neuen Gedanken und Kreativität zu kommen. Wir gehen davon aus, dass dies möglich ist, wenn alle zu Wort kommen und wenn wir direkte Reaktionen auslassen, sodass jede Meinung oder jedes Gefühl gehört und ernst genommen werden kann. Dies erfordert Geduld und Mut. Geduld, wirklich alles zu hören, was in dieser Gruppe vor sich geht. Mut, darauf zu vertrauen, dass der Prozess seine Wirkung entfaltet, und sich Zeit dafür zu nehmen, ohne einzugreifen, gerade wenn es Schwierigkeiten gibt.

Wir begleiten aus der Annahme heraus, dass Menschen miteinander zu kollektivem Denken kommen, wenn wir den richtigen Raum dafür schaffen und diesen offen halten. Offen bedeutet hier: sicherstellen, dass der Fluss weiterströmen kann, indem auf Lenkung und Kontrolle verzichtet wird.

Hier liegt die wichtigste Aufgabe der Dialogprozessbegleiter*innen: sich nicht dazu verleiten zu lassen, lenkend oder bewusst moderierend auf das Geschehen in der Gruppe zu reagieren, sondern ein Vorbild des Vertrauens in den kollektiven Dialogprozess zu sein.

Abgesehen von der Vorbereitung und Instandhaltung des strukturierten Dialograums, was eine sehr wichtige Aufgabe ist, sind es gerade das Nicht-Einmischen und das Vorleben der Dialogprinzipien durch die eigene Präsenz, die die Begleitung zu einer intensiven und fokussierten Aufgabe machen. Schließlich wäre es doch viel einfacher, direkt zu reagieren, zu vermitteln, zu handeln, eine Übung zu machen, Ratschläge zu geben, Lösungen vorzuschlagen.

Hier unterscheidet sich das Begleiten von Dialogprozessen von anderen Formen der Prozessbegleitung. Es gibt andere Ausgangspunkte, als wir sie als Trainer*innen, Coaches, Berater*innen, Lehrkräfte, Seelsorgende, Moderator*innen, Therapeut*innen oder Mediator*innen gewohnt sind.

Einige Unterschiede sind in der nebenstehenden Tabelle aufgeführt. Wir haben sie einander bewusst als Extreme gegenübergestellt, um die grundlegenden Unterschiede zu unterstreichen. In Wirklichkeit sind es keine Extreme, sie bewegen sich in einem Kontinuum. Als Prozessbegleiter*innen können wir mehr oder weniger dialogisch arbeiten, je nachdem, wer wir sind und wo wir im Moment arbeiten. Manchmal werden wir während der Begleitung eines Dialogkreises mehr eingreifen und lenken. Es hängt vom Kontext und von der persönlichen Einstellung der Begleitung ab, wie wir uns innerhalb dieser Polarität bewegen. Es ist eine graduelle Skala von mehr dialogisch zu mehr lenkend und umgekehrt.

DIE BEGLEITUNG DES DIALOGKREISES

Dialogkreise kennzeichnen sich durch eine Doppelrolle der Begleiter*innen, die den Raum für den Dialog schaffen und halten, und gleichzeitig auch Teilnehmende sind. Das Prinzip der Gleichwertigkeit im Dialog ist ein Dilemma. Wie können wir gleichwertig an einem Dialogprozess teilnehmen und gleichzeitig die Führung übernehmen?

Wenn ich mit meinen Kindern zusammen bin, habe ich in bestimmten Situationen eindeutig eine führende Rolle, da ich als Erwachsener die Kinder begleite. Ich erzähle, erkläre, helfe und unterstütze in bestimmten Dingen, zu denen sie noch nicht in der Lage sind, spreche mit ihnen, und wenn echte Gefahr besteht, greife ich ein. Manchmal übertreibe ich jedoch mit meiner Autorität. Dann entscheide ich, was sie zu tun haben oder wie sie zu sein haben, zwinge ihnen auf gewisse Art und Weise meinen Willen auf. Sobald ich das tue, gibt es zwei Arten von Reaktio-

Annahmen in der Dialogprozessbegleitung	Annahmen in anderen Formen der Begleitung
Alle Möglichkeiten sind in der Gruppe vorhanden und werden im Dialog sichtbar.	Es muss etwas von außerhalb in die Gruppe eingebracht werden, um die Gruppe voranzubringen.
Jeder Beitrag ist ein gleichermaßen wesentlicher Bestandteil der Gruppe als Ganzes.	Manche Beiträge sind wichtiger, andere weniger wichtig.
Kein Eingriff ist der beste Eingriff.	Begleiter*innen greifen lenkend ein.
Der eigene Beitrag der Begleiter*innen ist ein wesentlicher und gleichwertiger Teil des Ganzen.	Die Begleiter*innen stehen außerhalb der Gruppe und leisten keinen eigenen Beitrag.
Alle sind Teilnehmende, auch die Begleiter*innen.	Rollen sind aufgeteilt in Teilnehmende und Begleiter*innen.
Raum halten, damit der Dialogprozess seine eigene Richtung findet.	Die Begleiter*innen geben die Richtung an und behalten diese im Auge.
Der Dialog ist ein kreativer Prozess, dessen Ergebnisse nicht vorhersehbar sind und nicht im Voraus definiert werden können.	Konkrete Ziele und Ergebnisse werden verfolgt.
Geteilte und gemeinsame Verantwortung für den Prozess und sein Ergebnis.	Die Begleiter*innen sind mehr verantwortlich für den Prozess und das Ergebnis als die Gruppe.
Verlangsamung und Stille sind wertvoll.	Schneller ist effizienter.
Führung als Dienst an der Gemeinschaft.	Führung ist mit persönlicher Autorität verbunden.

nen. Entweder passen sie sich mir an oder sie widersprechen mir und akzeptieren meine Autorität nicht. In beiden Fällen verlieren wir an Gleichwertigkeit, Offenheit, Respekt und Autonomie und der Dialog kommt uns abhanden.

Also was ist das, Führung, die auf Autorität verzichtet? Es beginnt damit, dass wir den Kontext, in dem wir Dialog führen, als absolut gleichwertig definieren. Wenn der Dialog beginnt, sind die Begleiter*innen aufgefordert, auf jegliche Autorität zu verzichten und sich gleichwertig im Dialog einzubringen.

In den Dialogkreisen, die wir in Schulen mit Kindern und ihren Lehrkräften begleiten, bitten wir die Lehrkräfte im Voraus darum, für die Dauer des Dialogs als gleichwertige Teilnehmende an dem Kreis teilzuhaben. Obwohl uns das sehr schwierig erschien, insbesondere für Lehrkräfte, stellte sich heraus, dass sie generell gerne mitarbeiten wollten. Es war eine Offenbarung für die Kinder, in einem längeren Dialogkreis gleichwertig mit ihren Lehrer*innen sprechen zu können. Es war auffällig, wie offen die Kinder und Lehrkräfte während dieser Dialogkreise waren. Die Lehrer*innen berichteten, dass sie es als angenehm empfunden hatten, persönlich zu sprechen. Sie waren überrascht, Dinge von ihren Schüler*innen zu hören, die sie normalerweise während des Unterrichts nicht hören würden. Im Allgemeinen verbesserte es die Beziehung zwischen Lehrkräften und Kindern. Keine Lehrkraft hatte das Gefühl, dass diese gleichwertige Beteiligung ihre Autorität untergrub. Im Gegenteil, die meisten hatten danach weniger Probleme mit der Ordnung im Klassenzimmer als zuvor. Die persönliche, gleichwertige Teilnahme der Lehrkräfte während der Dialogrunden führte zu mehr Respekt und damit zu natürlicher Autorität im Unterricht.

Wir haben eine ähnliche Erfahrung mit Teams gemacht, in denen das Management oder die Führung bereit war, sich gleichwertig am Dialog zu beteiligen. In der Regel fiel den Manager*innen eine Last von den Schultern und der gegenseitige Respekt innerhalb der Gruppe, auch für die Führung, wuchs.

Als Dialogprozessbegleiter*innen führen wir, indem wir den Teilnehmenden den Dialog als Haltung und Methode näherbringen und die dialogischen Prinzipien während des Dialogs vertreten und überwachen. Wir bieten, wenn nötig, Einführungsübungen an und leiten den Kreis ein. Wir achten auf die Spielregeln, die zum Dialogkreis gehören und die innerhalb einer Gruppe vereinbart wurden. Eine logische Reaktion der Teilnehmenden auf die Rolle der Begleiter*innen ist, dass sie uns eine gewisse Autorität beimessen. Darum ist es wichtig für uns, den Unterschied zwischen Führung und Autorität zu spüren und darauf zu verzichten, den Prozess inhaltlich zu lenken. Wir tun dies, indem wir zwar auf die Struktur achten, doch wenn es um den Inhalt des Dialogs geht, uns als gleichwertige Teilnehmende einbringen.

Ich begleitete ein Team, in dem es viele Spannungen in der gemeinsamen Zusammenarbeit gab. Das Team wollte einen Dialog führen, doch nach Beginn des Dialogkreises war es lange still, die Spannung nahm merklich zu und niemand wagte den Anfang. Die Situation war äußerst unangenehm. Nach einiger Zeit begannen die Menschen sich unruhig auf ihren Stühlen zu bewegen und Blicke in meine Richtung zu werfen. Da diese Gruppe noch sehr unerfahren mit dem Dialog war, nahm ich als erster das Sprechsymbol auf und erzählte ihnen von der Spannung, die ich fühlte, weil die Leute mich so ansahen, und von meiner Annahme, dass hier eine bestimmte Führung von mir erwartet wurde. Ich erzählte von einer Schulsituation, an die mich das erinnerte; eine mündliche Prüfung, bei der ich einen ähnlichen Leistungsdruck gespürt hatte, und dass mir nun auffiel, welch lebhafte Bilder dieser Situation sich noch heute, 35 Jahre später, in mir abspielten, während ich hier zusammen mit dieser Gruppe im Dialog bin. Danach lud ich nochmals ein, die eigene Erfahrung in den Dialog einzubringen, und legte den Stab wieder in die Mitte. Es folgte ein kurzes Schweigen, bevor jemand das Sprechsymbol zur Hand nahm und etwas über den Druck zu erzählen begann, den sie bei ihrer täglichen Arbeit im Team fühlte, und wie unklar für sie war, was genau von ihr erwartet würde. Es folgte ein intensiver Dialog über den Arbeitsdruck, die mangelnde Klarheit bezüglich der gegenseitigen Erwartungen und wie die verschiedenen Teammitglieder dies erfuhren. Der Dialog war eine Art Auftakt zu mehr Offenheit innerhalb des Teams und zum Mut, auch Ärgernisse zum Ausdruck zu bringen. Man begann, konkret darüber nachzudenken, wer welche Verantwortung hat und möchte und wie man damit innerhalb des Teams offen und klar umgehen kann.

Wenn wir uns eher zurückhalten und uns gleichwertig einbringen, entwickelt sich in der Gruppe genau das, was in diesem Moment notwendig und möglich ist. Der Dialog ist dann offen, gleichwertig und Besitz der Gruppe selbst. Greifen wir jedoch mehr ein, auch inhaltlich, neigt die Gruppe dazu, den Vorschlägen oder Eingriffen der Begleitung zu folgen und gibt einen Teil ihrer eigenen Verantwortung ab.

DIE DOPPELROLLE DER BEGLEITUNG

Paul Watzlawick[44] sagte: „Man kann nicht nicht kommunizieren." Dasselbe gilt für die Dialogprozessbegleitung: Man kann nicht nicht intervenieren. Wir sind gleichzeitig Begleiter*innen und Teilnehmende, wir haben die Rolle der Führung ohne persönliche Autorität, der Begleitung in absoluter Gleichwertigkeit. Wenn wir das Bild des Flusses und seines Bettes nehmen, übernehmen wir als Begleitung eindeutig die Führung bei der Schaffung und Erhaltung des Flussbettes für den Dialog. Dann tauchen wir, genau wie die anderen Teilnehmenden, in den Strom und schwimmen mit, stets mit einem Auge auf den Rahmen des Dialogs.

Es ist eine wahre Kunst, diese Kombination aus Führung und gleichwertiger Beteiligung am Prozess zu verkörpern. Sie verlangt eine besondere Form der Aufmerksamkeit und des Einfühlungsvermögens. Sie erfordert das Bewusstsein, dass wir in aller Gleichwertigkeit auch stets in unserer Rolle als Begleitung gesehen und wahrgenommen werden. Unsere Aussagen, unser Gesichtsausdruck, mit wem wir in den Pausen sprechen und mit wem nicht, unser Schweigen oder Nicht-Reagieren, kurzum: Alles, was wir tun oder nicht tun, wird anders wahrgenommen, wiegt oft schwerer und hat Auswirkungen auf die anderen Teilnehmenden, schlicht und einfach weil wir die Rolle der Begleitung innehaben.

DER BEITRAG DER BEGLEITER*INNEN

Damit können wir die Frage, ob wir uns zurückhalten sollen oder nicht, loslassen. Die Tatsache, dass wir nicht eingreifen, wird von der Gruppe ebenso als eine Intervention wahrgenommen, wie wenn wir aktiv intervenieren. Wir können jedoch entscheiden, wie wir uns einbringen: Es macht einen großen Unterschied, ob wir als Autorität oder als Mitglied der Gruppe wahrgenommen werden. Wenn unsere Beiträge beurteilend, helfend, lenkend und steuernd wirken,

---

44 P. Watzlawick, J. Beavin, D. Jackson 2016

werden wir eher als Autorität angesehen und als solche behandelt. Wenn wir einen persönlichen Beitrag leisten, aus unserer eigenen Erfahrung und Wahrnehmung heraus, werden wir als gleichwertiger Teil der Gruppe wahrgenommen.

Wie wir uns dann genau einbringen, ist natürlich eine sehr persönliche Sache. Wir haben unsere eigene Persönlichkeit, Erfahrungen, unsere eigenen Gefühle und Gedanken.

Da wir die Rolle der Begleiter*innen innehaben, steht ein Teil unserer Erfahrung in direktem Zusammenhang mit unserer Sicht auf den Prozess als Ganzes und auf den Rahmen des Dialogs. Es kann manchmal hilfreich und wichtig sein, darüber etwas mitzuteilen.

Während des Dialogs bin ich mir generell der Reaktionen meines Körpers und meiner Emotionen bewusst und trage mehr von dort aus bei als aus meinen Annahmen darüber, was in der Gruppe gut oder schlecht läuft oder was die Gruppe brauchen könnte. Natürlich gibt es Momente, in denen prozessbedingt etwas passiert, zum Beispiel wenn in einem Dialogkreis das gewählte Redesymbol anders als vereinbart verwendet wird, wenn bestimmte ausgemachte Regeln nicht eingehalten werden oder wenn ein Zeitlimit erreicht ist. Dann können wir eingreifen und mit der Gruppe besprechen, wie wir am besten weiter vorgehen.

In weniger erfahrenen Dialoggruppen werden wir mehr Einführung, Leitung und Input geben als in Gruppen, die mehr Erfahrung mit dem Dialog haben.

ALLEIN ODER ZUSAMMEN

Es bringt große Vorteile mit sich, die Rolle der Begleitung mit zwei Personen gleichzeitig auszuüben. Das ist natürlich keineswegs immer möglich und in kleineren Gruppen auch nicht immer notwendig. Wenn wir aber die Möglichkeit haben, zu zweit zu begleiten, bietet das mehr Raum und in der Regel auch mehr Stabilität für den Prozess.

Zu Beginn ist die Aufmerksamkeit der Gruppe sehr auf die Begleiter*innen gerichtet. Dies kommt häufig vor, um Halt und Richtung in dem für alle Beteiligten unsicheren Dialogprozess zu erhalten. Es ist einfacher, mit diesem tendenziellen Fokus auf die Leitung umzugehen, wenn wir in der Begleitung zu zweit sind. Wenn wir im Kreis persönlich angesprochen oder kritisiert werden, können wir auch persönlich darauf reagieren, weil es eine zweite Begleitung gibt, der*die neutral bleiben kann.

In schwierigeren Phasen eines Dialogprozesses kann es passieren, dass die Begleiter*innen, genau wie alle anderen Teilnehmenden, in einen Konflikt verwickelt werden oder mit anderen Teilnehmenden aneinandergeraten. In solchen Momenten ist es für die Begleitung sehr schwierig, einen klaren Kopf zu bewahren und weiterhin ein Auge auf den Rahmen des Dialogs als Ganzes zu haben. Wenn es eine weitere Person gibt, die den Raum hält, können wir auf ganz persönliche Weise im Dialog bleiben, ohne dass es uns selbst oder die Gruppe unsicher macht.

Wir haben die Erfahrung gemacht, dass es hilfreich ist, wenn Begleiter*innen nicht nebeneinander sitzen, sondern an verschiedenen Orten in der Gruppe, von wo aus sie sich gegenseitig gut sehen können. Dann teilt die Gruppe auch die Aufmerksamkeit zwischen den beiden auf, nimmt sie als einen gleichwertigen Teil des Kreises wahr und hat weniger den Hang dazu, aufkommende Fragen oder Widerstände auf die vermeintliche Autorität der beiden Begleiter*innen zugleich zu projizieren.

SIND BEGLEITER*INNEN ÜBERHAUPT NOTWENDIG?

Wenn ein Dialog vollkommen gleichwertig wäre, würde dies auch bedeuten, dass wir keine Begleiter*innen brauchen. Wir wären alle gleichermaßen für den Prozess und Inhalt des Dialogs verantwortlich, so wie das in unserer alltäglichen Kommunikation meistens der Fall ist. Es würde keine Fragen über die Doppelrolle als Begleiter*in und Teilnehmende aufwerfen. Wir wären alle nur Teilnehmende. Gleichermaßen verantwortlich, absolut gleichwertig.[45] Je mehr Dialogerfahrung eine Gruppe hat, desto näher kommt sie diesem Ideal: Es braucht weniger Begleitung, weniger Vorbereitung, weniger Erklärung von Prinzipien. Die gemeinsame Intention ist die tragende Kraft in dem gleichwertigen Prozess. Die Rolle der Begleitung kann unter den Teilnehmenden abwechselnd wahrgenommen oder kann sogar ganz ausgelassen werden. In der Praxis gibt es zwei

45 Diese Idee ist der Ausgangspunkt des Bohmschen Dialogs.

Gründe, warum die Rolle der Begleitung sinnvoll ist. Erstens ist es ungewohnt, auf Basis von Gleichwertigkeit und Respekt für den Beitrag aller offen zu sprechen und zuzuhören. Sich in einem offenen Raum bewegen zu können, in dem wir allem Gehör schenken können und auch bereit sind, alles von der anderen Person zu hören, ist aufregend und für viele Menschen, Gruppen, Teams und Organisationen mehr oder weniger beängstigend. Es erfordert ein gewisses Maß an Übung und Gewöhnung, wirklich miteinander in einem so offenen Raum zu sein und zu bleiben, ohne in eine schnelle, argumentative, wertende und fragmentierte Kommunikation zurückzufallen. Es braucht Zeit und eine gewisse Unterstützung, Vertrauen in uns selbst, in die anderen und in den Prozess zu entwickeln. Eine gute Einführung und Vorbereitung bieten daher wichtigen Halt, insbesondere wenn der Dialog noch unbekannt ist. Es ist hilfreich, wenn es eine Person gibt, die diese Form des Gesprächs einleitet, die Prinzipien verkörpert und dabei helfen kann, bestimmte Richtlinien im Auge zu behalten, die den Dialog unterstützen.

Zweitens gibt es im Dialog regelmäßig Momente, in denen es schwierig wird, Meinungen aufeinanderprallen, eine gewisse Konfrontation stattfindet oder die Gruppe in eine Sackgasse gerät. Dies sind Momente, in denen der Glaube an und das Vertrauen in die Gruppe auf die Probe gestellt werden. Gerade dann ist es hilfreich, wenn es die Begleitung gibt, also eine Person, die diesen Glauben und dieses Vertrauen weiterhin vorlebt, egal was passiert. Ein Fels in der Brandung, der von Zeit zu Zeit Vorschläge macht oder die Vereinbarungen der Gruppe im Blick behält.

DIE AUFGABEN DER BEGLEITER*INNEN

Wenn wir, nach einer guten Vorbereitung und, wenn nötig, Einführung, so weit sind, dass wir beginnen können, haben wir als Begleitung, insbesondere in der Anfangsphase, ein Auge auf die Prinzipien und unterstützen die Gruppe dabei, auf Basis dieser dialogischen Prinzipien in Kontakt zu bleiben und sich auszutauschen. Nach dem Dialog stellt sich die Frage, wie die Ergebnisse des Dialogs in dieser Gemeinschaft weitergetragen werden können. Wir können unsere Aufgaben als Begleiter*innen also in Aufgaben vor, während und nach dem Dialog aufteilen.

VOR DEM DIALOG

Wir werden aus unterschiedlichsten Gründen eingeladen, einen Dialogprozess in einer Gruppe zu begleiten. Generell geht es bei der Einladung um den Wunsch einer oder mehrerer Personen, gleichwertig miteinander in Kontakt zu treten. Warum, was, mit wem, wie lange und wo der Dialog stattfinden soll, ist jedoch je nach Kontext und Gruppe sehr unterschiedlich. Zum Beispiel wird die Schulleitung, die einen offenen Austausch mit Lehrkräften, Eltern und Kindern führen möchte, eine ganz andere Intention haben als das Management, das einen Dialog über bestimmte Werte innerhalb eines Teams oder einer Organisation initiieren möchte. Ein Dialog als Teil eines Strategieentwicklungsprozesses unterscheidet sich stark von einem Dialog in einer Nachbarschaft, einem politischen oder einem religiösen Dialog. Es ist wichtig, dass wir im jeweiligen Kontext die Intention des Dialogs klären. Wir definieren, was diese Intention ist, sowohl für uns selbst als auch für die Gruppe, mit der wir zusammenarbeiten werden. In dieser Phase sind wir eine Art Berater*innen, die Auskunft geben und gemeinsam mit den Initiator*innen erkunden, was in diesem spezifischen Kontext möglich, nützlich und empfehlenswert ist. Dann können wir gemeinsam einen Plan aufstellen, in dem wir uns fragen, wer am Dialog beteiligt sein wird, wann, wie lange und wie häufig der Dialog stattfinden soll, ob ein bestimmtes Thema aufgegriffen wird und welche Formen des Dialogs dafür am besten geeignet sind. Dabei ist es wichtig, dass den Initiatoren bewusst ist, dass sie selbst Teil des Dialogprozesses sind und es eine Bereitschaft braucht, gleichwertig zum Dialog beizutragen.

Diese Vorbereitungen sind ein großer und wichtiger Teil unserer Arbeit. Sie schaffen eine stabile Grundlage für den kommenden Dialogprozess. Wir geben Informationen und Erläuterungen zum Dialog und sprechen mit mehreren beteiligten Personen, um die Situation und den Kontext kennenzulernen.

Vielleicht rufen wir vorher einige Menschen zusammen, um mit ihnen einen Plan für den Dialogprozess zu erstellen, den sie dann bekannt geben und wozu sie die anderen einladen können. Wir stellen Fragen über den Ort, an dem der Dialog stattfinden soll, wie die Einladung aussehen kann und versuchen, den inneren Raum der Beteiligten für den Dialog möglichst groß zu machen, bevor der Kreis tatsächlich beginnt.

Die Vorbereitung des Raumes

Bevor wir anfangen, ist es wichtig, dass die Teilnehmenden die Ausgangspunkte und Basisprinzipien des Dialogs kennen. Die Form des Dialogkreises, die Benutzung eines Sprechsymbols, die Art und Weise, wie wir miteinander sprechen, sowie die Dauer erfordern eine klare Einführung und die Einladung, in dieser Form miteinander zu arbeiten.

Wenn der Dialog dann wirklich beginnt, können wir den Raum auf unterschiedliche Weisen öffnen. Ein kurzes Ritual, zum Beispiel das Anzünden einer Kerze, der Klang eines Gongs oder einer Klangschale, das Aussprechen eines Wunsches für den Dialog oder eine kurze Kontaktübung. Dies sind Rituale, die den Teilnehmenden helfen, sich vorzubereiten und ihre ganze Aufmerksamkeit auf den Dialog zu richten.

Der Ort

Ich habe bereits an den unmöglichsten Orten Dialogkreise erlebt. Manchmal war der Raum, in dem wir einen Kreis bilden wollten, zu klein, manchmal musste es in Konferenzsälen mit Kinobestuhlung oder in einem viel zu kleinen Konferenzraum der Lehrkräfte geschehen, in dem hundert Lehrer*innen hinter Tischen saßen und wir wie Vortragende frontal davorstanden. Wir haben erfahren, dass es auch dann geht; Dialog ist möglich, sobald es gelingt, die innere Haltung dafür zu schaffen. Dennoch hat es etwas Besonderes, wenn der Ort, wo wir sind, sorgfältig vorbereitet wird und wir in einem Kreis, in dem wir uns alle sehen können, vorzugsweise ohne Tische, miteinander reden können. Eine Anordnung der Stühle in einem echten Kreis in einem sauberen, aufgeräumten Raum strahlt aus, dass die Vorbereitung sorgfältig getroffen wurde, und betont die Intention der Gleichwertigkeit und des gegenseitigen Respekts. Das Bild eines solchen Raumes macht den Teilnehmenden beim Betreten sofort klar, dass hier etwas anderes geschieht, als was wir gewohnt sind. Je nach Kontext und Intention des Dialogs können inspirierende Texte an die Wand gehängt, ein Flipchart mit einem Begrüßungswort aufgestellt oder der Raum mit Blumen, Kunst oder anderen Attributen gestaltet werden.

Im Dialogkreis arbeiten wir mit einer Kreismitte (siehe Kapitel 9). Diese Mitte symbolisiert das Zentrum der Gruppe. Die Mitte kann den Teilnehmenden als ein Symbol des kollektiven Denkens der Gruppe präsentiert werden, als ein

Symbol des Ganzen, zu dem wir alle unseren Beitrag leisten und das mehr ist als die Summe der Beiträge jeder einzelnen Person.

Oft bitten wir die Teilnehmenden, während des Dialogs nicht zu schreiben und persönliche Gegenstände auf einem Platz außerhalb des Kreises zu lassen. Dies trägt zum Charakter eines offenen, freien Raumes bei. Es unterstützt die Intention, wirklich miteinander in Kontakt zu stehen, ohne von anderen Dingen abgelenkt zu werden.

WÄHREND DES DIALOGS

Wenn der Dialog beginnt, erklären wir, was wir tun werden, und geben den Zeitrahmen an. Wir besprechen die Richtlinien und Intentionen mit der Gruppe. Wir fragen, ob die Teilnehmenden bereit sind, während des Dialogs auf dieser Grundlage miteinander zu sprechen. Dies ist nötig, damit wir während des Dialogs auf diese Vereinbarungen zurückgreifen können.

Zeit

Der Dialog in einer Gruppe braucht einen klaren Zeitrahmen. Wenn Menschen wissen, wann er beginnt und wann er endet, gibt ihnen dies Sicherheit und sie richten sich danach aus. Wenn der Dialog noch im vollen Gange ist, wenn die geplante Zeit vorbei ist, ist es wichtig, ein Signal zu geben. Es kann dann gemeinsam beschlossen werden, sich mehr Zeit zu nehmen, aber nur dann, wenn das alle wollen und die Verlängerung wiederum klar definiert wird.

Den Kreis öffnen

Wir öffnen den Kreis, indem wir entweder eine Kerze anzünden, eine Klangschale erklingen lassen oder einfach die Absicht und das Thema benennen und den Raum für Beiträge freigeben. Oft werden wir dies selbst tun. Wenn die Gruppe aber schon erfahrener ist, können wir auch eine Person bitten, den Kreis auf diese oder andere Weisen zu öffnen.

Während des Dialogs leben die Begleiter*innen die Prinzipien des Dialogs vor. Wir greifen nur dann ein, wenn sich jemand nicht an die Vereinbarungen hält, und wir halten ein Auge auf die Zeit. Wir dürfen uns als Begleiter*innen genauso einbringen wie die anderen Teilnehmenden. Wir beobachten, was in uns vorgeht, hören offen zu und sprechen von Herzen, wenn wir uns dazu bewegt fühlen. Empfehlenswert ist es jedoch, sich damit vor allem am Anfang etwas zurückzuhalten, damit wir die Stimmen der anderen vorerst aktiv einladen.

Die Achtsamkeiten des Dialogs

Wir befassen uns zu Beginn jedes Dialogs mit einigen wenigen Achtsamkeiten, die uns dabei unterstützen, zum Zuhören und in den gemeinsamen Denkprozess zu kommen. Wir erklären sie und besprechen, wofür sie gemeint sind. Außerdem hängen wir sie in fünf oder sechs Stichworten an die Wand. Wird das nicht gemacht, könnten einige Gruppenmitglieder sehr damit beschäftigt sein, wie der Ablauf und was die Absicht ist.

Die wichtigsten Achtsamkeiten sind:

- Wir hören mit unserer ganzen Aufmerksamkeit zu.
- Wir sprechen, wenn wir uns dazu bewegt fühlen, aus dem Herzen heraus.
- Alles, was gesagt wird, ist ein wichtiger Teil des Ganzen (Respekt).
- Wir halten Annahmen und Urteile in der Schwebe (Suspendieren).
- Wir sprechen bewusst und reduzieren uns auf das Wesentliche.

Indem man sich explizit zu den Achtsamkeiten äußert, gibt man den Gruppenmitgliedern die Möglichkeit, sich mit ihnen auseinanderzusetzen.

Manche Gruppenmitglieder freuen sich über diese klaren Hinweise und sie helfen ihnen, sich für den Dialog zu öffnen. Für andere sehen die Achtsamkeiten zu sehr nach Regeln aus, wodurch sie das Gefühl haben, dass ihre Freiheit eingeschränkt wird. Dadurch, dass die Richtlinien explizit gemacht werden, haben die Gruppenmitglieder die Chance, ihren inneren Widerstand gegen sie zu erfahren, auszudrücken und zu erkunden. Ein weiterer Vorteil der Erörterung der Richtlinien besteht darin, dass es die Gruppe sofort auf eine andere Wellenlänge als die des alltäglichen Gesprächs bringt.

Die Richtlinien sind ein wichtiges Instrument zur Selbststeuerung und Selbstkorrektur der Gruppe und der Teilnehmenden. Wenn die Begleiter*innen der Gruppe die Richtlinien vermitteln, verfügen die Gruppenmitglieder über das wichtigste Werkzeug, mit dem sie die Verantwortung für den Gruppenprozess übernehmen können. Dies stärkt die Gruppe und es trägt dazu bei, dass wir uns als Begleiter*innen Freiraum schaffen, da wir uns nicht mehr für das verantwortlich fühlen brauchen, was die Gruppe selbst tun kann.

Die Dialogprinzipien

Die Achtsamkeiten für den Dialog sind eine praktische Übersetzung der Dialogprinzipien.[46] In Gruppen kurzer Dauer reicht es, wenn wir die Achtsamkeiten einmal besprechen. In Gruppen, die über längere Zeit im Dialog sind, ist es notwendig, die Dialogprinzipien miteinander zu besprechen. Dies ist keine einmalige Sache, sondern ein wiederkehrender und kontinuierlicher Prozess. Die Prinzipien werden im Laufe der Entwicklung der Gruppe immer lebendiger und es ist notwendig, ihnen regelmäßig aufs Neue Aufmerksamkeit zu schenken. In einer Prozessgruppe werden sich die Teilnehmenden in der Regel selbst melden, wenn es wichtig ist, sich erneut damit zu befassen. In einer Gruppe, in der die kreative Intention im Mittelpunkt steht, ist die Versuchung größer, davon auszugehen, dass die Prinzipien in Ordnung sind und dass sie wenig Aufmerksamkeit benötigen. In diesem Fall ist es wichtig, dass wir als Begleiter*innen ein Auge darauf haben. Wenn wir Signale erhalten, dass an den Prinzipien gerüttelt wird, kann es wichtig sein, diese Beobachtungen mit der Gruppe zu teilen. Ein solches Signal kann zum Beispiel eine Diskrepanz zwischen den besprochenen Prinzipien und dem tatsächlichen Verhalten sein. Die Begleitung kann die Gruppe einladen, die Bedeutung dieser Signale zu erkunden.

Die Stille

Anders als im Alltag gewohnt, gibt es im Dialog Momente von Stille, die wesentlich sind für den Prozess. Der Umgang mit Stille während des Dialogs braucht spezifische Aufmerksamkeit. Vorerst ist es wichtig, dass wir als Begleiter*innen selbst mit Stille vertraut sind und sie (aus-)halten können. Gelingt uns das, sind wir ein Modell für die Gruppe, wie wir die Stille für die Entwicklung unseres Dialogs und unser Miteinander nützen können.

In der Stille haben wir die Zeit, unsere Gefühle wahrzunehmen, unsere Annahmen und Bewertungen zu beobachten, oder einfach nur die Verbindung mit den anderen und mit uns selbst zu genießen. Stille wird darum oft als heilsam beruhigend und verlangsamend wahrgenommen und wertgeschätzt. Die

46 Siehe Kapitel 3

stillen Pausen, in denen die ganze Gruppe innehält, sind oft Momente, in denen sich etwas Neues zeigen will, neue Möglichkeiten auftauchen oder der Prozess eine wichtige Wendung nimmt.

Es hilft einer Gruppe, wenn wir die Stille bewusst willkommen heißen im Dialog. Dann braucht sich niemand Sorgen zu machen, wenn einmal nicht geredet wird, und die Gruppe kann sich auch in der Stille entspannen. Die Stille bringt eine Verdichtung und Tiefe ins Gespräch, die zur Quelle der Kreativität wird.

Manchmal ist Stille aber auch geladen, weil eine Meinungsverschiedenheit im Raum schwebt und wir kurz vor dem Ausbruch eines Konflikts stehen. Manche Stille markiert auch ein generell fehlendes Vertrauen in der Gruppe. Wenn die Stille eine solch angespannte Qualität hat, können wir als Begleiter*innen, nachdem wir zunächst abwarten, wie die Gruppe sich selbst reguliert, entscheiden, das anzusprechen, um damit den Raum für weiteren Austausch zu öffnen.

Die Vereinbarungen

Es ist die Aufgabe der Begleiter*innen, das Thema der Vereinbarungen zu Beginn der Gruppe zur Sprache zu bringen. Wir können beispielsweise Vereinbarungen treffen über den Zeitplan, die Vertraulichkeit, ob während des Dialogs Notizen gemacht werden sollen oder nicht. Es ist wichtig zu klären, ob und wie die Ergebnisse des Dialogs festgelegt werden, wofür sie verwendet und wie sie an wen kommuniziert werden. Wichtig ist, sich die Zeit dafür zu nehmen, alle wichtigen Rahmenbedingungen für diesen Dialog in diesem Kontext zur Sprache zu bringen und zu klären.

Sicherheit und Vertraulichkeit in der Gruppe

Die Offenheit im Dialog bringt auch eine gewisse Verletzlichkeit mit sich. Was wir sagen und worüber wir im Dialog sprechen, kann manchmal sehr persönlich sein und unsere Gespräche können tiefgründig werden.

Für den sicheren Rahmen oder den Container, wie Bill Isaacs[47] ihn nennt, ist es wichtig, dass wir diesem Aspekt der Sicherheit explizit Aufmerksamkeit schenken. Oft finden es die Teilnehmenden angenehm, sich darauf zu einigen, dass das, was im Kreis besprochen wird, prinzipiell nicht nach außen getragen wird. Was das Gefühl der Sicherheit und des Vertrauens generell unterstützt, ist

47 William Isaacs 1999

die Abmachung, dass wir nicht einfach so, z. B. während der Kaffeepause, auf etwas zurückkommen, was eine Person während des Dialogs gesagt hat, sondern erst nachfragen, ob die andere Person weiter darüber sprechen will.

Es ist die Aufgabe der Begleiter*innen, dieses Thema in der Gruppe zu benennen und eventuell einige Möglichkeiten vorzuschlagen, wie zum Beispiel die oben genannten. Es ist jedoch für jede Gruppe unterschiedlich, welche Vereinbarungen sie für einen sicheren Dialog braucht.

NACH DEM DIALOG

In manchen Dialogen steht der Prozess zwischen den Menschen im Vordergrund, andere sind eher ergebnisorientiert. Wenn der Prozess im Vordergrund steht, ist eine Reflexionsrunde nach dem Dialog sinnvoll. Dabei blicken wir bewusst zurück und reflektieren unsere eigenen Reaktionsmuster, Annahmen und Bewertungen während des vorangegangenen Dialogs. Dies unterstützt sowohl die weitere Entwicklung der Teilnehmenden als auch den weiteren Dialogprozess. Danach kann gemeinsam geplant werden, ob und wie dieser Dialog fortgesetzt wird.

Wenn ein Dialog ein klares Thema hat, kann es wichtig sein, dass die Ergebnisse aufgezeichnet werden, damit eventuell andere Personen in der Organisation darüber informiert werden können oder damit auf Basis dieser Ergebnisse ein bestimmter Entscheidungsprozess stattfinden kann. Hier handeln die Dialogprozessbegleiter*innen wiederum als Berater*innen, die zusammen mit den betreffenden Teilnehmenden überlegen, welche Konsequenzen aus dem Dialog gezogen werden sollten, und die Gruppe dabei unterstützen, die notwendigen Schritte zu vollziehen. Ebenso wie im prozessorientierten Dialog kann eine Reflexionsrunde auch im ergebnisorientierten Dialog sehr nützlich sein. Gerade wenn die Gruppe im Allgemeinen sehr ergebnisorientiert Dialog führt, kann diese Reflexion eine Ebene der Emotionen und der Wahrnehmung von sich selbst und anderen in den Dialog integrieren. Gerade diese Ebene der Offenheit und des Vertrauens geht in ergebnisorientierten Dialogen besonders häufig verloren.

QUALITÄTEN DER DIALOGPROZESSBEGLEITER*INNEN

In diesem Kapitel haben wir eine Reihe von Dilemmata aufgezeigt, die sich aus der Tatsache ergeben, dass die Begleiter*innen eines Dialogs gleichzeitig auch Teilnehmende sind. Danach nannten wir eine Reihe konkreter Aufgaben, die wir als Begleiter*innen haben. Hier stellen wir uns die Frage, welche persönlichen Eigenschaften es braucht, um diese Arbeit leisten zu können. Die folgenden elf Qualitäten der Dialogbegleiter*innen halten wir für wesentlich:

Selbsterkenntnis

Als Dialogbegleiter*innen brauchen wir ausreichend Selbsterkenntnis. Wenn sie uns fehlt, werden wir im Dialog immer wieder von neuen Aspekten unserer selbst überrascht. Wir brauchen dann zu viel Aufmerksamkeit für unseren eigenen Prozess und können nicht offen genug sein für das, was in der Gruppe geschieht. Als Dialogbegleiter*innen müssen wir auf jeden Fall mit den wichtigsten Motiven, die im eigenen Leben eine Rolle spielen, vertraut und im Reinen sein. Wir müssen weitgehend wissen, wie wir zu der Person geworden sind, die wir sind, was uns triggert und was uns treibt.

Indem wir unsere persönliche Entwicklungsgeschichte und die Problembereiche darin verstehen, wissen wir, wo unsere Schwachstellen liegen und wo wir verletzbar und angreifbar sind. Wenn wir sie kennen, können wir besser mit ihnen umgehen. Als Begleiter*innen müssen wir auch mit unseren eigenen inneren Widersprüchen vertraut sein und mit ihnen leben können. Das hilft uns, mit den verschiedenen Polaritäten in der Gruppe, die auch in uns selbst leben, umgehen zu können.

Das Kriterium der Selbsterkenntnis ist relativ. Der Erwerb von Selbsterkenntnis ist ein Prozess, der sich durch unser ganzes Leben zieht, und es ist nicht Sinn der Sache, dass wir erst im Jenseits Dialogbegleiter*innen werden. Es geht um ein ausreichendes Maß an und genügend Bereitschaft zur Selbsterkenntnis; nicht um perfekte Selbsterkenntnis.

In Kontakt bleiben

Es ist unumgänglich, dass in einem Dialog Dinge geschehen, die auch uns als Begleiter*innen Schwierigkeiten bereiten. Das können persönliche schmerzhafte Gefühle, depressive Tendenzen, aggressive Impulse, starke körperliche Reaktionen oder Urteile sein. Es können aber zum Beispiel auch chronische Konflikte, schwierige Gruppenmitglieder, Stagnation, Nicht-Einhalten von Vereinbarungen, Oberflächlichkeit und Vermeidungsverhalten in der Gruppe sein.

Es ist wichtig, dass wir als Begleiter*innen nicht nur körperlich, sondern auch psychisch in allem, was passiert, präsent bleiben können. Unsere Fähigkeit, präsent zu sein, wächst, wenn wir eine Grundlage des Vertrauens und der Liebe zur Realität in uns selbst haben. Das hilft uns, alles, was passiert, zu respektieren und als potenziell sinnvoll betrachten zu können.

Körperbewusstsein

Das Wesentliche unserer Präsenz besteht darin, mit unserer Aufmerksamkeit in unserem Körper anwesend zu sein. Durch unseren Körper sind wir mit der Wirklichkeit in Kontakt. Unser Körper kann uns am besten sagen, welche Gefühle, Wünsche, Konflikte in uns lebendig sind; tatsächlich kann er uns alles erzählen, was in uns lebendig ist. Mit unserem Körper, unseren Sinnen und unserer Intuition nehmen wir wahr, was in unserer Umwelt vor sich geht. Im selben Augenblick, in dem wir es wahrnehmen, reagiert unser Körper bereits darauf. Indem wir auf unseren Körper hören, werden wir uns unserer Reaktionen bewusst und sind im dialogischen Feld präsent.

Unsicherheit aushalten

Ein Dialog hat einen klaren Rahmen, ist aber nicht vorprogrammiert. Wir schaffen gemeinsam einen Raum für alles, was gerade zwischen uns lebendig ist. Und wenn es darauf ankommt, ist alles, was lebendig ist, unvorhersehbar. Man könnte sogar sagen, dass der Dialog eine Art Gegengift zu einer Kultur ist, in der das Streben nach Vorhersehbarkeit zu wichtig geworden ist.

Als Dialogbegleitung müssen wir in der Lage sein, dies auszuhalten. Wir folgen den unerwarteten Wendungen des Weges, den die Gruppe beschreitet. Das bedeutet, dass wir nicht zu sehr an bestimmten Ergebnissen oder an einem bestimmten Tempo festhalten. Auch hier sind Vertrauen und Liebe zur Realität eine wichtige Grundlage. Das, was passiert, ist das Einzige, was jetzt in dieser Gruppe passieren kann. Die einzige Wahl, die wir haben, ist, mit der Gruppe auf ihrem Weg zu sein oder nicht bei dieser Gruppe zu sein.

Selbstreflexion im Moment

Im Dialog ist es wichtig, sich selbst zuhören zu können, dies gilt für alle Teilnehmenden wie auch für die Begleiter*innen. Als Begleitung haben wir die Fähigkeit, während des Dialogs zu reflektieren, was wir wahrnehmen. Wir können zwischen dem differenzieren, was zur Rolle der Begleitung gehört, und dem, was wir als Teilnehmende einbringen. Wir unterscheiden, wann wir reaktiv, aus Gewohnheitsmustern heraus reagieren und wann wir uns authentisch einbringen möchten. Wir sind in der Lage, durchgehend zu erkunden, was in uns vorgeht, während wir in der Gruppe sind, und nehmen uns den Raum dafür.

Authentizität

Indem wir uns selbst zuhören, kommen wir mit uns selbst in Kontakt, sowohl mit unserer Authentizität als auch mit unseren Gewohnheiten. Authentizität bedeutet, sich selbst treu sein, den Mut haben, für die eigene Wahrheit einzustehen, auch wenn es nicht die Wahrheit der Gruppe ist.

Was Gewohnheitsmuster angeht, bedeutet dieses Sich-selbst-treu-Sein, dass wir die Dinge aus einem doppelten Blickwinkel betrachten. Durch den Blick der Liebe zur Realität können wir uns selbst sehen und akzeptieren, genau wie wir sind. Durch den Blick der Liebe zur Wahrheit können wir sehen, dass wir in einem Gewohnheitsmuster gefangen sind.

Wenn wir nicht von diesem doppelten Blickwinkel aus schauen, könnten wir allmählich meinen, dass wir zuerst unsere Muster ändern müssen, bevor wir uns selbst akzeptieren können. Wenn wir in diese Falle tappen, können wir leicht in einen Teufelskreis geraten. Dieser besteht darin, mit der Arbeit an der Selbstverbesserung zu beginnen, zum Beispiel durch eine Therapie oder durch Programme zur persönlichen Entwicklung. Nach einer Weile gibt es dann einen Rückschlag in Form von Widerstand gegen all diese Arten von Selbstverbesserungsprogrammen. Vielleicht hören wir auf, an uns selbst zu arbeiten, doch früher oder später bekommen wir das Gefühl, dass wir wieder etwas an uns selbst verändern müssen. Auf diese Weise können wir endlos weitermachen. Im Englischen heißt dieses Muster treffend „using consciousness against yourself“. Unsere Selbsterkenntnis wird zu einer Waffe, mit der wir uns selbst in Angriff nehmen. Als Dialogbegleiter*innen ist es für uns von großer Bedeutung, dass wir wissen, wie wir dieser Falle ausweichen oder uns korrigieren können, wenn wir doch in die Falle geraten. Wir können dies tun, indem wir zum doppelten Blickwinkel von Liebe zur Realität und Liebe zur Wahrheit zurückkehren.

Auf gesunde Weise mit Urteilen umgehen

Als Dialogbegleiter*innen haben wir die natürliche Tendenz zu erkennen, dass jede Medaille zwei Seiten hat. Natürlich haben wir Urteile über uns selbst und andere, doch wir können unsere eigenen Urteile relativ leicht erkennen und relativieren. Wir bleiben weder im Schwarz-Weiß-Schema noch im Gut-Schlecht-Denken stecken. Wenn wir Urteile haben, die wir nicht sofort loslassen können, sind wir in der Lage, sie gedanklich beiseitezulegen, sodass sie uns nicht hindern, in der Realität des Augenblicks achtsam präsent zu bleiben.

Transparenz

Der Kern des Dialogs besteht darin, dass die Teilnehmenden das, was in ihnen lebendig ist, zum Ausdruck bringen, damit andere es hören können. Es ist nicht immer einfach, darüber zu sprechen, was in uns lebendig ist, denn der Tiefgang des Dialogs ermöglicht es uns auch, mit Aspekten von uns selbst in Kontakt zu treten, die wir nur mit Mühe akzeptieren können. Was wir in uns selbst nicht akzeptieren können, finden wir oft schwierig auszudrücken. Es ist wichtig, dass die Begleiter*innen eine gewisse Leichtigkeit und Fähigkeit haben, über das, was in ihnen vorgeht, zu kommunizieren. Als Begleiter*innen sind wir frei, um unsere Verletzlichkeit zu zeigen. Dennoch können auch wir zu Aspekten gelangen, mit denen wir hadern, die wir nur schwer erkennen und ausdrücken können. Das ist sehr menschlich und es kann wertvoll sein, der Gruppe zu zeigen, dass auch wir unsere Schwierigkeiten haben. Unsere Kommunikationsfähigkeit macht uns zu einem positiven Vorbild für die gesamte Gruppe, insbesondere für diejenigen Gruppenmitglieder, denen Kommunikation schwerfällt.

Raum halten für Spannungen

Gruppen bauen eine gewisse energetische Ladung auf, die wir als eine Art Spannung in der Atmosphäre wahrnehmen können. Die Gruppe kann diese Energie nutzen und etwas Wertvolles damit tun. Die Spannung fühlt sich jedoch oft auch beängstigend an. Es ist wichtig, dass wir als Dialogbegleiter*innen mit dieser Art von Spannung vertraut sind. Das ermöglicht uns, es in der Gruppe auszuhalten, wenn es spannend ist, und mit unserer Aufmerksamkeit dabeizubleiben. Wenn wir mit Spannungsfeldern in einer Gruppe vertraut sind, sind wir in der Lage, Spannungen als Sprungbrett für Entwicklung und Kreativität zu nützen.

Unvollkommen sein dürfen

Dialogbegleiter*innen können mit der Tatsache leben, dass sie nicht alles perfekt machen, weder als Mensch noch als Dialogbegleiter*innen. Sie sind daher auch ein Vorbild für die Gruppenmitglieder und für die Gruppe als Ganzes. Es ist für alle Beteiligten und für den Prozess der Gruppe entspannend, wenn wir unvollkommen sein dürfen.

Liebe zum Dialog

Als Begleiter*innen lieben wir den Dialog. Es macht uns Spaß, mit einer Gruppe von Menschen den kollektiven Erkundungsprozess, der ein Dialog ist, anzugehen. Unsere Liebe zum Dialog ist mit unserer Liebe zur Wahrheit verbunden. Der Dialog hilft uns, mehr und mehr Wahrheit zu entdecken. Wir sagen bedingungslos Ja zu diesem Prozess. Wir akzeptieren die schwierigen Phasen der Spannung, des Ringens, der Stagnation und des Nicht-Wissens wie auch die erfüllenden Phasen mit ihren neuen Einsichten, Gefühlen der Verbundenheit und überraschenden Perspektiven.

DIE EINZIGARTIGKEIT DER DIALOGBEGLEITER*IN

Authentizität: die eigenen Einschränkungen voll ausnutzen,
sodass sie schließlich zu einer Energiequelle werden.
– Willem Vermandere

Obwohl wir als Dialogbegleiter*innen innerhalb von Kreisen oder anderen Formen des Dialogs einen gleichwertigen Beitrag leisten, wird der Prozess natürlich durch unsere Begleitung beeinflusst. Die Einführung, die Art und Weise, wie die Räumlichkeiten vorbereitet werden, welche Richtlinien betont werden, welche Übungen und Beispiele verwendet werden, die Dynamik der Worte und Gesten, wie die Begleiter*innen ihre Persönlichkeit in das Ganze einbringen, ist ausschlaggebend und von großem Wert.

In den Ausbildungsgruppen zur Begleitung von Dialogprozessen experimentieren die Teilnehmenden mit verschiedenen Formen, Stilen und Eingriffen, während sie Dialogkreise begleiten. Alle Teilnehmenden haben ihren eigenen Hintergrund und ihre eigenen Erfahrungen. Es ist inspirierend zu erleben, wie dies jedem Kreis seine eigene Farbe verleiht. Jemand, der viel mit kreativem Schreiben arbeitet, leitet zum Beispiel einen Dialogkreis mit einigen Schreibübungen zu einem bestimmten Thema ein. Eine andere nutzt ihren Hintergrund in der körperorientierten Therapie und begleitet eine Reihe von vorbereitenden Körperübungen. Eine andere Person bereitet einen Dialogkreis vor, indem sie eine Übung durchführt, in der wir auf spielerische Weise gemeinsam bestimmte Konzepte erkunden, die auf Karten geschrieben und auf dem Boden ausgelegt wurden. Manche verwenden Musik, um einen Kreis einzuleiten. Viele beginnen einen Dialogkreis ohne weitere Einführungsaktivitäten.

Alle Dialogbegleiter*innen bringen ihre persönliche Energie ein. Einige legen mehr Wert auf die Verlangsamung und bringen mehr Stille und Ruhe in den Dialog. Andere sind vielleicht aktiver und bringen eine dynamischere Energie mit sich. Einige Begleiter*innen sind eher zurückhaltend, andere sind von Natur aus aktiver am Dialog beteiligt. Die einen bevorzugen es, auf die Bewegungen der Gruppe zu warten, während andere schneller Vorschläge machen. Ein Beispiel für einen individuellen Begleitungsstil ist der von Freeman Dhority, einem meiner wichtigen Lehrer in der Dialogarbeit. Er war sehr zurückhaltend, was seine eigenen Beiträge anging, ergriff jedoch meist in einer späteren Phase des Dialogs das Wort. Indem er erst die verschiedenen Sichtweisen und Beiträge benannte, die er gehört hatte, fühlten die Teilnehmenden sich gehört und verstanden. Dann ergänzte er sie mit einem eigenen Beitrag, der in der Gruppe meist auf sehr fruchtbaren Boden fiel.

Genau wie Menschen sind auch Dialoge sehr divers, inhaltlich sehr verschieden und sie finden in sehr unterschiedlichen Kontexten statt. Jedes Thema hat seine eigene Farbe, jeder Kontext seine eigene Energie, jede*r Begleiter*in eigene Stärken.

Die ideale Dialogbegleitung gibt es also nicht. Alle Dialogbegleiter*innen haben ihren eigenen Stil, der zur Persönlichkeit und zu dem, was man im Leben gelernt hat, passt. Es ist wichtig, dass Dialogbegleiter*innen Dialoge in Kontexten leiten, die zu ihnen passen, mit denen sie sich verbunden fühlen und mit denen sie in Kontakt stehen. Dann stehen die Begleiter*innen in ihrer persönlichen authentischen Kraft, einer Kraft, die genau das richtige Feld für diesen spezifischen Dialog bildet.

Dialogprozessbegleitung ist daher weniger eine Beschreibung, wie man einen Prozess begleitet, denn das ist bei allen Begleiter*innen und in jedem Kontext wieder anders. Vielmehr beschreibt das Wort eine Reihe von Ausgangspunkten: Gleichwertigkeit, Respekt, offenes Sprechen, offenes Zuhören, Inklusion, Erkunden von Annahmen und Überzeugungen, Verlangsamung. Dies sind die Grundlagen des Dialogs, die jeder auf ganz eigene Weise gestalten wird. Für angehende Begleiter*innen ist es wichtig, viele verschiedene Begleitungsstile kennenzulernen. Gerade das Erleben der vielfältigen Möglichkeiten verdeutlicht, was der eigene, einzigartige Stil ist und in welchen Feldern man als Dialogbegleiter*in aktiv sein will.

BEGLEITUNG VERSCHIEDENER FORMEN DES DIALOGS

Zwischen den verschiedenen Formen des Dialogs gibt es große methodische Unterschiede. Dialogkreise verlangen eine gute Vorbereitung, Verkörperung der Prinzipien, aktive Präsenz und außerdem eine absolut gleichwertige und minimal eingreifende Begleitung. Obwohl dies im Idealfall auch für andere Formen gilt, erfordern diese meist mehr Lenkung durch die Begleiter*innen. Doch welche Form des Dialogs wir auch immer begleiten, es hängt von unserer eigenen inneren Einstellung ab, inwieweit der Raum für den Dialog ein offener, respektvoller, gleichwertiger, inklusiver Raum sein kann.

GELEGENTLICHER UND STRUKTURELLER DIALOG

Gelegentlicher Dialog bedeutet, dass wir uns ab und zu mit einer Gruppe treffen, um über ein bestimmtes Thema zu sprechen. In der Regel ist der Anlass ein konkretes Thema oder ein einmaliges Interesse daran, den Dialog kennenzulernen. In diesen Situationen werden wir kurz erläutern, wie wir miteinander ins Gespräch kommen, und die Richtlinien für den Dialog besprechen. Aufgrund des unregelmäßigen Charakters treten Unterschiede innerhalb der Gruppe meist noch nicht sehr klar in den Vordergrund. Der Dialog ist dann eine angenehme und überraschende Abwechslung zur hektischen Alltagskommunikation. Die Gruppe erlebt, dass eine andere Art der Kommunikation andere Auswirkungen hat; mehr Verbindung, mehr Aufmerksamkeit füreinander, das Aussprechen und Hören von Dingen, die auf andere Weise noch nicht zur Sprache gekommen sind.

Wenn wir möchten, dass der Dialog einen grundlegenden Wandel in einer Familie, einer Gemeinschaft oder einer Organisation unterstützt, ist es nötig, dem Dialog einen strukturellen Platz innerhalb des Systems einzuräumen. Dies erfordert eine sorgfältige Vorbereitung und Planung. Gruppen, die regelmäßig miteinander im Dialog sind, bewegen sich intensiver und expliziter durch die Phasen des Ich-Wir-Modells[48]. Deshalb bedarf es eines Commitments in der Gruppe, sich regelmäßig zu treffen, sich mit den Prinzipien vertraut zu machen und auch die schwierigeren Momente zusammen zu bewältigen. Die Vereinbarungen und Intentionen für den Dialog werden wiederholt, gemeinsam reflektiert und kontinuierlich angepasst, sodass der Prozess mit der Entwicklung der Gruppe verbunden bleibt.

SYSTEMISCHES DENKEN

WEN LADEN WIR EIN?

Während der Vorbereitung stellen wir uns immer die Frage: Wer sollte bei diesem Dialog anwesend oder anderweitig involviert sein, damit der Dialog eine gute Wirkung im gesamten System hat? Der Dialog in einem Schulsystem wird dann lebendig, wenn die Schulkinder nicht nur untereinander, sondern auch mit den Lehrkräften in einen Dialog treten.[49] Dem dialogischen Prinzip wird dann ein guter Platz eingeräumt, wenn die Lehrkräfte nicht nur mit ihren Schüler*innen, sondern auch mit den Schulleiter*innen im Dialog sind.

Ähnliche Erfahrungen haben wir in Organisationen gemacht, in denen der Dialog ohne die Vertretung des Managements in der Regel zu einer einmaligen Sache wurde und als Auftakt zu einer anderen Gesprächskultur wenig Chancen

48 Siehe Kapitel 5: Das Ich-Wir-Modell

49 Siehe Kapitel 11: Beispiel im Abschnitt Dialog in der Schule

hatte. Wir sehen dies auch im gesellschaftlichen Dialog, wo viele Initiativen zum Dialog stecken bleiben, weil sie sich auf einen Teil des Systems beschränken. Die Ergebnisse des Dialogs finden dann nicht den Weg zu den anderen beteiligten Gruppen. Was bleibt, ist eine nette Erfahrung und eine gute und sinnvolle Übung, doch es ist kein Impuls für eine dauerhafte Veränderung. Deshalb ist es wichtig, im Vorfeld sorgfältig zu überlegen, welche Stakeholder eingeladen werden, wenn der Dialogprozess auch längerfristig wirklich zu einer Kulturveränderung führen soll.

DIE ROLLE DER FÜHRUNG

Für die Begleitung des Dialogs ist es wichtig, dass wir uns der verschiedenen Funktionen und Rollen in dem System, mit dem wir arbeiten, bewusst sind und diese berücksichtigen. Insbesondere die Führung hat einen starken Einfluss darauf, welche Richtung der Dialog einschlägt und in welchem Umfang er Wirkung zeigt. Eine direkte physische Präsenz einer oder mehrerer Führungspersonen ist daher wünschenswert. Wenn dies nicht möglich ist, können wir uns als Begleiter*innen bewusst dafür entscheiden, einen freien Stuhl in den Kreis zu stellen, der die Führung repräsentiert. Das macht sie zu einer bewusst wahrgenommenen Position innerhalb der Gruppe. Die Teilnehmenden können während des Dialogs sogar den Platz wechseln, wenn sie aus der Perspektive dieser Position einen Beitrag leisten wollen. Auf diese Weise wird die Ordnung des Systems aktiv in den Dialogprozess einbezogen.

Wenn es keine Repräsentation der Führung gibt, weder physisch noch symbolisch, gibt es drei mögliche Auswirkungen:

Erstens tendiert die Gruppe dazu, ihre Unzufriedenheit auf die nicht anwesenden Führungspersonen zu projizieren, sodass keine sinnvolle Diskussion darüber entstehen kann, was für die Gruppe als Ganzes, einschließlich der Führung, wirklich wichtig ist.

Zweitens besteht die Gefahr, dass den Dialogbegleiter*innen eine Autorität verliehen wird, die eigentlich für die Führung bestimmt ist. Wenn die Führung zum Beispiel als nicht kraftvoll und klar genug wahrgenommen wird, was häufig der Fall ist, wird der Ruf nach Führung zuerst auf die Begleiter*innen projiziert. Es macht keinen Sinn, als Dialogbegleiter*innen an die Stelle der nicht wahrgenommenen Führung zu treten. Das kann für einen Moment angenehm sein, ändert jedoch strukturell nichts am System. Es macht mehr Sinn, Führung als Thema zum Gegenstand des Dialogs zu machen. Dies ist möglich, wenn die Führungsperson selbst anwesend ist und wir als Dialogbegleiter*innen der Versuchung widerstehen, diese Rolle zu übernehmen.

Drittens bleibt der Dialog fragmentiert, wenn die Führung nicht dabei ist. Die Gruppe kann es als angenehm empfinden, sich völlig frei äußern zu können, wenn die Führung abwesend ist. Es ist eine Gelegenheit, sich zu entladen, sich abzureagieren, das Herz sprechen zu lassen. Dies ist an sich sinnvoll und kann in einigen Fällen ein guter erster Schritt sein. Diese Dialoge tragen langfristig jedoch wenig Früchte, da sie nicht über diesen einen gemeinsamen Moment hinausreichen.

*In den Dialogen, die wir mit Schulklassen und ihren Lehrkräften führen, entscheiden wir uns bewusst dafür, dass mindestens eine Lehrkraft als gleichwertige*r Teilnehmende*r dabei ist. Regelmäßig fragen uns Schulleitungen, Lehrkräfte oder eine Gruppe besorgter Eltern, ob wir nicht allein mit der Klasse sprechen würden. Dann können die Kinder ihr Herz mal ausschütten, oder wir können uns selbst ein Bild davon machen, wie es in der Klasse läuft. Darauf gehen wir meistens nicht ein. Es versetzt uns als Begleiter*innen in die Position der Klagemauer, als Personen, die für die Beurteilung, Therapie, Beratung oder Streitschlichtung der Gruppe zuständig sind. Das ist alles andere als die Rolle der Dialogbegleiter*innen. Uns geht es darum, dass der Dialog das Ganze stärkt, indem alle Teilnehmenden einander hören und sehen und sich authentisch einbringen können. Wir stoßen mit unserer Bedingung, dass mindestens eine Führungsperson an dem Kreis teilnimmt, manchmal auf großen Widerstand. Im Laufe der Jahre hat sich jedoch herausgestellt, dass die Schulen, die sich darauf eingelassen haben, besser in der Lage waren, eine unabhängige Dialogkultur aufzubauen und zu pflegen.*

INTERACTION DESIGN

Vor allem beim strukturellen Dialog ist es während der Planung wichtig, dass der Dialog beginnt, sobald wir den ersten Kontakt mit der Gruppe oder Organisation haben. Mehr noch als bei einem Auftrag für ein Training, einen Workshop oder ein Coaching kreieren wir mit der Gemeinschaft oder Organisation zusammen den Raum für den Dialog im System. Diesen gemeinsamen Planungsprozess nennen wir „Interaction Design". Wenn die Schulleitung sich mehr Dialog in der Schule wünscht, werden wir dazu zuerst einen Dialog mit ihr führen. Das Management, das offenes Zuhören und Sprechen in der Organisation wünscht, damit mehr gemeinsames Denken entsteht, beginnt bei sich selbst. Eltern oder Partner, die mit ihren Kindern oder miteinander im Dialog leben wollen, sind von Anfang an eingeladen, offen, respektvoll und gleichwertig mit uns darüber zu sprechen, was in ihnen lebendig ist. Indem wir den Dialog gemeinsam dialogisch vorbereiten und planen, können die Initiierenden selbst zu Vertreter*innen des Dialogprinzips werden und es in ihrer Gemeinschaft vorleben und verankern.

Dies setzt voraus, dass wir uns während der Vorbereitungsphase nicht dazu verleiten lassen, die Rolle der Autorität zu übernehmen, die weiß, was zu tun ist und die Kontrolle übernimmt. Wir sprechen offen mit den Initiierenden, dem Klientel oder den Auftraggebenden darüber, was sie bewegt, welche Ideen und Wünsche sie haben und welche Sorgen sie beschäftigen. Dabei bringen wir unsere Erfahrungen, Beobachtungen und unsere eigenen Ideen ein. Gemeinsam legen wir fest, wer eingeladen wird, wann, wo, wie lange und wie oft der Dialog stattfinden soll, welche Themen behandelt werden, wie die Menschen informiert werden und was mit den Ergebnissen des Dialogs geschieht. Auf diese Weise werden die Auftraggebenden selbst geübt im Dialog und mitverantwortlich dafür. Sie werden gemeinsam mit uns zu Vertreter*innen des Dialogprinzips in ihrer Gruppe oder Organisation.

Ein Bauunternehmen bat uns um Begleitung. Nach einer Reihe schmerzhafter Umstrukturierungen war die Atmosphäre innerhalb des Unternehmens angespannt und die Kommunikation über eine Reihe von Projekten verlief schleppend. Anfänglich bestand der Wunsch nach einer Dialogausbildung für eine bestimmte Abteilung, in der Hoffnung, dass dadurch alter Schmerz besprochen und beseitigt werden könnte. Das Training wurde vom Abteilungsleiter beantragt, der das Prinzip des Dialogs in einem persönlichen Kontext gelernt hatte. In einem ersten Gespräch wurde deutlich, dass die Kommunikationsmängel innerhalb des Unternehmens schon seit vielen Jahren bestanden, weit verbreitet waren und sich bisher durch verschiedene Arten externer Unterstützung nicht verbessert hatten.

*Die Hoffnung, dass unsere Begleitung mehr bringen würde, war anfangs sehr gering. Anstatt ein Training anzubieten, schlugen wir vor, zunächst einen Dialog im kleinen Kreis zu führen, um einander kennenzulernen, verschiedene Perspektiven und Erfahrungen zu hören, Vertrauen aufzubauen und von dort aus an einer guten Grundlage für einen Dialogprozess in der gesamten Abteilung zu arbeiten. Mit der Hilfe des Abteilungsleiters luden wir eine Reihe von Schlüsselpersonen ein und führten dieses Gespräch. Dabei übten wir von Anfang an die Dialogprinzipien und arbeiteten viel im Kreis. Schließlich entstand hieraus ein Kernteam für einen umfassenden Dialogprozess innerhalb der Abteilung, der mehrere Monate dauerte und aus verschiedenen Aktivitäten bestand, von Trainingstagen bis hin zu Dialogmomenten auf verschiedenen Ebenen des Unternehmens. Die Personen im Kernteam wurden zu Vertreter*innen des Dialogprozesses, was letztlich zu breiter Unterstützung führte. Im Laufe der Zeit konnte die Vergangenheit abgeschlossen werden und die gesamte Organisation trug zu einer dialogischen Kultur und der Arbeit mit dialogischen Arbeitsformen in Alltagssituationen bei. Der Prozess wurde von sowohl Management als auch Mitarbeitenden als so wertvoll erachtet, dass ein spezieller Dialograum in der Organisation eingerichtet wurde, wo regelmäßig Dialog im Kreis stattfand, über Themen, die innerhalb des Unternehmens und der Branche lebendig waren. An diesen Dialogen, die auf absoluter Freiwilligkeit beruhten, nahmen Personen aus allen Schichten der Organisation teil und sie wurden auch von allen initiiert, organisiert und geleitet, die sich dazu motiviert fühlten.*

ABSCHLIESSEND

Dialogprozessbegleitung ist eine Disziplin, die beabsichtigt, Raum für den Dialog zu schafften und diesen Raum durch die eigene aktive Aufmerksamkeit für eine Vielzahl von Beiträgen, Standpunkten und Perspektiven offen zu halten.

Es ist eine andere Rolle als die moderierende, führende oder meditierende Rolle, die wir aus Training, Beratung, Moderation oder Coaching kennen. Der große Unterschied liegt in der Gleichwertigkeit, mit der die Begleiter*innen sich als Teil des Prozesses sehen, sich authentisch einbringen und offen zuhören. Somit legen wir als Begleiter*innen die Verantwortung für den gemeinsamen

Prozess in die Mitte und haben Vertrauen in die Weisheit der Gruppe, von der wir selbst ein Teil sind.

Dies ist keine leichte Aufgabe. Oft verlieren wir das Vertrauen und Greifen automatisch auf die bekannteren lenkenden Eingriffe zurück. Deshalb ist es für (zukünftige) Dialogbegleiter*innen gut, Erfahrungen in einem sicheren Umfeld zu sammeln, sodass sie lernen, als Begleiter*innen den Raum für den Dialog offen zu halten. Es lohnt sich, diese Disziplin zu erlernen, denn es besteht ein großer Bedarf an Dialog und an Menschen, die ihn initiieren und begleiten wollen. Dies erfordert den Mut, Menschen in einen offenen Raum einzuladen und zu ermutigen, sich einzubringen und einander zuzuhören. Angesichts des zunehmenden Bedarfs an Partizipation und gleichwertiger Kommunikation wird der Bedarf an Dialogbegleiter*innen in den kommenden Jahren wahrscheinlich zunehmen. Wenn wir diesen Weg des Dialogs beschreiten, werden wir viele Früchte ernten. Für uns selbst, da wir eine Arbeit machen, in der wir authentisch sein dürfen und in der wir reich beschenkt werden mit Begegnungen, neuen Sichtweisen, interessanten Menschen und bewegenden Momenten. Für die Menschen, mit denen wir arbeiten, die sich entspannen, weil sie sich gehört und gesehen fühlen und ihre Stimme hören lassen können. Für die Gemeinschaft, in der wir arbeiten oder zu der wir gehören, da die Kommunikation entspannter wird und die gemeinsame Kreativität wächst. Für die Menschen im Allgemeinen, weil jeder Dialog Offenheit, Ehrlichkeit, Versöhnung, Gewaltlosigkeit und somit die so notwendige Verbindung zwischen Menschen unterstützt.

KAPITEL 11

DIALOG IN PERSÖNLICHEN UND BERUFLICHEN KONTEXTEN

Everything changes by Context.
– Gregory Bateson

Dialogische Prinzipien helfen uns, aus einer anderen Perspektive heraus zu kommunizieren. Dadurch, dass wir einander zuhören, öffnen wir uns für eine größere Perspektive. Wenn wir diese Prinzipien in spezifischen Kontexten einführen wollen, erfordert dies eine gute Anknüpfung mit der dort vorherrschenden Kultur. In einer Organisation, die den Gesetzen des Wettbewerbs und der Effizienz unterliegt, sind wir an die Macht des stärksten Arguments gewöhnt. Dies erfordert eine andere Planung, Einführung und Begleitung des Dialogs als beispielsweise in einer Wohngemeinschaft, in welcher die dialogischen Prinzipien ohnehin schon gelebte Werte sind. Wenn wir den Weg für mehr Dialog ebnen wollen, ist es wichtig, dass dies mindestens zum Teil zu den Werten und den geschriebenen und ungeschriebenen Regeln dieser Gruppe passt.

Wir laden Menschen ein, sich für eine größere Perspektive zu öffnen. Wir ermutigen sie, ihre innere Wahrheit ernst zu nehmen und als wesentlich für das Ganze zu betrachten. Im Dialog machen Menschen die Erfahrung, dass die Welt größer ist, als sie dachten, und dass sie selbst mehr zu sagen und beizutragen haben, als sie vielleicht meinten. Sie werden eingeladen, ihr normales Kontrollbedürfnis ein wenig loszulassen und sich dem Fluss des Ganzen hinzugeben. Was wir vorschlagen, ist im Vergleich mit der herrschenden Kommunikationskultur mehr oder weniger out of the box. Dialog kann als neu und bedrohlich erlebt werden und es ist keineswegs selbstverständlich, dass Menschen bereit sind, sich daran zu beteiligen.

Dafür gibt es mehrere Gründe. Es hat zunächst einmal mit dem Wesen des Dialogprozesses zu tun: Die eigenen Standpunkte zu relativieren und sich dem größeren Ganzen zu öffnen, fragt nach einer Bereitschaft, die mit Bewusstsein und Reife einhergeht. Der Taoismus spricht von Tao, in den Fluss des Lebens einbezogen zu sein. Dazu gehören die Bereitschaft und die Fähigkeit, Unbekanntes zuzulassen und zu begrüßen und sich dem immer wieder hinzugeben. Es ist die Einladung, innere Positionen loszulassen, auch wenn sie sich im Laufe der Jahre verhärtet haben, und bereit zu sein, sich in jedem Augenblick dem Neuen zu öffnen. Wie Menschen individuell damit umgehen und inwiefern sie bereit sind, sich dem Tao des Dialogs hinzugeben, ist unterschiedlich.

Zweitens sind wir in dem Kontext, in dem wir arbeiten, von der uns umgebenden Kultur und den damit verbundenen Regeln beeinflusst. In einigen Kulturen werden Emotionen abgelehnt und als unerwünscht betrachtet. Oder es besteht das Gefühl, dass wir aufgrund dessen, was wir sagen, verurteilt werden könnten. Das Ausmaß unserer Offenheit und unserer Bereitschaft zum gleichwertigen Austausch wird durch solche Kontextfaktoren bestimmt und begrenzt.

Drittens steht die verlangsamende und verbindende Kommunikation im Dialog manchmal im schrillen Kontrast zu einer ergebnisorientierten Kommunikationskultur, in der es um Geschwindigkeit und tatkräftige Umsetzung geht. Dieses Spannungsfeld zwischen Power und Love, zwischen Macht und Liebe, wurde von Adam Kahane sehr genau beschrieben.

MACHT UND LIEBE

Macht ohne Liebe ist rücksichtslos und missbräuchlich,
Liebe ohne Macht ist sentimental und kraftlos.
– Martin Luther King

Adam Kahane hat sich mit wichtigen gesellschaftlichen Fragen und Veränderungen befasst. Er wurde als Szenario-Planer nach Südafrika eingeladen, um zum Übergang von der Apartheid zur Demokratie beizutragen. Seine Arbeit mit Szenario-Planung und Dialog lieferte in Südafrika einen wertvollen Beitrag und infolgedessen wurde er eingeladen, in diversen Konfliktgebieten zur Lösung komplexer gesellschaftlicher Probleme beizutragen.[50]

Kahane[51] beschreibt zwei Grundmotive in Gruppen, die weitgehend entscheidend dafür sind, ob eine Gruppe erfolgreich ist oder nicht. Das erste Grundmotiv nennt er „love" oder auch das Liebesmotiv. Es ist das tiefe Verlangen, Verbundenheit mit anderen zu erfahren. Der Schwerpunkt liegt auf der gegenseitigen Beziehung, dem Kontakt und der Begegnung mit der anderen Person. Es ist die Quelle für die Verbindung innerhalb der Gruppe. Wenn dieses Grundmotiv zu sehr dominiert, entsteht ein Ungleichgewicht in der Funktionsweise der Gruppe. Das Motto lautet dann: Wenn wir Verbundenheit miteinander erleben und uns gegenseitig akzeptieren und respektieren können, ergibt sich der Rest von selbst. Das andere Grundmotiv nennt er „power" oder auch das Machtmotiv. Hier geht es um den Wunsch, uns als Individuum und als Gruppe zu verwirklichen und individuell oder gemeinsam etwas zustande zu bringen. Dieses Motiv ist die Quelle für die Fähigkeit der Gruppe, Ergebnisse zu erzielen. Auch wenn das „Power"-Motiv zu sehr dominiert, gerät die Funktionsweise aus dem Gleichgewicht. Das Motto lautet dann: Wenn wir einmal handeln und etwas Sinnvolles miteinander tun, dann ergibt sich der Rest von selbst.

Im Dialog entstehen oft Gegensätze, weil ein Teil der Gruppe die Beziehungen (Liebe) betont, während ein anderer Teil die Ergebnisse (Macht) hervorhebt. Der Dialog entgleist, wenn diese beiden Kräfte aus dem Gleichgewicht geraten. Kahane, der Martin Luther King zitiert, nennt diese Liebe ohne Macht sentimental und kraftlos; es mangelt an Vitalität und sie kann nicht fruchtbar werden. Macht ohne Liebe dagegen artet schnell in „Macht über" (power over), Zwang und Herrschaft aus. Was wir suchen, ist die Macht oder besser gesagt die Kraft und Fähigkeit (power to, power with), in der Beziehung zueinander gemeinsam etwas von Bedeutung zustande zu bringen. Erfolgreiche Gruppenprozesse kennzeichnen sich durch eine ausgewogene Abwechslung; mal ist das Liebesmotiv führend und steht die Beziehung im Vordergrund, dann wieder das Machtmotiv, das weiterführt zu konkreten Ergebnissen.

Sowohl Menschen als auch Gruppen stellen entweder das Liebesmotiv oder das Machtmotiv in den Vordergrund. In verschiedenen Kontexten sehen wir

---

50 Adam Kahane 2007

51 Adam Kahane 2010

diesbezüglich große Unterschiede. In Familien steht zum Beispiel in der Regel die Beziehung sehr stark im Vordergrund; in vielen Organisationen stehen die Tatkraft und das Produkt an erster Stelle. Wie wir diese beiden Kräfte ausbalancieren können, sodass wir als Gruppe vorankommen, ist ein wichtiges Thema in jedem Dialogprozess. Als Begleiter*innen haben wir ein Auge darauf, wie sich dieses Gleichgewicht entwickelt, und machen es, wenn nötig, zum Dialogthema in der Gruppe.

DIALOG IN UNTERSCHIEDLICHEN KONTEXTEN

Im Folgenden stellen wir einige Kontexte dar, in denen wir Erfahrungen mit dem Dialog gesammelt haben.

DER DIALOG IN OFFENEN GRUPPEN

Vor einigen Jahren wurde Österreich von einer Welle an Flüchtlingen überflutet. Im Osten Österreichs waren viele Menschen betroffen und es gab sehr viele Impulse und Angebote, in den Flüchtlingslagern und an den Grenzen zwischen Ungarn und Österreich aushelfen zu wollen.

Da dieses Thema so viele Menschen betraf, luden wir zum offenen Dialog ein. Einige Male trafen wir uns in einer Gruppe von engagierten Menschen, um uns im Kreis über unsere Erfahrungen auszutauschen und gemeinsam darüber nachzudenken, was Hilfe in dieser Situation bedeuten könnte. Es waren inspirierende Dialoge, in denen wir unsere Betroffenheit über das Schicksal anderer teilten und darüber austauschten, was Helfen für uns alle bedeutet. Viele Teilnehmende beschrieben danach, wie diese Kreisgespräche ihre Energie und Motivation erneuerten.

Dies ist ein Beispiel für einen offenen Dialogkreis mit einem bestimmten Thema. Mit „offen" ist hier gemeint, dass die Teilnehmenden einander in der Regel nicht oder kaum kennen und keine Lebens- oder Arbeitsbeziehung zueinander haben. Ein solcher Kreis kommt in der Regel leicht in Schwung und ist für alle Beteiligten inspirierend. Diese Kreise finden oft einmalig oder in einem einmaligen Zyklus statt, wonach alle Personen ihren eigenen Weg gehen. Es ist genau diese Freiheit, die den offenen Dialog zu einem inspirierenden Raum macht. Es ist schnell genügend Vertrauen vorhanden, weil wir im offenen Dialog keine Konsequenzen zu befürchten haben. Wir werden nicht oder nur zeitweise aufgrund dessen beurteilt, was wir einbringen. Es besteht kein oder nur ein geringes Risiko, unsere Zugehörigkeit in der Gruppe zu verlieren. Wenn wir trotzdem für das verurteilt werden, was wir sind oder was wir denken, dann hat das kaum Konsequenzen, da wir nur für diesen Moment und im Thema dieses Dialogs miteinander verbunden sind. Daher erleben wir ein hohes Maß an Freiheit und Vertrauen. Die dadurch ermöglichte Tiefe innerhalb des offenen thematischen Dialogs zieht uns an, bereichert und inspiriert uns.

Eine zweite Form des offenen Dialogs ist der generative Dialog[52], der ohne Thema beginnt. Menschen kommen zusammen, weil sie sich für den Dialog selbst interessieren und richtungs- und zweckfrei erkunden wollen, wo der Dialogprozess hinführt und wie sie sich selbst darin erleben. Diese Dialoge finden in der Regel im Rahmen eines Forschungsprojekts, eines Seminars oder eines Ausbildungsprogramms statt, in dem der Dialog als Thema im Mittelpunkt steht. Auch hier gibt es über den Dialog hinaus wenig Verbindung und keine Konsequenzen, was dazu führt, dass es freie und oft inspirierende Dialoge sind. In vielen Fällen folgt auf den Dialog eine Reflexion über den gemeinsamen und individuellen Prozess.

DER DIALOG IN DER GEMEINSCHAFT

Gemeinschaftsgefühl bedeutet,
mit den Augen eines anderen zu sehen,
mit den Ohren eines anderen zu hören,
mit dem Herzen eines anderen zu fühlen.
– Alfred Adler

Gemeinschaften sind Gruppen von zwei oder mehr Menschen, für die die Beziehung untereinander im Vordergrund steht, da sie als Basis für das gemeinsame Leben und Arbeiten gesehen wird. Im Gegensatz zum Dialog in offenen Grup-

52 Siehe Kapitel 9: Generative und thematische Dialogkreise

pen gibt es hier eine anhaltende Verbundenheit zwischen den Menschen, die an ein gemeinsames Ziel gekoppelt ist. Beispiele dafür sind Liebesbeziehungen, Familien, Wohn- und Lebensgemeinschaften und in einigen Fällen auch Lern- oder Glaubensgemeinschaften.

In diesen Gemeinschaften steht zu Beginn des Dialogprozesses in der Regel der Beziehungsaspekt im Vordergrund. Einerseits ist die Verbundenheit eine starke Grundlage für den Dialog. Das Zusammenleben und -arbeiten, der Umgang miteinander und mit den gegenseitigen Unterschieden schafft eine gewisse Geschichte, die eine Vertrauensbasis bietet. Es entsteht dadurch ein starker Container, der nicht schnell zerfällt und einiges an Reibung, Konflikt und Emotionalität aushält. Andererseits sind es genau diese Verbundenheit und Geschichte, die eine große Vorsicht und Zurückhaltung hervorrufen können. Meist haben die Gruppenmitglieder und die Gruppe als Ganzes im Laufe der Zeit fixe Vorstellungen entwickelt, sowohl über die Menschen innerhalb der Gruppe als auch darüber, was in der Gemeinschaft erlaubt und nicht erlaubt oder möglich ist. Meinungen, Gefühle und Standpunkte haben sich mit der Zeit verfestigt und oft verhärtet. Die Angst davor, ausgeschlossen zu werden, verurteilt zu werden, die Angst vor wiederkehrenden Konflikten und vor dem Verlust des Guten, das man miteinander hat, schränken den Raum für den Dialog innerhalb der Gemeinschaft ein. Je länger die Gemeinschaften existieren, desto komplexer hat sich das System der ungeschriebenen Regeln und Gewohnheitsmuster entwickelt, was es den Menschen erschwert, sich offen auszudrücken und einander unbefangen zuzuhören. Die Geschwindigkeit, mit der aufeinander reagiert wird, das Tempo der Kommunikation, gewisse vorherrschende Werte und Normen sowie die unbewusste Machtverteilung sind meistens unausgesprochen in den Gesetzen des Systems verankert. Besonders in der Familie, in der sich die gemeinsame Kultur über Generationen hinweg etabliert hat, bildet sich eine komplexe Struktur unausgesprochener Kommunikationsregeln, die als eine Art Zwangsjacke fungiert, innerhalb derer sich die Bewegungsfreiheit der Familienmitglieder einschränkt.

Daher ist der Sprung in den absolut gleichwertigen Dialog in der Gemeinschaft für die Beteiligten oft nicht nur eine willkommene Möglichkeit, sich miteinander auszutauschen und gemeinsam zu denken. Es ist auch ein Sprung ins kalte Wasser, weil bisher Unausgesprochenes auf den Tisch oder, besser gesagt, in die Mitte kommen kann, und es unsicher ist, welche Spannungen und Gefühle dabei sichtbar werden. Es erfordert Zeit, Geduld, Sorgfalt und großen Respekt für die Geschichte der Gemeinschaft, die gemeinsam aufgebauten Werte und die Zeit, die nötig sein kann, um in einem Dialog offen darüber sprechen zu können.

DIALOG IN DER PARTNERSCHAFT

Die ewige Liebe ist so absurd, so unerträglich wie der ewige Frühling oder die ewige Musik. Es ist gerade der Wechsel der Jahreszeiten, der das Jahr interessant macht und für die Musik ist die Stille genauso wichtig wie die Klänge.
– Mark Callewaert

Meine Frau und ich haben in unserem Alltag mit drei kleinen Kindern gemerkt, dass es gut wäre, uns Momente des Dialogs miteinander zu nehmen. In den alltäglichen Sorgen einer 10-jährigen Ehe schien die Liebe manchmal ein wenig abhandengekommen zu sein. Als Eltern von drei Kindern fühlten wir uns eher wie eine Organisationseinheit und ein Managementteam in Aktion als wie ein Liebespaar. Spontan gab es kaum Momente des Dialogs: Wir hatten keine Zeit dafür, und wenn es Zeit zum Reden gab, ging es um die Kinder, das Hinbringen und Abholen, Geld, Krankheiten, Schule usw. Wir hatten das Gefühl, dass wir uns auseinanderlebten. Mehr und mehr gingen wir unseren eigenen Weg und wussten nicht voneinander, was uns wirklich beschäftigte.

Unsere ersten bewusst geplanten Dialogmomente fühlten sich ein wenig seltsam und unangenehm an. Wir nahmen uns Momente von etwa einer Dreiviertelstunde bis zu einer Stunde, zündeten eine Kerze an, nahmen einen Stein oder ein anderes Sprechsymbol und versuchten uns gegenseitig aus einer gemeinsamen Stille heraus wirklich zuzuhören. Nach einiger Zeit gelang es uns besser, nicht direkt auf das zu reagieren, was die andere Person einbrachte, sondern das, was es im Inneren hervorrief, wahrzunehmen und zu teilen, was uns selbst wichtig war. Wir merkten auch, dass es wichtig war, nicht nach Lösungen suchen zu wollen, sondern den Dialog nach einer Dreiviertelstunde, mit allem was gesagt wurde und auch den stillen Pausen dazwischen, zu beenden, alles zu suspendieren und nicht sofort etwas damit anfangen zu wollen.

Wir waren beide überrascht, wie diese kurzen Momente, nicht mehr als einmal pro Woche, manchmal sogar einmal alle drei Wochen, neue Gefühle, neue Nähe und neues Miteinander in unsere Beziehung gebracht haben.

Der Dialog kann uns Zugang zu neuen Räumen innerhalb einer Beziehung verschaffen. Wenn alles, was lebendig ist, ausgedrückt und gehört werden kann, wirkt sich das positiv auf die Qualität der Beziehung und des Zusammenseins aus. Es ist ein ungewohnter Raum, in den man nicht einfach so eintritt. Es braucht eine bewusste gemeinsame Entscheidung und Bereitschaft dazu. Denn obiges Beispiel zeigt auch, dass es schwierig ist, dem Dialog einen strukturellen Platz in der Beziehung einzuräumen, selbst für uns, die wir uns doch schon viele Jahre intensiv mit Dialog beschäftigen. Vielleicht hat das mit den vielen unausgesprochenen Gefühlen und unbewussten Gewohnheiten zu tun, die sich in Liebesbeziehungen im Laufe der Zeit unwiderruflich anhäufen. Es gehört Mut dazu, sich mit diesen Wahrheiten auseinanderzusetzen und sie einander im Dialog zuzumuten.

DIALOG IN DER FAMILIE

Das Gefühl der Einsamkeit ist schmerzhaft,
wenn es uns in dem Gewimmel der Welt widerfährt,
unerträglich, wenn es uns im Schoß unserer Familie überfällt.
– Marie von Ebner-Eschenbach

Der Dialog in der Kernfamilie hat die gleichen Merkmale wie der Dialog in der Partnerschaft, inkludiert aber die Dynamik zwischen Eltern und Kindern und Kindern untereinander. In der Familie entwickeln sich im Laufe der Jahre reflexartige Gewohnheitsmuster, die den Großteil der täglichen Kommunikation bestimmen. Sich auf gleicher Augenhöhe bewegen und einander zuhören zu können, ist im oft hektischen Familienleben mit seinen vielen äußeren Einflüssen nicht selbstverständlich. Dialogräume innerhalb der Familie können kommunikative Oasen sein, in denen nichts getan werden muss, in denen man keine Lösungen zu finden braucht, in denen wir nicht darum kämpfen müssen, gehört zu werden. Die Stimme jeder einzelnen Person kann sprechen und gehört werden, und vielleicht entsteht spontan sogar die eine oder andere Lösung. Das folgende Beispiel gibt einen Einblick in diesen Wert und gleichzeitig in die Herausforderungen, wenn es um Dialog innerhalb der Familie geht.

Als unsere Kinder sieben, vier und drei Jahre alt waren, beschlossen wir, mit ihnen einen Kreis zu machen. Wir wollten gemeinsam erfahren, wie es ist, wenn wir einander zuhören und das, was jeder zu sagen hat, willkommen ist. Deshalb entschieden wir uns dazu, einmal pro Woche einen Moment des Dialogs zu schaffen. Eines Sonntags setzten wir uns zusammen und machten unseren ersten Kreis. Ein Kind suchte ein Sprechsymbol und einer von uns ließ eine Klangschale erklingen, als Zeichen dafür, dass wir anfingen. Der Redestab ging einmal im Kreis herum. Am Anfang sagten die Jüngsten nichts, aber sie fanden es sehr aufregend, einen Redestab in der Hand zu halten und alle Aufmerksamkeit kurz auf sich gerichtet zu wissen. So aufregend, dass die Dreijährige sich zunächst weigerte, den Stab an die nächste Person weiterzugeben. Sie schien diesen besonderen Moment zu genießen und ihn festhalten zu wollen, indem sie den Redestab in ihrem Fäustchen festgeklemmt hielt. Schließlich brachten wir sie liebevoll dazu, den Stab weiterzugeben. Meistens gab es einen direkten Grund für unsere kurzen Gespräche; was sollen wir heute tun, Ferienpläne, Hausregeln, Zubettgeh-Rituale, Wünsche der Kinder an uns oder von uns an die Kinder, kurzum ein praktischer Ausgangspunkt. Der Älteste hatte meist sofort etwas zu sagen, und später, wenn auch wir unsere Gefühle, Meinungen oder Ideen eingebracht hatten, fingen die Jüngeren manchmal auch an, etwas zu sagen. So saßen wir ungefähr 10 bis maximal 15 Minuten im Kreis. Wenn etwas entschieden werden musste, taten wir dies, nachdem die Klangschale das Ende des Dialogs angekündigt hatte und die Kerze ausgeblasen worden war. Wir hatten dies durch Trial-and-Error gelernt, denn wenn wir eine Entscheidung treffen wollten, während wir den Redestab noch herumreichten, wurde schon bald durcheinandergeredet. Es gab dann oft hitzige Diskussionen, Kinder liefen weg, wir wurden gereizt. Wenn wir mit den Entscheidungen bis nach Kreise-Ende warteten, gab es viel weniger Diskussionen und Ärgernisse, auch wenn es um Entscheidungen ging, die wir als Eltern für unsere Kinder trafen.

Wir haben noch etwas anderes durch dieses fehlerfreundliche Ausprobieren gelernt. Nämlich, wie wichtig es ist, dass der Dialograum ein sicherer Raum ist, in dem wir positive Erfahrungen machen, wenn wir sprechen und zuhören. Nach den ersten sehr erfolgreichen kurzen Kreisen kam es vor, dass ich nach einem heftigen Konflikt mit meinen beiden Söhnen gereizt rief: „Und jetzt alle auf die Couch, ich verlange eine Talking Stick-Runde!" Als wir anfingen, war ich der Erste, der den Stab in die Hand nahm, erzählte ihnen sehr verärgert, dass ich ihr Verhalten nicht akzeptierte und machte deutlich, was ich von ihnen wollte und was nicht. Ausgetobt gab ich den Stab an die nächste Person weiter. Doch es gab nicht mehr viel zu sagen. Die Kinder wollten nicht reden, nur meine Frau teilte mir sehr ehrlich mit, wie es ihr in diesem Moment mit mir und uns im Kreis ging. Die Spannung war auch für sie viel zu groß und machte jeden Wunsch nach Dialog zunichte. Danach dauerte es einige Zeit, bis die Kinder wieder das Vertrauen hatten, dass der Kreis am Sonntag angenehm war, und sie wieder gerne daran teilnahmen.

Daraus habe ich gelernt, dass der Dialog nur auf freiwilliger Basis, gleichwertig und unter Wahrung der Autonomie aller Beteiligten möglich ist. Dass er ein Raum ist, in dem man sich gerne aufhalten möchte, weil man sich gesehen und gehört fühlt, auch wenn die Themen vielleicht nicht einfach sind. Inzwischen kommen wir nur dann mit dieser positiven und freiwilligen Intention zusammen, wenn wir als Eltern das Gefühl haben, dass wir offen und gleichwertig mit unseren Kindern sprechen wollen. Die Kreise werden etwas länger und die Kinder fragen regelmäßig selbst danach. „Wann machen wir wieder einen Dialog?", klingt es dann.

DIALOG IN DER VERWANDTSCHAFT

Die Verwandtschaft oder Großfamilie ist ein viel größeres System als die Kernfamilie. Sie umfasst, neben Eltern, Brüdern und Schwestern, deren Partner*innen und möglicherweise Kinder, mehrere Generationen und Verzweigungen. Häufig geht der Kontakt zwischen Familienmitgliedern im Laufe der Jahre mehr oder weniger verloren, da die Kinder ausfliegen und ihre eigenen Familien gründen. Die Verwandtschaft kommt zu rituellen Momenten wie Geburtstagen oder Feiertagen zusammen oder wenn es wichtige Themen gibt, die sie alle angehen. Die Betreuung der alternden Eltern, ein erkranktes oder verstorbenes Familienmitglied oder die Aufteilung eines Erbes sind Themen, die alle Mitglieder der Großfamilie betreffen. Gibt es eine Zusammenarbeit innerhalb eines Familienunternehmens, so dominiert die Arbeit weitgehend den täglichen Umgang miteinander. Wenn man es nicht gewohnt ist, gemeinsam offen über solche wichtigen Fragen zu sprechen, entstehen schnell Konflikte. Sie äußern sich entweder unterschwellig in der Qualität des gemeinsamen Kontakts oder sie eskalieren zu

Streitigkeiten, die zum Abbruch oder zu ernsthafter Zerrüttung der Verbindungen untereinander führen können.

Der Dialog in der Verwandtschaft ist eine spannende Angelegenheit, die von allen Beteiligten Mut erfordert. Gerade wegen der vielen verborgenen Dynamiken und Muster, der tief verwurzelten Gewohnheiten im Umgang miteinander, der unausgesprochenen Urteile und der nicht kommunizierten Vorstellungen, die man voneinander hat, ist der offene Raum für den Dialog oft ungewohnt, neu und manchmal sogar beängstigend. Deshalb ist es sehr hilfreich, wenn jemand von außerhalb der Verwandtschaft als Dialogbegleiter*in herangeholt wird. Wir sind alle so sehr Teil unserer eigenen Großfamilie, dass wir es kaum vermeiden können, in den Prozess hineingezogen zu werden, wenn wir einen Dialog initiieren. Für Dialogbegleiter*innen von außerhalb ist das einfacher. Sie sind wie ein Leuchtturm, an dem sich die mutige Verwandtschaft, die sich auf einen Dialogprozess einlässt, orientieren kann.

Den Geschichten der anderen zuzuhören bringt Entspannung und ist für alle bereichernd. Wenn plötzlich der Onkel, der eigentlich nie etwas sagt, liebevoll über seine Eltern und wichtige Momente in seinem Leben spricht, verändert dies die Wahrnehmung aller Familienmitglieder und die Art und Weise, wie man einander und die Verwandtschaft als Ganzes sieht. Wenn eine junge Erwachsene darüber spricht, was sie bewegt und worüber sie sich Sorgen macht, während ihre Eltern, Onkel und Tanten zuhören, öffnet sich ein neuer Raum im Beziehungsfeld der Großfamilie.

STORYTELLING

Früher, als es noch keine Schrift gab, wurden Informationen innerhalb eines Stammes oder einer Großfamilie ausschließlich durch das Erzählen von Geschichten weitergegeben. Alte Familiengeschichten, archetypische Geschichten und Geschichten aus dem täglichen Leben waren ein wesentlicher Bestandteil des Gemeinschaftslebens. In der heutigen schnelllebigen, zielorientierten Welt mit all ihren anderen Kommunikationsmöglichkeiten ist das Weitergeben von Erinnerungen und persönlichem Wissen mittels gegenseitigen Erzählens von Geschichten stark zurückgegangen.

Geschichten machen Menschen sichtbar. Wenn wir ihnen zuhören, gibt uns das die Möglichkeit, mehr von einer Person zu sehen, sie mehr wahrzunehmen (siehe Kapitel 4: Diversitätsmodell). Dies ermöglicht es uns, uns mit dem Wesen dieser Person zu verbinden und uns von ihr inspirieren zu lassen. Geschichten sind ein Medium, durch das wir Beziehungen zu anderen Menschen aufbauen und stärken. Großfamilien sind voller Geschichten. Wenn sie erzählt werden können, öffnen und vergrößern sie den Raum für die Beziehungen untereinander. Dies ist von unschätzbarem Wert für die Qualität der Beziehungen in der Gemeinschaft.

Als ich fünfzig Jahre alt wurde, organisierten wir ein großes Fest und viele Verwandte aus den Niederlanden kamen nach Österreich, wo ich mit meiner Familie lebe, um dabei zu sein. Zu meiner Überraschung waren Tanten da, die ich schon lange nicht mehr gesehen hatte, und ein Neffe mit seinem erwachsenen Sohn, den ich nicht einmal kannte. Am Abend vor der Feier saßen wir in einem großen Kreis auf der Couch in unserem Haus. Meine Kinder, meine Frau und ich mitgerechnet waren wir etwa 20 Personen. In dieser besonderen Atmosphäre, mit Menschen, die eine lange Reise unternommen hatten, um hier zu sein, und in einer feierlichen, positiven Stimmung wegen des Wiedersehens und des bevorstehenden Festes, kamen plötzlich die Geschichten zum Vorschein. Es wurden Situationen zur Sprache gebracht, die ich längst vergessen hatte. Sie wurden farbenfroh und detailliert beschrieben. Es wurde über Menschen gesprochen, die längst verstorben waren, wie zum Beispiel meine Eltern. Ich hörte Dinge über sie aus einer Perspektive, die für mich überraschend und oft ergreifend neu war. Ich lernte meinen Neffen und seinen Sohn kennen und musste feststellen, dass die Urteile, die ich über diesen Familienzweig hatte, einseitig und kurzsichtig waren: Sie waren so anders, so viel interessanter, sympathischer und lehrreicher, als ich gedacht hatte. Dieser Abend vor meinem fünfzigsten Geburtstag war einer der reichen Abende meines Lebens.

Durch das Geschichtenerzählen verfeinert, nuanciert sich das innere Bild, das die Familienmitglieder über die Verwandtschaft mit sich tragen. Wir können nicht an einer allgemeinen Wahrheit über eine Person oder die Familie im Allgemeinen festhalten, wenn wir die unterschiedlichen Perspektiven wahrnehmen. Es entsteht ein besseres Verständnis für die Geschichte und füreinander und wir finden vielleicht einen anderen Zugang, den wir vorher nicht gesehen haben. Wir stellen fest, dass wir Teil einer viel größeren Realität sind, als wir bisher dachten.

DIALOG IN DER WOHN- ODER LEBENSGEMEINSCHAFT

Zusammenkommen ist ein Anfang,
Zusammenbleiben ist Fortschritt,
Zusammenleben und -arbeiten ist Erfolg.
– Frei nach Henry Ford

Gemeinschaften, in denen Menschen zusammenwohnen und -leben, können sehr unterschiedliche Ausgangspunkte haben. Manche Gemeinschaften sind lose Ansammlungen von Menschen, die in einem oder mehreren Häusern zusammenwohnen, jedoch jeweils überwiegend ein Eigenleben führen. In diesem Kontext kann ein Dialog helfen, um praktische Themen bezüglich des Zusammenwohnens zu besprechen. Auf diese Weise werden die Stimmen der Gemeinschaftsmitglieder hörbar und alle Facetten eines bestimmten Themas werden aufgezeigt, bevor Entscheidungen getroffen werden. Durch den Dialog wird die Diversität innerhalb der Gemeinschaft sichtbar und für alle erfahrbar. Das Verständnis füreinander, für die Hintergründe und Bedürfnisse der anderen, legt den Grundstein für ein gut funktionierendes Zusammenwohnen.

Viele Lebensgemeinschaften gehen in ihrem Bedürfnis nach Verbindung und Gemeinschaftsgefühl einen Schritt weiter. Sie gehen von einem bestimmten Ideal aus, einer Vision der Natur und der menschlichen Entwicklung oder einer Vision der Spiritualität. Ziel des Zusammenlebens in der Gemeinschaft ist es, diese Mission und Vision gemeinsam zu gestalten und sich in diesem Rahmen persönlich entwickeln zu können. Die Beziehungen und Verbindungen zwischen Menschen werden in solchen Gemeinschaften durch die vielen intensiven und persönlichen Begegnungen untereinander stark herausgefordert.

Hier erhält der Dialog den Charakter eines Dialogs im Kontext von Liebesbeziehungen, Familien und der Verwandtschaft: Größere Verbundenheit bedeutet einerseits größere Nähe, samt allen Vorteilen von Sicherheit und Zusammenhalt, die damit einhergehen. Auf der anderen Seite ist sie aber auch die Wiege für Projektionen, gegenseitige Erwartungen, Enttäuschungen und Verletzungen.

Das Problem ist, dass die wechselseitigen Beziehungen denen einer Familie ähneln, gleichzeitig jedoch die natürliche Verbundenheit eines Familiensystems fehlt. Familien bleiben Familien, auch wenn die Qualität der Beziehungen schlecht oder problematisch ist. Gemeinschaften leben von der Qualität ihrer Beziehungen und lösen sich auf, wenn diese zu sehr schwindet. Das bedeutet, dass wir viel in die Begegnung miteinander investieren und uns mit den Unterschieden und mit den starken Gefühlen auseinandersetzen müssen, die untrennbar mit dieser Form des Zusammenlebens verbunden sind. Es braucht den regelmäßigen Dialog, um eine gesunde Basis für diese Komplexität zu schaffen und zu bewahren.

DIALOG IN DER LERNGEMEINSCHAFT

Jedes erfolgreiche Individuum weiß, dass seine oder ihre Leistungen von einer Gemeinschaft von Personen abhängen, die zusammenarbeiten.
– Paul Ryan

Learning Community ist ein Konzept, das in den Achtzigerjahren in Amerika entstanden ist. Eine Lerngemeinschaft ist eine Gruppe von Menschen, die ein bestimmtes Problem miteinander erkunden. Ziel ist es, gemeinsam über das Thema zu lernen und Antworten auf die mit dem Problem verbundenen Fragen zu finden. In Amerika und zunehmend auch in Europa entstehen Lerngemeinschaften im Rahmen der universitären Bildung. Sie sind Teil eines pädagogischen Ansatzes, der auf der Kraft des Kollektivs und des gemeinsamen Lernens und Schaffens beruht. Lerngemeinschaften entstehen auch in Bezug auf gesellschaftliche Themen und Veränderungen innerhalb von Organisationen.

Es gibt verschiedene Formen von Lerngemeinschaften. Je nachdem, in welchem Kontext und zu welchem Zweck man sie einsetzt, werden sie als Learning Community, Studienkreis, Lernforum oder Studiengruppe bezeichnet.

Für die Lerngemeinschaft ist es wichtig, dass die beteiligten Personen das gleiche Ziel verfolgen und dass absolute Gleichwertigkeit herrscht. Die Rolle der Lehrenden gibt es nicht: die Lehrkräfte oder Prozessbegleiter*innen sind ebenfalls Teil der Gruppe und tragen gleichermaßen zur Lerngemeinschaft als Ganzes bei.

Die Fähigkeit, einander zuzuhören, und die Bereitschaft, gemeinsam über ein Problem nachzudenken, setzen eine gute Qualität der Beziehungen voraus. Für den Fortschritt innerhalb der Gruppe und den Erfolg der Mission ist es notwendig, dass die Menschen sich als Teil der Gruppe fühlen, dass eine gewisse

Loyalität zueinander und zum Prozess entsteht und dass sie bereit sind, sich gegenseitig zu helfen. Wenn diese Grundlage geschaffen und gut gepflegt wird, kann die Lerngemeinschaft ein großes kreatives Potenzial entwickeln und einen wichtigen Beitrag zur persönlichen Entwicklung und zum Lernen der Teilnehmenden leisten. Wenn die Lerngemeinschaft Teil einer größeren Organisation oder gesellschaftlichen Gruppe ist, leistet sie einen wichtigen Beitrag zur Entwicklung des Ganzen.

Dialog in der Lerngemeinschaft ist der Motor für den zwischenmenschlichen Kontakt. Er trägt dazu bei, Unterschiede und Gemeinsamkeiten sichtbar und greifbar zu machen. Er bietet jeder Stimme die Möglichkeit, ihre eigene, einzigartige Weisheit zum Ausdruck zu bringen. Auf diese Weise lernen die Menschen einander kennen und es entsteht das Vertrauen, das für die Zusammenarbeit, das Erreichen bestimmter Ziele und den Umgang mit Spannungen erforderlich ist. Zugleich ist der Dialog ein Raum, in dem alle Gedanken zu einem bestimmten Thema frei nebeneinander existieren können. Die daraus resultierende Fülle von Gedanken und Erkenntnissen gibt wichtige Impulse für das gemeinsame Lernen.

*In den Neunzigerjahren betreute ich eine Lerngemeinschaft zum Thema Stottern. Die Teilnehmenden waren diplomierte Logopäd*innen, die einen Stotter-Therapie-Kurs absolvierten. Da sie alle bereits viel Arbeitserfahrung hatten und dieser Fachbereich viele Fragen aufwirft, jedoch wenige eindeutige Antworten bietet, schien es eine ausgezeichnete Gelegenheit, in Form einer Lerngemeinschaft zusammenzuarbeiten. Die Gruppe arbeitete ein Jahr lang einmal monatlich miteinander.*

Wir begannen jeden Tag mit einem Check-in im Kreis. In diesem Kreis gab es Raum sowohl für das Persönliche aller als auch für die Inhalte dieses Tages. Je nach den Zielen, die jede Person persönlich verfolgt hatte, präsentierten die Teilnehmenden dann eine Lernerfahrung. Das konnte eine Buchbesprechung, ein Report über ein Seminar, eine bestimmte Therapiemethode oder ein Interview, das sie mit jemandem hatten, sein. Ziel war es, alle Informationen und das gesamte Wissen innerhalb der Gruppe für alle Teilnehmenden zugänglich zu machen.

Dann bereiteten wir den offenen Dialog in der Gruppe vor, indem wir in kleinen Gruppen nach den Themen suchten, die in diesem Moment für alle wichtig waren. Im Laufe der Zeit fiel auf, dass es in den Themen viele Berührungspunkte gab und dass wir oft mehrere sich ähnelnde Fragen zum übergreifenden Thema des Dialogs machen konnten. Im offenen Dialog stand dieses Thema dann im Mittelpunkt und wir dachten gemeinsam darüber nach. Alle Gedanken, Perspektiven und Assoziationen waren willkommen, sodass eine möglichst große Vielfalt an Bildern entstand. Es war ein offener kreativer Raum, in dem alles willkommen und möglich war und in dem wir uns noch auf nichts festlegen wollten.

Manchmal stellte sich heraus, dass in der gesamten Gruppe oder zwischen zwei Teilnehmenden etwas passiert war, das so wichtig war, dass es in diesen Dialograum eingebracht wurde. Wir stellten uns dann die Frage, wie wir damit umgehen und wie viel Zeit wir uns dafür nehmen wollen. Normalerweise gelang es uns, dem Beziehungsaspekt innerhalb einer halben Stunde so viel Aufmerksamkeit zu schenken, dass wir mit dem Inhalt weitermachen konnten. Manchmal hatten wir keinen Erfolg und verbrachten die ganze Zeit mit der Frage, wie es allen in der Gruppe und miteinander ging.

Einander zuzuhören, Reaktionen und Urteile zurückzustellen und sich authentisch aussprechen zu können, brachte uns meist schnell zum Kern der Sache. Aus dieser Essenz entstand manchmal ein Gespräch, das auf ganz andere Weise in direktem Zusammenhang mit dem inhaltlichen Thema stand, über das wir nachdenken wollten. Die Auseinandersetzung mit der Beziehungsebene brachte uns dann offenbar in ein anderes Informationsfeld, was ein wichtiger Input für den Inhalt war, über den wir lernen wollten. Solche Dialoge hatten den kreativsten Output und waren für die Gruppe als Ganzes bereichernd und lehrreich.

Nach dem Dialog besannen wir uns, als Gruppe und jede Person für sich, auf den nächsten Schritt in unserem kollektiven Lernen. Wir besprachen, welche Form dieser nächste Schritt haben könnte, und verteilten Aufgaben untereinander.

Dies ist ein Beispiel für eine Lerngemeinschaft, in der der Dialog die Grundlage für den gemeinsamen Prozess bildete. Die wichtigste Frage war: Wie viel Raum und Zeit wollen wir für den Beziehungsaspekt aufwenden und wie viel für das gemeinsam definierte Ziel? Wie viel Beziehung (love) brauchen wir, um zielorientiert zu sein? Und wie viel Zielorientierung (power) brauchen wir, damit wir uns nicht in Beziehungsthemen verlieren und unsere Aufgabe erfüllen?

Innerhalb des bestehenden Schulsystems schafft der Dialog Raum für Gleichwertigkeit und gegenseitigen Respekt. Wenn sich die Schüler*innen wirklich gehört und gesehen fühlen in dem, wer sie sind, und wenn ihre Beiträge als genauso wichtig angesehen werden, wie die der anderen, sind sie meist viel eher bereit, konstruktiv zusammenzuarbeiten. Es ist ein Schritt in Richtung gemeinsamer Verantwortung von Lehrkräften, Management und Schüler*innen für die Qualität ihrer eigenen Lernumgebung.

Vor einigen Jahren wurden meine Frau Julia und ich gefragt, ob wir eine Dialogrunde in der 5. Klasse eines Gymnasiums in Österreich, wo wir leben und arbeiten, begleiten wollen. Damals wussten wir noch nicht viel über den Dialog in diesem Kontext, aber wir waren neugierig und aufgeschlossen. Verhältnismäßig unvorbereitet machten wir mit zwanzig Schulkindern und ihrer Klassenlehrerin einen Kreis. Die Lehrerin war dazu bereit, für die Dauer des Dialogs einen gleichwertigen Beitrag zu leisten und mit Vornamen statt Frau Professor und mit Du statt Sie angesprochen zu werden, ein Schritt, der im österreichischen Bildungswesen nicht selbstverständlich war und ist. Grund für die Anfrage waren die vielen Konflikte und Spannungen zwischen Einzelpersonen und Teilgruppen innerhalb der Klassengemeinschaft, die sich negativ auf die Atmosphäre und das Lernen auswirkten. Innerhalb der Schule wurde die Klasse vom Lehrerkollegium als schwierig angesehen. Regelmäßig wurden Ordnungsmaßnahmen für die gesamte Gruppe oder für eine bestimmte Teilgruppe ergriffen.

Wir hatten vier Stunden zur Verfügung und beschlossen, zwei Dialogrunden zu führen. Die erste Runde bot einen offenen Raum für alle Themen, Gefühle und unterschiedlichen Standpunkte innerhalb der Gruppe. In der zweiten Runde wollten wir gemeinsam über Schritte zur Verbesserung und Veränderung nachdenken.

*Es entstand ein lebhafter Austausch mit einer Vielzahl an verschiedenen Meinungen und Erfahrungen. Durch die Verwendung eines Sprechsymbols und das Festhalten an den Richtlinien für den Dialogkreis kamen alle zu Wort, auch diejenigen, die normalerweise nicht oder nur wenig sprachen. Die Schüler*innen äußerten große Unzufriedenheit. Sie fühlten sich oft wie Kinder behandelt und in allem, was sie beitragen wollten und konnten, nicht ernst genommen. Ein Großteil ihrer Rebellion gegen die Lehrkräfte schien Ausdruck dessen zu sein. Voneinander* *zu hören, dass sie alle eine ähnliche Wahrnehmung und Erfahrung hatten, war der Anfang eines wachsenden Verständnisses füreinander und eines Gefühls der Verbundenheit. Die Klassenlehrerin hörte zum ersten Mal, dass dieses Gefühl ein wichtiges Grundmotiv war, sowohl für gewisse Spannungen untereinander als auch für die schwierige Beziehung zum Team der Lehrkräfte. In der zweiten Runde dachte die Klasse darüber nach, wie sie anders miteinander und mit dem Gefühl, nicht respektiert zu werden, umgehen könnte. Ein wichtiger Beitrag der Klassenlehrerin war das Angebot, das Thema im Team zu besprechen und zu schauen, ob eine Dialogrunde mit mehreren Lehrkräften geplant werden konnte. Die Klasse selbst suchte nach konstruktiven Vorschlägen und Initiativen, die sie den Lehrkräften anbieten konnte.*

Es ist ein Beispiel für einen Dialog, der dazu beitrug, dass die Schüler*innen sich selbst und einander wahrnehmen und dadurch auch wieder spüren konnten. Sobald dies möglich wird, entsteht eine Lebendigkeit, die zu einer gemeinsamen Kreativität und einem Wohlwollen führt, das dringend gebraucht wird, wenn es um Bildung geht. Sir Ken Robinson[53] sagt dazu:

*Die Herausforderung besteht darin, unsere Bildung von einem Industriemodell des 19. Jahrhunderts in einen Prozess des 21. Jahrhunderts zu verwandeln, der auf anderen Prinzipien beruht. Die derzeitigen Bildungssysteme basieren auf fabrikmäßigen Prinzipien der Linearität, Konformität und Standardisierung. Immer wieder stellt sich heraus, dass Schüler*innen und Lehrkräfte nicht so funktionieren. Der Hauptgrund dafür ist, dass die menschliche Entwicklung nicht linear und standardisiert verläuft, sondern organisch und vielfältig ist. Lernen ist ein persönlicher Prozess. Was und wie junge Menschen lernen, sollte ihre persönliche Energie, ihre Vorstellungskraft und ihre verschiedenen Arten des Lernens ansprechen.*

53 In Ted Talk 2010: Bring on the learning revolution

DIALOG IN ORGANISATIONEN

Wir brauchen den Mut, die Menschlichkeit wieder in die Zusammenarbeit einzuladen. Sie ist es, die letztlich Großes hervorbringt.
– Sabine Helene Kresa

Organisationen unterscheiden sich von Gemeinschaften dadurch, dass sie eine klar definierte Aufgabe zu erfüllen und ein gemeinsames Ziel zu erreichen haben. Während die Beziehung zwischen den Menschen in der Gemeinschaft mehr Gewicht erhält, konzentriert sich die Organisation in erster Linie auf Handlung, Ergebnis und Effektivität. In der Gemeinschaft steht die Person im Mittelpunkt, in der Organisation stehen die Aufgabe und die Funktion im Mittelpunkt.

Innerhalb der Organisation bietet der Dialog einen offenen Raum, in dem Menschen einander begegnen, Beziehungen knüpfen und sich weiterentwickeln können. Der Dialog bietet Menschen die Möglichkeit, sich auszudrücken, sich gehört zu fühlen und ihren persönlichen Beitrag zu wichtigen Themen innerhalb der Organisation zu leisten. Im Dialog können die Unterschiede zwischen Menschen sichtbar und zu einer Quelle gemeinsamer Kreativität werden, die neue Informationen und Beiträge in die Organisation einbringt. Auf diese Weise stellen wir die Menschen, Beziehungen und unterschiedliche Sichtweisen innerhalb von Organisationen in den Vordergrund und nutzen ihr Potenzial.

In diesem Zusammenhang wollen wir das Managementteam aus dem Beispiel in Kapitel 1 näher betrachten.

*Das Managementteam, bestehend aus neun Inhaber*innen einer großen, erfolgreichen Unternehmensberatungsfirma, befand sich in folgendem Dilemma: Nach 25 Jahren Arbeit mit einem spezifischen inhaltlichen Konzept und einer bestimmten Organisationsstruktur, die zu großen Erfolgen, einem bekannten Namen und einer erheblichen Expansion geführt hatten, war es Zeit für einen Wandel. Das meinten zumindest vor allem die jüngeren Partner*innen, die über eine rückläufige Nachfrage und zunehmende Konkurrenz auf dem Markt besorgt waren. Alle waren sich einig, dass etwas getan werden musste, doch es gab verschiedene Meinungen darüber, was genau in welchem Tempo geschehen sollte. Man hatte bereits die gemeinsame Entscheidung getroffen, eine Beratungsfirma zu beauftra-*

gen, die Visionsentwicklung zu begleiten, doch als sich der Anfang dieses Prozesses näherte, wurden die Unterschiede immer deutlicher. Es entstand ein interner Konflikt in Bezug auf die Frage, welcher Auftrag der Beratungsfirma genau erteilt werden sollte. In der zunehmenden Spannung, die dies verursachte, entschied sich das Team für einen gemeinsamen Tag des Dialogs, um die Unterschiede sichtbar zu machen und die Spannungen offen zum Ausdruck bringen zu können.

*Der Tag verlief wie folgt: In der ersten Runde, in der das Team die Erwartungen für diesen Tag zum Ausdruck brachte, wurde deutlich, wie oft der bevorstehende Wandel bereits besprochen worden war. Diskussionspapiere waren verfasst und Thementage veranstaltet worden, in denen die Partner*innen mit unterschiedlichen Methoden, mit und ohne Begleitung, versuchten, die Essenz für den kommenden Wandel zu erfassen. Bislang endeten diese Treffen erfolglos, mit einem unbefriedigenden, frustrierenden Gefühl und vielen gegenseitigen Ärgernissen. Mehr denn je hatte man den Eindruck, nicht mehr im Einklang miteinander zu sein. Einige Partner*innen dachten ernsthaft über einen Ausstieg nach.*

Vor allem brauchte man nun einen offenen Raum für den Austausch von Vorstellungen, Gedanken und Gefühlen, um einen Schritt in Richtung des gegenseitigen Verständnisses zu machen. Die Hoffnung war, dass die ersten Konturen einer Richtung sichtbar werden könnten. Oder, wie jemand sagte, dass klar werden würde, ob man miteinander weitermachen wolle oder nicht.

In dieser Offenheit beschlossen wir, an diesem Tag drei Dialogkreise miteinander abzuhalten, in denen sich alle bereit erklärten, nach den Prinzipien des offenen Zuhörens, des offenen Sprechens, der Gleichwertigkeit und des Respekts zusammenzuarbeiten.

Der erste Kreis von anderthalb Stunden bot einen offenen Raum für alle Themen, die man gerade behandeln wollte. Das Gespräch war lebhaft, die Themen vielfältig, die Atmosphäre offen, aber vorsichtig und einigermaßen höflich. Am Ende dieses Kreises gab es eine kurze Reflexionsrunde, in der alle angeben konnten, wie sie den Prozess erlebt hatten. Eine der Teilnehmenden war in schlechter Verfassung. Sie erzählte, wie sie sich bei diesem ersten Gespräch völlig verkrampft und zurückgehalten hatte, ein Gefühl, das sie aus anderen Treffen der letzten Zeit so gut kannte. Die anderen waren beeindruckt und auch aufrichtig besorgt über diese starken Gefühle.

Nach einer langen Pause kamen wir für einen zweiten Dialog zusammen. Diesmal lud ich die Gruppe ein, die Zeit zu nutzen, um direkter miteinander zu reden, ein Risiko einzugehen. Um den Raum dafür zu öffnen, hatte ich einen offenen Stuhl in den Kreis gestellt, auf dem stand: „Das, was wir nicht aussprechen." Nachdem die Frau als erste die Einladung angenommen und ihrem Team mehr über ihre Gefühle erzählt hatte, nutzten die meisten die Gelegenheit, das Gleiche zu tun. Sie sprachen direkt miteinander, stellten Fragen, es wurde differenziert, geklärt und Missverständnisse wurden ausgeräumt. Danach folgte ein Mittagessen mit einer längeren Pause für einen gemeinsamen Spaziergang. Während des Spaziergangs sprachen die Leute in verschiedenen Kombinationen angeregt miteinander. Es war deutlich, dass der letzte Kreis für viel Gesprächsstoff gesorgt hatte. Es herrschte eine positive, lebhafte Atmosphäre.

*Der dritte Kreis begann mit der gemeinsamen Suche nach einer Kernfrage, die für dieses letzte Gespräch des Tages leitend sein könnte. Das wurde die Frage: „Was will jede*r von uns hier, in dieser Organisation, wirklich?" Echtes Interesse an den Wünschen und Bedürfnissen jeder einzelnen Person war entstanden.*

Wir gaben das Sprechsymbol im Kreis weiter. Man tauschte sich über die Wünsche und Vorstellungen aller Beteiligten aus, und zwar respektvoll und aufrichtig interessiert. In diesem Austausch wurden mögliche Richtungen für die Organisation als Ganzes genannt. Als ich fragte, ob es vielleicht sinnvoll wäre, etwas aus diesem Gespräch aufzuschreiben, bemerkte ich sofort, dass die Energie des Gesprächs stockte. Daraufhin sagte der Firmengründer: „Wissen Sie, wie viele Tage und Wochen wir schon über die Strategie gesprochen haben? Wir haben diskutiert, externe Moderation angeheuert, Interviews durchführen und ausarbeiten lassen. Wir haben bereits mindestens fünf Modelle für die Zukunft entwickelt und Flipcharts und Protokolle voller Notizen. Wir haben nach Konsens gesucht, doch es hat uns alles keine Lösung gebracht. Dies ist das erste Mal, dass wir einander wirklich zugehört haben, ohne Ziel, ohne Plan. Gerade weil alle Unterschiede zwischen uns so deutlich geworden sind, habe ich ein besseres Gespür dafür, wohin wir gemeinsam gehen wollen. Das würde ich gerne mitnehmen. Versuchen wir also bitte nicht, es jetzt in eine Zusammenfassung zu zwängen, das können wir später selbst tun, wenn die Zeit dafür reif ist."

In der Schlussrunde des Tages war die gleiche Auffassung hörbar. Der Mehrwert des offenen Raumes für den Dialog wurde von allen hervorgehoben.

Einige Wochen später schrieb mir die Initiatorin, dass dieser Tag viel in Bewegung gesetzt habe, dass ein neues Gefühl der Verbundenheit und des gegenseitigen Vertrauens, ebenso wie der Wunsch, diesen Veränderungsprozess gemeinsam fort-

zusetzen, wichtige Ergebnisse seien. Die Gruppe hatte beschlossen, Ende des Jahres einen zweiten Tag des Dialogs zu planen und das offene Gespräch miteinander fortzusetzen.

Dieses Beispiel macht den Unterschied zwischen dem Dialog und anderen Formen der Kommunikation noch einmal anschaulich. Diese Gruppe von Menschen, alle intelligent und eloquent, selbst Unternehmensberater*innen auf höchstem Niveau und mit vielen Modellen, Techniken und Formen der Prozessbegleitung vertraut, entschied sich bewusst für den offenen Dialograum. Es war der richtige Weg für sie, um wirklich miteinander in Kontakt zu treten, als Quelle für neue Verbindung und Kreativität.

Keine Zeit

Eine weit verbreitete Überzeugung innerhalb von Organisationen ist, dass der Dialog unproduktiv ist und zu viel Zeit in Anspruch nimmt. Zeit, die besser für die praktische Arbeit genutzt wird.

Die Aufmerksamkeit für persönliche Meinungen, Gefühle und Beziehungen innerhalb von Organisationen ist oft mit Angst verbunden: Was passiert, wenn wirklich alle mitreden können? Was machen wir mit dieser Fülle an Informationen und Gefühlen? Eskaliert es dann nicht?

Die Erfahrung beweist das Gegenteil. Momente des Dialogs verbessern die Qualität der Beziehungen, die Einbindung in die Organisation und die kollektive Fähigkeit, Lösungen für Probleme zu finden. Die Organisation als Ganzes wird schließlich effizienter, weil sie ihr menschliches Potenzial besser nutzt. Gefühle, die ausgesprochen und gehört werden können, lösen sich im offenen Dialograum schneller auf als Gefühle, die keinen Raum bekommen: Letztere nehmen Menschen mit nach Hause, sie finden sich im Klatsch und Tratsch während der Kaffeepausen wieder, bleiben über lange Zeit, manchmal sogar über Jahre aufrecht und entziehen dadurch der gesamten Organisation eine beträchtliche Menge an produktiver Energie. Was ursprünglich als Zeitverlust empfunden wurde, entpuppt sich als Zeitgewinn. Hier gilt das Motto von Lothar M. Seiwert: Wenn du es eilig hast, gehe langsam.

Viele Themen in Organisationen wiederholen sich, weil die Lösungen, die dafür gefunden werden, von kurzer Dauer sind. Es bedarf vieler Stunden von Sitzungen, Strategieentwicklungsprozessen, Schulungsprogrammen und externer Beratung, um solche Probleme zu lösen. Doch wie oft hören wir, dass die Menschen wenig Vertrauen haben, dass sich wirklich etwas verändert? Wie viel Zeit wird dadurch letztendlich verschwendet? Wäre es nicht sinnvoll, mehr Dialog zu führen, damit wir über die tieferen Annahmen und Überzeugungen, die den Problemen zugrunde liegen, reflektieren und neu denken können? Wie viel unproduktive Zeit könnte dadurch am Ende eingespart werden?

Dialog als Wert in der gesamten Organisation

Dialog in Organisationen, als Haltung und Methode,
scheint eine ganz spezielle Didaktik zu benötigen,
um einen nachhaltigen Platz in der Unternehmenskultur
einnehmen zu können. Wenn es aber gelingt,
erleben wir die Magie der Menschlichkeit
in ihrer schönsten und kraftvollsten Weise.
– Sabine Helene Kresa

Wenn wir den Dialog als Wert und Prinzip in die Organisation als Ganzes einführen wollen, ist es wichtig, dass er sich nicht auf einen kleinen Teil des Systems beschränkt, sondern sich einen Weg in die Organisation als Ganzes bahnt.

Der Dialogkreis eignet sich besonders gut für die Arbeit mit Teams oder Projektgruppen von bis zu etwa 20 Personen und kann problemlos mit Momenten der Diskussion, Planung und Ausführung bestimmter Aufgaben abgewechselt werden.

Wenn wir einen Dialog mit größeren Gruppen führen wollen, können wir dafür andere Formen nutzen, wie zum Beispiel Open Spaces, World Cafés, Runder-Tisch-Gespräche oder Zukunftskonferenzen.[54]

Oft finden solche Aktivitäten einmalig statt und die Organisation kehrt nach dem Moment des Dialogs zur normalen Alltagsstruktur zurück. Der Dialog selbst wird als positiv erfahren, führt jedoch nicht zu einer strukturellen Veränderung der Kommunikationskultur innerhalb des größeren Ganzen.

Eine solche Veränderung beginnt in der Regel nicht mit großen Veranstaltungen, Trainingsprogrammen und geplanten vertiefenden Begegnungsmomen-

54 Für weitere Informationen über Art of Hosting: http://www.artofhosting.org/resources/articles/

ten. Wenn wir den Dialog langfristig als Haltung und Gesprächsform in der Organisation verankern wollen, ist dies ein längerer Prozess, der sorgfältig geplant und aufgebaut werden muss.

Am Anfang steht eine unerlässliche Veränderung der inneren Haltung des Managements; die Bereitschaft zu verlangsamen, zuzuhören, was in der Organisation und den Menschen vor sich geht, offen über das Wesentliche zu sprechen und Gleichwertigkeit in der Organisation zuzulassen. Es beginnt damit, kleine Momente des Dialogs in bestehende Strukturen einzubauen, wie zum Beispiel Check-in-Runden oder Reflexionsrunden in einer Sitzung, persönliche Gespräche mit Mitarbeitenden und der Kollegenschaft, zuzuhören, was die Menschen wirklich bewegt. Es fängt damit an, selbst Urteile zurückzustellen, weniger reaktiv zu sein, in alltäglichen Gesprächen zu verlangsamen und den Hintergründen verhärteter Standpunkte auf den Grund zu gehen.

Dialogprozesse in Organisationen beginnen damit, Botschafter*innen zu finden, die bereit sind, diesen Weg gemeinsam mit der externen Begleitung zu gehen. Im Dialog mit ihnen können gemeinsam Schritte entwickelt werden, um die Dialogprinzipien in den verschiedenen Bereichen der Organisation zum Leben zu erwecken. Interaction Design (siehe Kapitel 10) ist hier von Bedeutung: im Dialog gemeinsam den Weg vorbereiten und dadurch zu einer Inspirationsquelle und einem Vorbild für die Organisation als Ganzes werden.

DER GESELLSCHAFTLICHE DIALOG

Wir schlagen ein gemeinsames Erkunden vor, was wir sagen, denken und fühlen, und die tiefer liegenden Motivationen, Annahmen und Überzeugungen, die uns dazu veranlassen.
– David Bohm

In den letzten Jahren hat das Interesse am gesellschaftlichen Dialog stark zugenommen. Dabei geht es um das Prinzip der Partizipation, bei dem Bürger*innen einbezogen werden und aktiv an der Entwicklung der Gesellschaft teilnehmen. Ziel ist es, einerseits den Kontakt zwischen verschiedenen Gruppen, Meinungen und Visionen herzustellen und andererseits einen kreativen, auf Diversität basierenden Prozess zur Lösung gesellschaftlicher Fragen in Gang zu bringen.

Ein Beispiel für den gesellschaftlichen Dialog ist der Tag des Dialogs in den Niederlanden, der jährlich in verschiedenen Städten organisiert wird. Darüber hinaus gibt es Nachbarschaftsinitiativen, in denen verschiedene Bevölkerungsgruppen miteinander über Fragen bezüglich des Zusammenlebens in der Nachbarschaft Dialog führen. In Deutschland und Österreich werden regelmäßig Bürger*innen-Foren zusammengestellt, in denen ein breiter Querschnitt der Bevölkerung gemeinsam über aktuelle gesellschaftliche Fragen nachdenkt und die Kommunalpolitik über Lösungsmöglichkeiten berät.

Der gesellschaftliche Dialog zielt darauf ab, Diversität hör- und sichtbar zu machen und gemeinsam über wichtige Themen nachzudenken. Diese Art des Dialogs findet in der Regel in größeren Gruppen statt. Der Fokus liegt mehr auf dem gemeinsamen Denken als auf persönlichen Beziehungen. Die Verbundenheit zwischen den Teilnehmenden steht nicht im Vordergrund. Formen wie Runder-Tisch-Gespräche oder World Cafés sind hierfür besonders geeignet. Der Dialog wird in der Regel strukturiert angeleitet.

Die Herausforderung bei der Organisation eines gesellschaftlichen Dialogs ist, dass der Inhalt und die Ergebnisse des Dialogs von der lokalen und/oder nationalen Politik übernommen und unterstützt werden müssen. Nur dann können sie zu den gewünschten Veränderungen führen. Die Einbeziehung der politischen Entscheidungsträger in den Dialog ist daher unerlässlich.

*In einem alten Arbeiterviertel einer niederländischen Großstadt wurde die Stadtbibliothek mit dem Argument geschlossen, dass die Funktion der Bibliotheken weitgehend veraltet sei. Dies führte zu großen Unruhen im Bezirk und die Stadtverwaltung beschloss, den Bewohner*innen des Bezirks die Möglichkeit zu geben, untereinander nach einem Verwendungszweck für die leerstehenden Räumlichkeiten zu suchen. Die Ergebnisse der diesbezüglichen Gespräche wurden als ausschlaggebend für die weiteren Entscheidungen betrachtet und es durfte in alle möglichen Richtungen gehen. Aus den Gesprächen ging hervor, dass diese spezielle Bibliothek eine stark verbindende gesellschaftliche Funktion in der Nachbarschaft hatte. Die Stadtverwaltung respektierte die Ergebnisse und unterstützte die Realisierung der Vorschläge mit den notwendigen Genehmigungen und einer finanziellen Förderung. Heute fungiert das Gebäude als eine Mischung aus Begegnungsort, Billardclub, Handwerksclub und Bibliothek, die von den Bewohner*innen des Bezirks betrieben wird.*

INTERRELIGIÖSER DIALOG UND POLITISCHER DIALOG

Kirchen und andere religiöse Einrichtungen rufen regelmäßig zum Dialog auf. Häufig wird jedoch von einem Dialog gesprochen, obwohl es sich in Wirklichkeit um ein argumentatives Gespräch zwischen verschiedenen Gruppen handelt. Auch innerhalb der Politik werden meistens eher Standpunkte vertreten und verteidigt, als dass es wirklich zu offenen, persönlichen Gesprächen, gegenseitigem Zuhören und gemeinsamem Denken kommt. Der wichtigste Grund dafür ist, dass Menschen in diesen Kontexten nicht wirklich in der Lage sind, sich frei und autonom in den Dialog einzubringen. Das Sprechen über persönliche Erfahrungen und persönliche Vorstellungen wird von der Loyalität zu einer bestimmten gesellschaftlichen Vision oder Lebensphilosophie mit ihren festen Ausgangspunkten überschattet.

Ein wirklicher Dialog setzt voraus, dass wir frei sind, das beizutragen, was uns persönlich bewegt. Deshalb ist es sowohl für den interreligiösen als auch für den politischen Dialog von wesentlicher Bedeutung, dass die Teilnehmenden sich frei und autonom fühlen und nicht stellvertretend für eine Partei oder eine Glaubensrichtung agieren müssen. Es ist wichtig, feste Sichtweisen und Überzeugungen zu relativieren, bereit zu sein, sie in Frage zu stellen und sich der Idee zu öffnen, dass es eine umfassende Wirklichkeit gibt, in der alle Unterschiede einen Platz haben.

DIALOG UND KONFLIKT

Friede ist nicht die Abwesenheit von Konflikten,
sondern das Vorhandensein kreativer Alternativen, auf Konflikte zu reagieren:
Alternativen zu passiven oder aggressiven Reaktionen, Alternativen zu Gewalt.
– Dorothy Thompson

Konflikte treten in jedem Kontext auf. Sie zeichnen sich durch eine Verhärtung der inneren Positionen der beteiligten Personen oder Parteien aus. Diese Verhärtungen rühren von vergangenen Erfahrungen her, die negativ, schmerzlich oder manchmal sogar traumatisch waren. Ein Konflikt entsteht aus der Dynamik, in der die eine Partei das Gefühl hat, Opfer dessen zu sein, was die andere Partei getan hat, beziehungsweise Opfer einer Idee oder einer Vision von jemand anderem zu werden. Wir verteidigen uns, indem wir einen stärkeren inneren Standpunkt einnehmen, heftig argumentieren oder uns sogar aggressiv verhalten. Nehmen wir das Beispiel eines Kindes, das etwas möchte, und eines Elternteils, der es verbietet. Beide nehmen den Standpunkt ein, Recht zu haben und das Vorrecht zu haben, der anderen Person den eigenen Willen aufzuzwingen. Beide fühlen sich als Opfer des Gegenübers. Der Konflikt ist geboren. In gleicher Weise entstehen Konflikte zwischen Gruppen von Menschen und zwischen Ländern.

Ein Konflikt ist meistens eine Kettenreaktion. Häufig ist nicht mehr klar, wie er angefangen hat, welche Situation die Ursache war. Die Situationen haben sich im Laufe der Zeit angehäuft, die Gefühle haben sich mehr und mehr verfestigt. Infolgedessen rufen auch neue Situationen defensive oder offensive Reaktionen hervor, die nur schwer aufzuhalten sind. Die beteiligten Personen reagieren aufgrund fester Annahmen, die sie übereinander haben. Wirklicher Kontakt und ein echtes Gespräch sind nicht mehr möglich. Dies ist vor allem dann der Fall, wenn es bei Konflikten nicht um aktuelle, reale Situationen geht, sondern diese aus der Vergangenheit fortbestehen. Größere Konflikte sind oft in vorherigen Generationen entstanden und werden innerhalb einer Familie, einer bestimmten politischen oder religiösen Bewegung, innerhalb der Geschichte eines Landes oder einer Kultur weitergegeben. Dann fangen sie an, ihr eigenes Leben zu führen, sie sind nicht mehr an eigene persönliche Erfahrungen gebunden, sondern leben als eine Mission fort, die nicht mehr hinterfragt werden kann.

Die Kommunikation in Konfliktsituationen ist gekennzeichnet durch:

- Hohe emotionale Reaktivität. Die Reaktionen folgen rasch aufeinander, das Denken läuft auf Hochtouren und reagiert reflexartig, schnell und im Einklang mit Urteilen und negativen Gefühlen. Diskussion, Argumentation und Debatte überwiegen.
- Nicht in der Lage sein, einander zuzuhören.
- Schwierigkeiten, aus der persönlichen Erfahrung heraus offen miteinander zu sprechen. Verletzlichkeit zu zeigen bedeutet, der anderen Person eine Waffe in die Hand zu geben.

- Starke Emotionen. Ein gesprochenes oder unausgesprochenes Wort, eine Geste oder ein Blick kann jeden Augenblick zu heftigen emotionalen Reaktionen führen.
- Misstrauen. Die andere Partei wird als Bedrohung der eigenen Position, Sicherheit oder sogar Existenz empfunden.

Wir sprechen von einem Konflikt, wenn Spannungen und Verhärtung durch die eine oder andere Form von Gewalt sichtbar werden, sei es Gewalt mit Worten oder mit Taten. Gewalt mit Worten geschieht jedoch lange bevor wir sie bewusst wahrnehmen. Worte mit einer negativen emotionalen Ladung, Schimpfwörter oder strafende, abfällige Bewertungen haben eine unmittelbare negative Wirkung auf unseren Körper und rufen den Impuls hervor, uns in Sicherheit zu bringen und uns zu verteidigen.

Wie oft sagen wir zu unseren Kindern: „Nun sei nicht albern, du bist doch kein kleines Kind mehr, oder?" Völlig unschuldig. Aber der Körper des Kindes reagiert negativ. Es wendet sich ab, streckt die Zunge heraus, fängt an zu weinen oder zieht sich zurück. Es denkt vielleicht: „Das wird mir nie wieder passieren. Ich werde der Welt zeigen, dass ich kein kleines Kind bin." Jede spätere Situation im Leben dieses Kindes, die ihm das Gefühl gibt, wie ein kleines Kind behandelt zu werden, kann Anlass für Verteidigung und Konflikt sein.

Vorbeugen

Deshalb beginnt der Konflikt bereits in unseren alltäglichen Worten und unserem Sprachgebrauch, der uns selbstverständlich vorkommt und überwiegend unbewusst verläuft. Bewusstsein zu entwickeln über die Art und Weise, wie wir unsere Worte nutzen und mit uns selbst und anderen sprechen, ist daher der erste Schritt nach dem Motto: lieber vorbeugen als heilen. Die Beziehung zwischen Dialog und Konflikt beginnt, lange bevor wir einen Konflikt als solchen erkennen und benennen. Wenn wir zuhören und gehört werden können und gleichzeitig Verlangsamung, Gleichwertigkeit und Respekt erfahren, verhärten wir weniger schnell und weniger stark. Somit beugt der Dialog Konflikten in einem frühen Stadium vor. Deswegen ist es wichtig, Dialogprinzipien in der Familie und in der Schule zu üben und von klein auf mit ihnen vertraut zu werden.

Lösen

Wenn die Verhärtung und die Gewalt eine gewisse Schwelle überschreiten, bezeichnen wir das als einen Konflikt. Friedrich Glasl[55] spricht von drei Eskalationsphasen: der rationalen, der emotionalen und der Streitphase.

In der rationalen Phase eines Konflikts ist noch vieles möglich. Tatsächlich kann der Konflikt zum Gewinn auf beiden Seiten führen, wenn die Parteien da gemeinsam gut herauskommen. Im Alltäglichen werden politische Konflikte in der Regel auf rationale Art und Weise ausgetragen, indem man miteinander debattiert und verhandelt. Erst wenn es mehr oder weniger emotional wird, sprechen wir wirklich von einem Konflikt, der als Problem empfunden wird. Die emotionale Reaktivität ist so hoch, dass ein normales Miteinander-Reden kaum noch möglich ist. Letztlich sucht der Konflikt einen Ausweg in kleinerer oder größerer Gewalt, wie wir sie täglich um uns herum und in der Welt erleben.

Je eher wir Menschen helfen können, dialogisch miteinander zu reden, desto geringer ist das Risiko weiterer Eskalationen.

Bei der Deeskalation von Konflikten spielt vor allem Verlangsamung eine wichtige Rolle. Verlangsamung verringert die Reaktionsgeschwindigkeit. Wir können kurze Momente des Gesprächs mit Pausen abwechseln oder mit einem Sprechsymbol arbeiten. Die Erfahrung lehrt, dass Dialogbegleiter*innen bei emotional eskalierten Konflikten kraftvoller und stärker eingreifen müssen, damit das Gespräch so dialogisch wie möglich verlaufen kann.

*Ein Kollege begleitete eine Familie, in der sich ein langanhaltender Konflikt abspielte. Die Ursache war eine unrechtmäßige Erbteilung und viele verschiedene Meinungen darüber, wem Unrecht getan wurde und wem nicht. Fünf Geschwister und ihre Partner*innen wurden eingeladen, dies miteinander zu besprechen. Die Emotionen waren hochgekocht, die gegenseitigen Urteile verhärtet. Die Situation war jedoch für alle so unangenehm geworden, dass sie bereit waren, zusammenzukommen und darüber zu sprechen.*

Der Kollege war im Vorfeld sehr angespannt, da er diese Familie kannte, und überlegte, wie er in diesem Gespräch am besten einen ersten Schritt in Richtung Offenheit und gegenseitigen Respekt begleiten könnte. Er begann den Kreis mit einem kraftvollen Statement, in dem er die aktuelle Situation in ein paar Sätzen

55 Friedrich Glasl 2020

beschrieb. Er teilte mit, kein Schiedsrichter sein zu wollen, sondern ein Gespräch begleiten zu wollen, in dem alle zu Wort kommen. Er besprach die Richtlinien für den Dialog und fragte, ob alle zustimmen konnten. Er sagte: „In diesem Raum können wir alles sagen, aber lasst uns nicht über die anderen sprechen, sondern nur über uns selbst, was uns persönlich bewegt." Nach einer kurzen Erklärung, warum dies für ihn so wichtig war, fragte er, ob sie einverstanden waren, und er erhielt persönliche Zustimmung von allen. Als ersten Schritt machte er eine Runde mit der Frage: Warum ist diese Familie wichtig für mich? In einer zweiten Runde ging es weiter mit dem, was alle Beteiligten in diesem Konflikt wirklich bewegte. Nach einem etwa eineinhalbstündigen Gespräch legten sie eine lange Pause ein. Danach machten sie eine dritte Runde, in der es darum ging, was sie alle brauchten, um sich wieder besser als Familie verbinden zu können. In der letzten Runde wurde es zeitweise wieder heftig. Doch alle hielten sich an die Verlangsamung, indem sie das Sprechsymbol verwendeten und der Regel folgten, nur über sich selbst und aus dem Herzen heraus zu sprechen, anstatt über die anderen.

Mein Kollege erlebte sich selbst als stark moderierend, jedoch stets aus dialogischer Perspektive: verlangsamen, zuhören, sprechen, gleichwertig, respektieren, suspendieren. Es war ein wichtiger erster Schritt, der den Konflikt in der Familie dermaßen deeskalierte, dass eine erste Entspannung spürbar wurde und alle am Ende bereit waren, sich auf ein weiteres Gespräch einzulassen.

Verlangsamung ist das erste wichtige Prinzip, das wir als Dialogbegleitung einbringen, um eine Deeskalation einzuleiten. Wir werden uns in der Regel viel stärker moderierend verhalten als in offenen Dialogen. Bei dieser Moderation geht es jedoch nicht um die inhaltliche Moderation, sondern um die Einhaltung der Dialogprinzipien.

Es erfordert Wissen und vor allem Erfahrung, sich in Konflikten als Dialogbegleiter*in weiterhin dialogisch bewegen zu können und sich nicht in den Inhalten der Meinungsverschiedenheiten zu verheddern. Es ist wichtig, dass alle gehört werden. Manchmal ist es auch wichtig, den Teilnehmenden zu helfen, die zugrunde liegenden Bedürfnisse hinter den oft scharfen, verurteilenden Worten zu erkennen und auszudrücken. Dies ist möglich, wenn wir als Begleitung zentriert bleiben können, wenn wir uns gegebenenfalls auch trauen kraftvoll zu handeln und wenn wir genügend Erfahrung mitbringen, um adäquat auf Menschen in starken Gefühlszuständen einzugehen.

Restorative Circles

Eine besondere Form der dialogischen Begleitung in Konfliktsituationen ist die Arbeit nach dem Prinzip der Restorative Justice.[56] Dabei geht es um die strukturierte Begleitung eines Dialogs zwischen Täter*innen und Opfern. Beide Seiten kommen zu Wort und übernehmen gemeinsam Verantwortung für die entstandene Situation und das dadurch verursachte Leid. Alle Menschen, die auf die eine oder andere Art und Weise in den Konflikt verwickelt sind oder waren und die von ihm beeinflusst werden, kommen zusammen, um sich die Erfahrungen und Bedürfnisse der anderen anzuhören. Gemeinsam suchen sie einen Weg, sowohl dem Opfer gerecht zu werden, als auch dem*der Täter*in die Möglichkeit zu geben, Verantwortung zu übernehmen. Sie denken gemeinsam darüber nach, wie sie dies ermöglichen können. Als Folge dessen gewinnen die Täter*innen langsam ihr Gesicht und ihre Würde innerhalb der Gemeinschaft wieder zurück. Dominic Barter[57] hat dieses Prinzip in seinen Restorative Circles ausgearbeitet. Er entwickelte eine Struktur von Schritten, an die sich Begleiter*innen solcher Kreise halten sollen. Diese Struktur ist notwendig, um die geladene Atmosphäre in diesem Kontext so weit zu entspannen, dass beide Parteien und alle Beteiligten einander wieder sehen und zuhören können.

Restorative Justice als Prinzip und Restorative Circles als Form können vielleicht eine Alternative zu unserem Rechtssystem sein, das bisher hauptsächlich auf Strafe und Ausschluss beruhte. Es liegt auf der Hand, dass sich die Verarbeitung des Leidens und das Übernehmen persönlicher Verantwortung für das, was man einem anderen Menschen angetan hat, auf lange Sicht positiv auswirkt auf den Betroffenen und auf die Gemeinschaft. Opfer sind auf diese Weise besser in der Lage, der Vergangenheit einen Platz zu geben und mit ihrem Leben weiterzumachen. Die Täter*innen können ihr Leben verändern und fallen seltener in gewalttätige Handlungen anderen gegenüber zurück.

---

56 Joshua Wachtel 2013

57 Restorative Justice 2013

ABSCHLIESSEND

I may not be there yet, but I am closer than I was yesterday.
– Jose N. Harris

Der Dialog ist wie das Leben selbst: in jedem Augenblick und jeder Situation neu und anders. Einen Dialog zu führen bedeutet, als Mensch für einen Raum verfügbar zu sein und zu bleiben, in dem Offenheit und Kontakt entstehen und gedeihen können. Wie das in jedem neuen Kontext aussieht, ist sehr unterschiedlich, sowohl inhaltlich als auch was die Form angeht. Obwohl der Kreis eine wichtige Grundform ist, können die Dialogprinzipien auch auf viele andere Arten zum Leben erweckt werden.

Der Dialog steht und fällt mit unserer Präsenz: in diesem Kontext mit diesen Menschen im Moment präsent sein zu können. Mit uns selbst und mit dem, was um uns herum geschieht, in Kontakt zu bleiben. In der Lage zu sein, zwischen den Zeilen zu lesen, also wirklich zuzuhören. Sich persönlich einbringen zu können, die Stille zu begrüßen, Spannungen auszuhalten und diese als Sprungbrett für einen nächsten Schritt zu nutzen. Eine Liebe zu haben für das Engagement dieser Menschen, die in diesem Kontext sinnvoll und in Frieden miteinander leben möchten und kreativ und inspirierend miteinander arbeiten wollen. Liebe für die Menschen selbst, für das Leben in all seiner (Un-)Vollkommenheit und für den Dialog als helfendes Prinzip.

DAS GASTHAUS

Dieses Mensch-Sein ist eine Art Gasthaus.
Jeden Morgen ein neuer Gast.
Eine Freude, eine Depression, eine Niedertracht,
auch ein kurzer Moment von Achtsamkeit
kommt als unverhoffter Gast.

Begrüße und bewirte sie alle!
Selbst wenn es eine Schar Sorgen ist,
die gewaltsam Dein Haus
seiner Möbel entledigt,
selbst dann behandle jeden Gast ehrenvoll.
Vielleicht reinigt er Dich ja,
macht Raum für neue Wonnen.

Den dunklen Gedanken, der Scham, der Bosheit,
begegne ihnen lachend an der Tür und lade sie zu Dir ein.

Sei dankbar für alles, was kommt,
denn alles wird Dir zu Deiner Führung geschickt
aus einer anderen Welt.

– Rumi

TEIL 4

DIALOGISCHES LEBEN UND ARBEITEN IM 21. JAHRHUNDERT

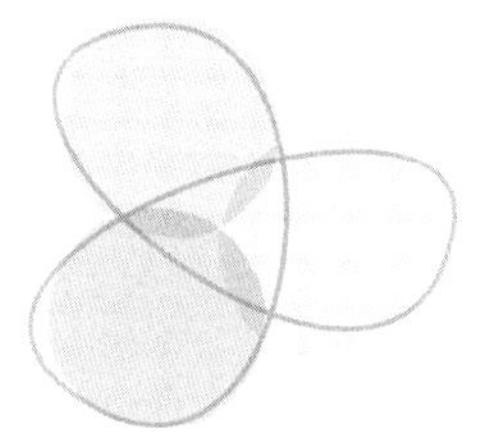

EINFÜHRUNG

In den vorangegangenen Kapiteln haben wir das Konzept des Dialogs näher beleuchtet, ihm Bedeutung verliehen und praktische Anwendungen erkundet. Wir haben gesehen, dass es um viel mehr geht, als nur ein gutes Gespräch zu führen. Im Dialog werden wir stiller, langsamer und hören einander wirklich zu. Wir überprüfen unsere Annahmen und verschieben unsere unmittelbaren Urteile und Reaktionen, damit wir ein besseres Gefühl für das Gesamtbild bekommen, in dem jede Stimme ihren Platz hat. Im Dialog kommen wir unserem authentischen Selbst, den anderen und der Welt näher. Wir berühren und werden berührt in unseren Begegnungen und sie bereichern uns. Die Qualität unserer Beziehungen wächst und wir sind im lebendigen Kontakt mit der Welt um uns herum.

In diesem vierten Teil reflektieren wir die Frage, wie die dialogischen Prinzipien eine Übersetzung in das tägliche Leben, in Familien, in Organisationen und in die Gesellschaft und Kultur unserer Zeit finden können. Welche Kompetenzen sind es genau, die ein dialogisches Leben und Arbeiten im 21. Jahrhundert unterstützen? Was brauchen wir, um authentisch, gleichberechtigt und empathisch in Beziehungen zu leben?

Wir unterscheiden zwischen drei Arten von Kompetenzen, die die Qualität unserer Beziehungen vertiefen: persönliche, systemisch-dialogische und transpersönliche Kompetenzen. Persönlich bedeutet hier, dass wir den Blick nach innen richten und uns in einem Prozess der Selbstreflexion individuell entwickeln. Systemisch-dialogische Kompetenzen haben einen interpersonellen Charakter; sie richten die Aufmerksamkeit auf das Beziehungsfeld, in dem wir leben. Transpersönliche Kompetenzen bewegen sich auf einer tieferen und kollektiveren Ebene; die Fähigkeit, sich mit dem Kollektiv, der Welt als Ganzes, zu verbinden und sich als Teil davon zu erleben.

Die hier beschriebene Kategorisierung ist in gewisser Weise künstlich. In jeder Kompetenz-Art sind die beiden anderen enthalten. Trotzdem macht es Sinn, sie zu unterscheiden, damit die wesentlichen Merkmale klarer sichtbar werden.

KAPITEL 12

PERSÖNLICHE KOMPETENZEN

Man muss Geduld haben,
gegen das Ungelöste im Herzen,
und versuchen, die Fragen selber lieb zu haben,
wie verschlossene Stuben, und wie Bücher,
die in einer sehr fremden Sprache geschrieben sind.
Es handelt sich darum, alles zu leben.
Wenn man die Fragen lebt,
lebt man vielleicht allmählich,
ohne es zu merken,
eines fremden Tages
in die Antworten hinein.

– R. M. Rilke

ACHTSAM PRÄSENT SEIN BEI DEM, WAS IST

INNERE ERFAHRUNGEN

Eine erste wichtige Kompetenz für das Leben im 21. Jahrhundert ist die Fähigkeit, bei allem, womit wir in unserem Leben konfrontiert werden, achtsam präsent zu sein. Können wir den Gedanken, Gefühlen, Wünschen und Stimmungen, die sich in unserer inneren Welt abspielen, aufmerksam begegnen? Es kann sehr schwierig sein, in Kontakt zu bleiben mit all dem, was sich schwierig, unangenehm oder schmerzhaft anfühlt.

Wir neigen dazu, nach schnellen Lösungen zu suchen, wenn etwas unangenehm ist. Die Probleme, die Gefühle, die wir nicht mögen, die düstere Stimmung, der Wunsch, der unerfüllbar scheint – wir würden ihnen am liebsten aus dem Weg gehen. Wenn wir ihnen aber auf achtsame Weise unsere Aufmerksamkeit schenken, entsteht eine Bewegung. Der amerikanische spirituelle Lehrer A. H. Almaas sagt in seinem Buch *The Unfolding Now*[58], dass wir dazu neigen, uns zu sehr in unsere Erfahrungen einzumischen und dabei ihren Wert aus den Augen verlieren. Alle unsere Erfahrungen können sich auf natürliche Weise entfalten, wenn wir sie sein lassen. Nur wenn wir unseren Erfahrungen erlauben, sich zu entfalten, können wir ihre wahre Bedeutung erkennen. Dann entwickeln sich unsere Erfahrungen weiter. Wir haben oft Angst, dass wir in einem bestimmten Erfahrungszustand, den wir nicht mögen, stecken bleiben. Um das zu vermeiden, ergreifen wir Maßnahmen und greifen wir in unsere Erfahrungen ein. Das Ergebnis ist genau das Gegenteil von dem, was wir erreichen wollten. Gerade weil wir unsere Erfahrungen annehmen können, stagniert unsere Entwicklung. Wenn wir dem, was sich in uns auftut, offene und bedingungslose Aufmerksamkeit schenken, findet ein natürlicher Entwicklungsprozess statt und wir geraten in einen Fluss von Erfahrungen, der weiterfließt. Vergleichen Sie es mit der Strömung des Wassers in einem Fluss. Der Fluss – die Erfahrung – geht weiter. Aber das Wasser, das jetzt an uns vorbeifließt, wird im nächsten Moment schon wieder weitergeflossen sein. Das Erleben geht weiter, der Inhalt der Erfahrungen ändert sich ständig.

Manchmal passiert es, dass ich an etwas arbeite und gleichzeitig einen leichten Widerstand spüre, das zu tun, was ich gerade tue. Mein erster Impuls ist dann oft, den Widerstand zu bemerken, aber trotzdem mit dem weiterzumachen, was ich getan habe. Manchmal funktioniert das, doch manchmal nagt der Widerstand an mir und hindert mich daran, mich auf meine Arbeit zu konzentrieren. Dann versuche ich ihn loszuwerden, indem ich darüber nachdenke, was der Grund für meinen Widerstand sein könnte. Wenn auch das nicht hilft, ist die einzige Lösung, die Arbeit für eine Weile einzustellen und zu hören, was der Widerstand mir sagen will. Das ist ein überwiegend körperlicher Prozess: Ich nehme Kontakt mit der Weisheit meines Körpers auf, in der Annahme, dass diese Weisheit sich gerade in Form von Widerstand zeigt.

58 A. H. Almaas 2008

Dieses Beispiel zeigt die Bedeutung von Aufmerksamkeit und von der Kompetenz, aufmerksam präsent zu sein. Wir können daraus einiges lernen:

- Einsicht in die Bedeutung der Aufmerksamkeit an sich reicht nicht aus. Es braucht eine Entscheidung, um wirklich mit Aufmerksamkeit im Moment präsent zu sein.
- Oft gibt es eine Schwelle, ab der man sich für eine aufmerksame Präsenz entscheidet. Um diese Schwelle herum spielen Denkmuster eine Rolle, zum Beispiel der Gedanke: Wenn ich jetzt darauf achte, komme ich mit dem, was ich tue, nicht weiter. Solange wir in solchen Gedanken feststecken, sind wir nicht wirklich aufmerksam.
- Man muss sich bewusst dafür entscheiden, innezuhalten, das, was man vorhatte, loszulassen und aufmerksam in der Situation präsent zu sein.
- Aufmerksamkeit bewegt sich auf unterschiedlichen Ebenen. Zunächst achten wir auf die Gedanken, in denen wir gefangen sind. Dann achten wir auf die Erfahrung von Widerstand. Und schließlich sind wir präsent für den Raum, der in uns entsteht, indem wir aufmerksam anwesend sind, bei unserer Erfahrung im Hier und Jetzt.
- Veränderung entsteht nicht durch die Lösung eines Problems, sondern durch die Aufmerksamkeit für die Erfahrung von Widerstand.

PRÄSENZ IM KONTAKT

Genauso wie es wichtig ist, in Kontakt mit unseren inneren Erfahrungen zu sein, ist es wichtig, dass wir die Erfahrungen, die wir im Kontakt mit anderen Menschen machen, aufmerksam wahrnehmen. Auch hier haben wir oft die Tendenz, uns nicht wirklich mit unseren Erfahrungen auseinanderzusetzen. Stattdessen sind wir manchmal nur halb anwesend im Kontakt, nicht wirklich interessiert an dem, was zwischen uns ist. Das passiert zum Beispiel, wenn uns etwas an einem Kontakt nicht gefällt und wir unsere Energie davon abziehen. Es kommt vor, dass unser Gedankensystem auf etwas reagiert, das sich auf der Beziehungsebene abspielt. Durch schnelles Hin- und Her-Reagieren können wir uns weit von dem entfernen, was im Kontakt wesentlich ist. Wenn wir im Kontakt präsent sind, uns berühren lassen und mit dem sein können, was ist, entsteht eine Intimität und eine Ko-Kreativität. Es scheint ein merkwürdiger Widerspruch zu sein, dass gerade in intimen Beziehungen die Intimität leicht verloren geht, wenn wir nicht wirklich im Kontakt präsent bleiben.

Das hat damit zu tun, dass in intimen Beziehungen alter Schmerz aus einer früheren Lebensphase leichter hervortritt. Dadurch haben wir gerade in intimen Beziehungen die Chance, alten Schmerz zu heilen, indem wir ihm Aufmerksamkeit schenken. Dann können diese Erfahrungen wieder in Fluss kommen und es kann neue Intimität entstehen.

Im Kontakt mit unseren Partner*innen oder einer anderen Person, mit der wir vertraut sind, können wir leicht irritiert werden durch etwas, was die andere Person sagt, tut oder auch nicht tut. Manchmal gehen wir über dieses Gefühl hinweg, indem wir ihm keine Beachtung schenken. Zum Beispiel, weil wir kein Aufsehen erregen wollen, die Gefühle der anderen Person nicht verletzen oder uns vor der Reaktion der anderen Person schützen wollen. Dann ziehen wir einen Teil von uns selbst aus dem Kontakt zurück und sind nicht mehr vollständig im Kontakt anwesend. Unsere Energie kann nicht vollständig fließen, weil ein Teil von ihr an eine Erfahrung gebunden ist, die keine Aufmerksamkeit erhält. Wenn man dieser Erfahrung Aufmerksamkeit schenkt, kann die Energie wieder fließen.

PRÄSENZ IM ALLTÄGLICHEN

Wir können in den gewöhnlichsten Dingen des Lebens präsent sein. Unsere Aufmerksamkeit erhöht die Qualität unseres Lebens, stärkt die Erfahrung, dass das Leben wertvoll ist, und bringt uns in Kontakt mit unserer Lebendigkeit und unsere Lebensfreude. Wir spüren, dass das Leben wieder fließt, viel mehr, als wenn wir in gewohnten Mustern stecken bleiben. Das Gleiche gilt für all die alltäglichen Dinge, die zu unserer Arbeit gehören. Wenn wir sie mit Aufmerksamkeit tun, fühlen wir uns lebendiger.

Ich wohne in einer Wohngemeinschaft, in der alle Häuser ihren eigenen kleinen Garten haben und es außerdem einen großen Gemeinschaftsgarten gibt. Ich überlege schon seit einiger Zeit, ob ich hier weiterhin leben möchte. An einem Sonntagmorgen lese ich in meinem eigenen Garten ein Buch, werde aber durch die Geräusche einer Kinderparty nebenan abgelenkt. Ich versuche, mich auf mein Buch zu konzentrieren, aber als mir das nicht gelingt, packe ich meine Sachen zusammen und setze mich in den 40 Meter entfernten Gemeinschaftsgarten. Bevor ich mich wieder in mein Buch vertiefe, bin ich mir der Stille und des Friedens dieses Ortes bewusst. Ich höre das Zwitschern der Vögel, sehe die grünen Bäume, die in den 12 Jahren, die ich hier lebe, so hoch gewachsen sind. Ich bin dankbar, an einem so schönen Ort mit so viel Platz zu leben. Meine Erfahrung wirft ein neues Licht auf meine Überlegungen.

PRÄSENZ IN DER WELT

Es ist nicht leicht, bei all den Informationen, die uns über die Geschehnisse in der Welt erreichen, aufmerksam und präsent zu sein. Wir werden mit Informationen über die großen Weltprobleme, Kriege, Flüchtlingsprobleme, Probleme in der Finanzwelt, den Klimawandel, Epidemien und die täglichen großen und kleinen Katastrophen, die sich überall auf der Welt ereignen, überschwemmt. Es ist verständlich, dass wir nicht alles an uns heranlassen und uns abgrenzen. Wir schützen uns vor Überlastung und vor den schwierigen Gefühlen, die solche Informationen hervorrufen. Dies ist eine wichtige und gesunde Reaktion. Gleichzeitig aber sind wir nicht mehr vollständig präsent und halten an bestehenden Mustern fest. Ist es möglich, sich mit den Geschehnissen in der Welt auseinanderzusetzen, ohne davon überwältigt zu werden und die Last auf sich zu nehmen, etwas dagegen tun zu müssen? Können wir ein bewusster Zeuge (Social Witnessing[59]) dessen werden, was in der Welt geschieht, indem wir mit unserer Aufmerksamkeit präsent sind? Können wir auf diese Weise zu einem größeren Bewusstsein für die großen Probleme der Welt in unserer Zeit beitragen?

WAS HILFT UNS, ACHTSAM PRÄSENT ZU SEIN BEI DEM, WAS IST?

EINE FESTE BASIS IN SICH SELBST HABEN

Es fällt uns leichter, achtsam präsent zu sein, wenn wir eine gesunde Ich-Struktur entwickelt haben. Es geht nicht darum, perfekt zu sein, sondern darum, eine grundlegende innere Sicherheit zu haben, die Halt bietet. Dazu gehört zum Bei-

59 Der Begriff Social Witnessing ist von Thomas Hübl entlehnt. Er wird in Kapitel 14 ausführlicher behandelt.

spiel, dass wir akzeptieren, dass das Leben manchmal schmerzhaft und schwierig ist, dass wir Probleme nicht immer vermeiden oder lösen können, und dass wir die Fähigkeit entwickeln, mit dem, was das Leben bringt, auf würdige und sinnvolle Weise umzugehen. Wir dürfen lernen, unser eigenes Potenzial zu schätzen und voll auszuschöpfen, während wir unsere Grenzen erkennen und akzeptieren. Es hilft, wenn wir in der Lage sind, Verantwortung für unser eigenes Leben und für Situationen, in denen wir dazu aufgefordert werden, zu übernehmen. Dann können wir auch die Realitäten anderer Menschen sehen und hören und uns auf sie einlassen, ohne die Orientierung zu verlieren. Dazu gehört, dass wir andere um Hilfe bitten können, wenn wir sie brauchen, ohne zu versuchen, etwas zu erzwingen oder uns kleiner zu machen als die andere Person. Wenn wir eine solche Grundlage in uns selbst haben, ist das ein guter Ausgangspunkt, der uns helfen kann, mit uns selbst, mit anderen und mit allem, was das Leben uns bringt, achtsam präsent zu sein.

UNTERSTÜTZENDE GEWOHNHEITEN

Achtsame Präsenz kann sich in unserem Leben ausbreiten, wenn wir eine tägliche Praxis zur Gewohnheit machen. Diese Praxis kann zum Beispiel bestehen aus:

- Meditation. Die stille Meditation ist eine Möglichkeit, sich darin zu üben, sich selbst und allen Gedanken, Gefühlen und Empfindungen, die einem in den Sinn kommen, aufmerksam zu begegnen, ohne sich in ihnen zu verlieren.
- Bauen Sie Momente der Stille und Achtsamkeit in Ihr tägliches Leben ein. Zum Beispiel zu Beginn oder am Ende einer Mahlzeit.
- Gewöhnen Sie sich daran, dass zwischen der Erledigung einer Aufgabe und der Aufnahme der nächsten ein Moment der Leere liegt.
- Eine Sache nach der anderen tun. Kombinieren Sie beispielsweise Mahlzeiten nicht mit Zeitunglesen oder Fernsehen.
- Suchen Sie sich einen Freund, mit dem Sie sich regelmäßig treffen, um zu erfahren, was vor sich geht, und um sich darüber auszutauschen. Als Übung und mit keinem anderen Ziel als der Übung, im Kontakt präsent zu sein.

- Nehmen Sie regelmäßig an Gesprächskreisen teil. Dialogaktivitäten werden an vielen Orten des Landes angeboten. Es ist auch möglich, selbst einen Dialog zu führen. Zum Beispiel in unserer Familie oder bei der Arbeit.

Es gibt auch Gewohnheiten, die uns ablenken: alle Arten von leichtem Suchtverhalten: das Verlangen zu rauchen, zu trinken oder zu essen, wenn gerade etwas Schwieriges passiert; Computerspiele und andere Bildschirmzeiten, manche Formen von extremem Sport, sich verlieren in einem Hobby usw.

ABLENKUNGEN BEMERKEN

Es gibt ständig kleinen Ablenkungen, die die Qualität unserer Präsenz angreifen. Wenn wir uns ablenken lassen, verlieren wir unsere Aufmerksamkeit für den jetzigen Moment. Die Kunst besteht darin, präsent zu sein und zu bleiben, an dem Punkt, wo wir gerade sind, während sich dieser Punkt ständig bewegt. Worin besteht also der Unterschied zwischen Ablenkung und Mitgehen mit dem Wandel, der sich vollzieht? Wenn wir uns von etwas ablenken lassen, sind wir nicht mehr in einer beobachtenden Position. Wenn wir uns mit dem, was ist, bewegen, bleiben wir präsent, bleiben wir Zeuge. Das bedeutet, dass wir auch kleine Ablenkungen nutzen können, um wieder präsent zu werden, indem wir beobachten, was uns ablenkt.

Wenn wir uns in einer Gruppe befinden, neigen wir vielleicht dazu, auf etwas, das jemand anderer sagt und mit dem wir nicht einverstanden sind, inhaltlich zu reagieren. Es ist leicht möglich, dass sich eine Diskussion entwickelt, in der es nur noch um Meinungen geht und man nicht mehr wirklich mit sich selbst und den anderen in Kontakt ist. Die Chancen stehen gut, dass wir nach einer Weile Unzufriedenheit in uns spüren. Wenn wir darauf achten, kann es uns bewusst machen, dass wir den wirklichen Kontakt verpassen, wenn wir uns zu sehr im Gesprächsthema verlieren. Aus diesem Bewusstsein heraus können wir zum Kontakt zurückkehren, sowohl mit uns selbst als auch mit den anderen.

EMOTIONALE INTELLIGENZ

Unsere emotionale Intelligenz hilft uns, die Gefühle und Emotionen, die wir erleben, aufmerksam zu beobachten. Wenn man aufmerksam dabei ist, kann sich die Bedeutung der Gefühle entfalten. Das ist nicht so sehr eine mentale Analyse oder Interpretation, es ist mehr ein Verweilen mit unseren Gefühlen, bis die Bewegung, die aus ihnen hervorkommen will, sich entfalten kann.

AUFMERKSAMKEIT FÜR SCHMERZ

Wir haben Verhaltensmuster entwickelt, um uns vor schmerzhaften Erfahrungen zu schützen. Diese Muster waren einmal funktional, bleiben aber oft in unserem Leben aktiv, auch wenn sie ihre Funktion verloren haben. Sie zehren an unserer Energie, sodass sie uns nicht vollständig zur Verfügung steht, um im Jetzt präsent zu sein und unseren kreativen Impulsen zu folgen. Wir neigen oft dazu, unsere Aufmerksamkeit zurückzuziehen, weil diese Muster mit schmerzhaften Erfahrungen verbunden sind.

Die Herausforderung besteht darin, diesem alten Schmerz Aufmerksamkeit zu schenken und aus unserem Vermeidungsverhalten auszusteigen. Wir können uns dem, was uns schwerfällt, zuwenden, nicht nur mit unserem Verstand, sondern mit unserem ganzen Körper. Wir können unser Leiden beenden, wenn wir uns dem Schmerz zuwenden, der da ist. Wenn wir uns nur gedanklich damit befassen, wollen wir das Problem lösen. Wenn wir uns mit unserem ganzen Körper auf den Schmerz einlassen, wenn wir bereit sind, den Schmerz in unserem Körper zu spüren und damit zu verweilen, kann Heilung stattfinden.

Wenn wir mit dem Schmerz eines anderen konfrontiert werden, ist es eine Herausforderung, sich darauf einzulassen, ohne in eine Diagnose oder Problemlösung zu verfallen. Wenn wir uns vollkommen auf unseren eigenen Schmerz oder den anderer Menschen einlassen, kann die Energie, die in uns gefangen war, freigesetzt werden und für unser Leben zur Verfügung stehen.

Die Angst vor Veränderungen und die Angst vor Ungewissheit haben oft ihre Wurzeln in alten Schmerzen. Die Herausforderung besteht nicht darin, dieser Angst auszuweichen, sondern sie in den Prozess einzubeziehen und aufmerksam mit ihr zu verweilen. Dann entsteht ein Raum, in dem die Angst zwar ihren Platz und ihre Bedeutung hat, wir aber nicht von ihr gelähmt werden und handlungsfähig bleiben.

REFLEXIONSFÄHIGKEIT

Reflexionsfähigkeit ist die Fähigkeit, uns selbst im Zusammenhang mit unserem Leben und unseren Erfahrungen zu betrachten, offene Fragen zu stellen und mit diesen Fragen zu leben. Die Reflexionskraft ist durch eine neugierige Haltung uns selbst gegenüber gekennzeichnet; sie ist eine Form der Selbstprüfung. Das „Selbst", das wir erforschen, ist jedoch kein fester Zustand, den wir definitiv kennen können, sondern es befindet sich in ständiger dynamischer Entwicklung. Daher ist die reflektierende Selbsterforschung ein Prozess, der immer weitergeht und uns in neue Perspektiven hineinhilft.

Unsere Reflexionsfähigkeit ermöglicht es uns, uns angemessen und flexibel auf die Welt, in der wir leben, zu beziehen, sowohl auf unsere unmittelbare Umgebung als auch auf den sozialen Kontext unseres Lebens.

Wir können unser Verhalten, unseren Platz im Leben, unsere Bedürfnisse oder unsere Beziehungen reflektieren und uns zum Beispiel Fragen stellen wie:

- Warum tue ich, was ich tue? Was motiviert mich? Was sind meine grundlegenden Bedürfnisse? Wie wird mein Verhalten durch das Umfeld, in dem ich mich befinde, beeinflusst?
- Habe ich bestimmte Normen oder Ideale, denen ich gerecht werden sollte? Was ist ihre Funktion? Möchte ich mit ihnen weitermachen? Was brauche ich, um sie loslassen zu können?
- Fühle ich mich bei mir selbst, in der Gesellschaft, in dieser Kultur zu Hause? Was sehe ich als meine Verantwortung an und was nicht? Fühle ich mich vom Leben in vielerlei Hinsicht unterstützt oder nicht? Fühle ich mich als lebendiger Teil eines größeren Ganzen oder fühle ich mich isoliert?
- Wonach suche ich in Beziehungen zu anderen? Fühlen sich Beziehungen sicher an? Erlebe ich ein Grundvertrauen in den Beziehungen zu anderen? Fühle ich mich frei, klar Ja und Nein zu sagen? Kann ich dynamisch gute Grenzen setzen? Schränke ich mich manchmal aus Angst vor dem Verlust von Beziehungen ein? Fühle ich mich von anderen gesehen und zeige ich mich anderen mit meiner Kreativität, meinen Fähigkeiten und meiner Einzigartigkeit oder halte ich mich zurück? Was brauche ich, um in meinen Kontakten mit anderen voll präsent zu sein?

Wenn wir diese oder andere Reflexionsfragen stellen, ist es wichtig, dass wir uns selbst gegenüber offen und nicht in einer normativen, wertenden Haltung sind. Sonst öffnet sich die Falle der Selbstkritik und ein offenes Erkunden ist nicht mehr möglich.

BEZIEHUNGSKOMPETENZ

Neben achtsamer Präsenz und Reflexionsfähigkeit ist es wichtig, dass wir uns auf die anderen und auf die Welt beziehen können. Es ist die Kompetenz, sich auf gesunde Weise mit der Welt zu verbinden. Hier nennen wir einige wichtige Aspekte dieser Fähigkeit:

DIE FÄHIGKEIT, DEN ANDEREN WAHRZUNEHMEN

Die gleiche achtsame Präsenz, mit der wir uns selbst gegenüberstehen, brauchen wir, um aufmerksam beim anderen sein zu können. Im Allgemeinen verlieren wir uns schnell in Interpretationen darüber, was jemand anderer beabsichtigt oder meint. Die Kunst besteht darin, diese Interpretationen wahrzunehmen, sie aber dann loszulassen, sodass unsere Aufmerksamkeit wieder frei wird für die Erfahrung im Moment. Interpretationen sind manchmal zwar korrekt, in den meisten Fällen aber sind sie Projektionen unseres eigenen Denkens. Wenn wir sie glauben, sehen wir im anderen nur das widergespiegelt, was wir selbst denken und fühlen, und nehmen unser Gegenüber nicht wirklich wahr. Wir können üben, uns unserer Projektionen bewusster zu werden und sie immer wieder loszulassen, indem wir sie nicht als die Wahrheit über die andere Person betrachten. Dann öffnet sich ein intuitiver Raum, in dem wir wirklich hören, was die andere Person sagen will. Wir lassen uns berühren von den Worten, vom Tonfall und Ausdruck, von der Stille zwischen uns, und lassen uns ein auf die Bewegungen, die daraus wie von selbst hervorkommen.

UNTERSCHEIDEN ZWISCHEN ANPASSEN UND ABSTIMMEN

Es macht einen großen Unterschied, ob wir uns in Beziehungen anpassen oder uns aufeinander abstimmen. Wenn wir uns an andere anpassen, geben wir etwas Wichtiges von uns selbst auf, weil wir glauben, dass es der Beziehung zugutekommt. Wir glauben, dass wir es brauchen, um von der anderen Person geschätzt zu werden oder die Beziehung aufrechtzuerhalten. Wenn wir uns selbst auf diese Weise nicht treu sind, sondern etwas von uns preisgeben, entsteht ein Ungleichgewicht in der Beziehung. Früher oder später wollen wir für das, was wir aufgegeben haben, etwas zurückbekommen, oft sehr unbewusst. Die andere Person schuldet uns dann etwas. Viele Beziehungsprobleme entstehen dadurch, dass dieses Gleichgewicht zwischen Geben und Nehmen verloren geht, indem wir uns zu lange angepasst haben.

Wenn wir uns auf jemanden abstimmen, sehen und fühlen wir die Realität der anderen Person. Es basiert auf gegenseitigem Respekt und wir lassen einander frei. Wir sind nicht abhängig voneinander, sondern stehen auf eigenen Beinen und sind offen für die Resonanz, die zwischen uns entsteht. Wir vertrauen darauf, dass unsere Beziehung sich auf gesunde Weise entfalten wird, ohne dass wir uns gegenseitig zu kontrollieren versuchen.

Wenn wir uns anpassen, verschließen wir uns einigen unserer eigenen Möglichkeiten. Wenn wir uns aufeinander abstimmen, wird das Feld der Möglichkeiten immer größer.

UMGANG MIT UNSEREN LEBENSFRAGEN

Was nützt mir das Wissen um die Größe des Universums,
wenn mir meine Schuhe zu klein sind?
– Benno Kapelari

Bewusst leben bedeutet, dass wir mit unseren Lebensfragen bewusst umgehen. Wer bin ich? Was will ich mit meinem Leben anfangen? Was ist meine Aufgabe? Welche Verantwortung trage ich? Wie gehe ich mit meinen Einschränkungen um? Was ist mein Platz? Was sind meine Qualitäten, meine Bedürfnisse und wo liegen meine Grenzen?

Wir können uns selbst mit all diesen und anderen wesentlichen Fragen bedrängen und uns damit unter Druck setzen. Das führt aber in die Sackgasse der Selbstkritik und des Leistungsdrucks.

DIE FRAGEN LIEBEN UND GEDULDIG MIT IHNEN SEIN

Rilke macht in dem Zitat zu Beginn dieses Kapitels deutlich, dass wir uns die Antworten auf unsere Lebensfragen nicht nur kognitiv ausdenken können und dies auch nicht versuchen sollten. Das Wichtigste ist, diese Fragen zu lieben und geduldig mit ihnen zu leben. Das bedeutet, dass wir die Fragen zwar manchmal betrachten, aber dann auch wieder loslassen und darauf vertrauen, dass unser Leben uns weiterträgt, in die Antworten hinein.

DIE FÄHIGKEIT ZU ANTWORTEN

Das englische Wort für Ver-antwort-ung ist Respons-ability, die Fähigkeit zu reagieren. Was uns in unserem Leben begegnet, in uns selbst, in anderen, in der Welt, lädt uns ein, zu antworten. Indem wir antworten, nehmen und entwickeln wir Verantwortung für das, was das Leben uns bietet und entgegenbringt. Dafür braucht es eine bejahende Grundeinstellung zum Leben. Wenn wir Ja zum Leben sagen, nehmen wir die Dinge, so wie sie auf uns zukommen, und antworten darauf, wie es für uns stimmig ist.

Wir können uns eingeschränkt und geschwächt fühlen, wenn wir in unserem persönlichen Leben mit ungelösten Prozessen aus der Vergangenheit konfrontiert sind, die unsere Energie und Aufmerksamkeit binden. Dann können wir eine Antwort finden, indem wir sie nicht als Blockade betrachten, sondern uns auf sie einlassen, uns selbst annehmen, so wie wir gerade sind, mit allem, was wir mitbringen und geworden sind. Versuchen wir das Ungelöste zu verdrängen, verlieren wir den Kontakt zu uns selbst. In unseren Beziehungen sind wir dann nur noch teilweise präsent.

Wenn wir mit dem, was sich in uns an Ungelöstem im Kontakt zum anderen auftut, achtsam präsent sind und manchmal darüber etwas mitteilen können, wird das Ungelöste zu einem fruchtbaren Boden für unser Leben und wir entwickeln unsere Fähigkeit zu reagieren.

Wenn wir uns mit den Geschehnissen in der Welt um uns herum auseinandersetzen, entwickeln wir die Fähigkeit, unsere eigenen Antworten zu finden und zu spüren, was in unserer Verantwortung liegt und was nicht. Die Fähigkeit zu antworten bedeutet, dass wir den Mut entwickeln, die Fragen an uns heranzulassen, unsere innere Wahrheit auszusprechen, die Weisheit zu haben, dies zum richtigen Zeitpunkt zu tun, und die Fähigkeit, so zu kommunizieren, dass der andere uns wirklich hören kann.

UNSER LEBEN KANN ZU EINER EINZIGARTIGEN ANTWORT WERDEN

Wenn man die Fragen lebt, lebt man vielleicht allmählich,
ohne es zu merken, eines fremden Tages
in die Antworten hinein.
– R. M. Rilke

Wenn wir mit Liebe und Geduld unseren Fragen entgegentreten und üben, die Antworten wie von selbst auf uns zukommen zu lassen, leben wir unsere einzigartige Antwort auf unser Leben. Niemand von uns muss mehr oder anders sein, als er oder sie ist. Wir sind so viele Menschen. Jeder von uns bringt seinen einzigartigen Beitrag in diesem Leben ein, indem er seine Einzigartigkeit vollständig entdeckt und lebt. Das ist unsere Verantwortung und unsere Antwort, nicht mehr und nicht weniger. Jeder Mensch erlebt die Welt aus einer eigenen, einzigartigen Perspektive. Diese Vielfalt an Perspektiven bildet die ganze, universelle menschliche Erfahrung und drückt sich in unzähligen einzigartigen Erfahrungen aus.

SELBSTLIEBE

Und wenn ich prophetisch reden könnte und alle Geheimnisse wüsste
und alle Erkenntnis hätte;
wenn ich alle Glaubenskraft besäße und Berge damit versetzen könnte,
hätte aber die Liebe nicht, wäre ich nichts.
– Paulus von Tarsus

Wir nehmen oft an, dass wir nicht gut genug sind, uns etwas fehlt und dass wir diesen Mangel kompensieren müssen, indem wir neue Kompetenzen entwickeln. Es ist die vorherrschende Grundhaltung in unserer westlichen Kultur. Ein großer Teil unserer Wirtschaft basiert darauf: Viele Angebote und Produkte, einschließlich Selbsthilfe und Spiritualität, sind sehr gefragt, weil sie versprechen, unsere Lücken zu füllen. Dies ist eine Illusion. Wenn wir das Gefühl haben, dass wir so, wie wir sind, nicht gut genug sind, können wir dieses Problem niemals durch irgendeine Form der Selbstverbesserung lösen. Denn was wir suchen, haben wir bereits; wir können es nur nicht sehen.

Für eine ganzheitliche Entfaltung als Mensch brauchen wir eine Grundhaltung der Liebe. Liebe zu uns selbst und Liebe zu allem, was ist. So wie Eltern eines neugeborenen Kindes voller Liebe für ihr Kind sind, können wir voller Liebe für uns selbst sein. Liebe ist die Grundlage für das Vertrauen in die Entwicklung des Kindes. Wenn wir unsere Kompetenzen aus der Liebe heraus entwickeln, ist dies ein natürlicher Entwicklungsprozess. Wir sind immer „gut genug", egal wo wir in unserer Entwicklung stehen.

DAS MISSVERSTÄNDNIS ÜBER DIE LIEBE

Es hat sich ein Missverständnis über die Liebe entwickelt. Unsere gesellschaftliche Konditionierung hat überwiegend vermittelt, dass Liebe etwas Bedingtes ist. Dass manche Verhaltensweisen der Liebe würdig sind und andere nicht. Dass man etwas Bestimmtes sein oder tun muss, um geliebt zu werden. Dass man nur unter bestimmten Bedingungen lieben und geliebt werden kann und dass man dafür etwas leisten muss. Dieses Missverständnis liegt dem Gefühl, unvollständig und nie gut genug zu sein, zugrunde. Es beruht auf einem falschen Verständnis von Liebe. Wahre Liebe ist bedingungslose Liebe, die keinen Unterschied macht zwischen dem, was der Liebe würdig ist, und dem, was es nicht ist.

LIEBE ALS KOMPETENZ

Können wir Liebe als Kompetenz entwickeln? Ein erster Schritt wäre, dass wir damit aufhören, von Mangel auszugehen. Wir können anfangen, uns auf die Liebe einzustimmen, die schon da ist. Wir können daraus wählen, ob wir nach den Erwartungen unserer Erziehung, unserer Gesellschaft und der Menschen um uns herum leben, oder ob wir unserem Herzen folgen. Es erfordert Mut, der Entscheidung unseres Herzens zu folgen, aber wenn wir es tun, sind wir uns selbst treu und entwickeln eine grundlegende Liebe für uns selbst und für das Leben. Diese Selbstliebe schafft Raum, in dem wir auf uns selbst achten. Wir schauen liebevoll auf unsere Erfahrungen, auch auf unsere festgefahrenen Muster und auf all das, was schwierig ist und war. Wir können unseren Urteilen und der Selbstkritik mit Liebe entgegentreten und sie besser verstehen lernen. Dadurch verlieren sie ihre Macht über unser Denken und unser Handeln. Es weitet sich in uns der Raum, in dem wir aus der Liebe heraus leben und lernen.

LIEBE MACHT FREI

Das Ergebnis dieses Lernprozesses ist, dass wir allmählich zu freieren Menschen werden. Wir werden freier, unser einzigartiges Selbst zu leben. Wir können frei über unsere Kraft verfügen, um das zu manifestieren, was uns am Herzen liegt. Wir müssen uns nicht aus Angst vor Urteilen zurückhalten, sondern können voll und ganz leben und unseren Beitrag leisten. Wir sind nicht mehr darauf angewiesen, dass andere uns Liebe geben. Wir erfahren zunehmend, dass wir Liebe sind, und nicht nur wir, sondern dass das ganze Leben voller Liebe ist.

KAPITEL 13

SYSTEMISCH-DIALOGISCHE KOMPETENZEN

Wir leben und arbeiten ständig in Feldern von Beziehungen, die uns unmittelbar beeinflussen. Wie wir uns selbst und andere wahrnehmen, hängt direkt mit dem Kontext zusammen, in dem wir uns befinden. Die Kultur, die Werte und die Geschichte eines Kontextes, hier auch Beziehungsfeld genannt, prägen unsere Selbstwahrnehmung und unsere Identität. Wir nehmen uns selbst dementsprechend wahr und stimmen unser Verhalten darauf ab.

Ein Teilnehmer sagte: „Es überrascht mich jedes Mal, wie unterschiedlich meine Erfahrungen in den verschiedenen Gesprächskreisen sind. Einmal ist es leicht, einfach und anregend. Ein anderes Mal ist es ernst, tiefgründig und manchmal schwer. In jedem Kreis erlebe ich mich anders. Manchmal bringe ich viel ein, manchmal wenig. Manchmal bin ich aktiv beitragend, fühle mich humorvoll und was passiert, ist anregend. Manchmal bin ich still, zuhörend oder abwartend. Eine andere Person im Kreis kann das plötzlich ändern, auch ein anderes Thema. Es scheint, als würde ich mich in jedem Kreis neu erfinden.“

Nicht nur im Kontakt mit der Außenwelt, sondern auch innerlich bewegen wir uns ständig in Beziehungsfeldern. Unsere Erfahrungen und unsere Gedankenwelt bewegen sich in einem jeweils eigenen Kontext und in einer Struktur von Elementen, die in Beziehung zueinander stehen. Die Qualität der Verbindungen zwischen unseren Zielen, Wünschen, Erinnerungen, unseren Werten und Gefühlen in einem spezifischen Kontext bestimmen, wie wir uns selbst in diesem Kontext erfahren, wie unser Selbstbild und Identitätsgefühl sind und wie frei oder eingeschränkt wir uns fühlen. Im Alltagsbewusstsein identifizieren wir uns mit unserer Persönlichkeit. Wir erleben uns als eine Person, die im Grunde immer die gleiche ist, obwohl wir uns ständig wandeln. Unsere innere Struktur ist eine bewegliche und veränderbare Konstellation von inneren Bildern und Gefühlen, die uns in unterschiedlichen Kontexten jeden Moment neu bestimmt. Eugene Gendlin[60] formuliert es treffend in seiner Aussage:

Actually, you affect me. And with me you are not just yourself as usual, either.
You and I happening together makes us immediately different than we usually are.
How you are when you affect me is already affected by me.
And not by me as I usually am, but by me as I occur with you.

Für ein dialogisches Leben brauchen wir ein wachsendes Bewusstsein darüber, wie wir in Beziehung sind. Wie sind wir verbunden, mit uns selbst, mit anderen und mit der Welt? Welchen Platz nehmen wir ein? Was unterscheidet uns? Was ist unsere Aufgabe? Wie können wir autonom, frei und gleichzeitig in Verbindung mit anderen und der Welt sein?

Im Folgenden beschreiben wir einige systemisch-dialogische Kompetenzen, die uns dabei helfen, diesen Fragen näher zu kommen:

- Räumlich Wahrnehmen
- Der Körper als Wahrnehmungs- und Feedbackinstrument
- Resonanz
- Transgenerationale Wahrnehmung
- Bei sich sein und verbunden: die Fähigkeit zur Unterscheidung

RÄUMLICH WAHRNEHMEN

Das Leben ist nicht linear; noch ist es eindimensional:
Das Leben ist sprunghaft; multidimensional: vertikal.
– David Kiser

Obwohl die menschliche Wahrnehmung sehr komplex ist, ist unser Denken in gewisser Weise begrenzt. Wir sehen die Welt als eine Abfolge von Ursache und

60 Eugene Gendlin 2017

Wirkung (kausal). Unsere Wörter sind wie eine logische Abfolge von Bedeutungen in einer linearen Zeitstruktur aneinandergereiht. Das eine folgt logisch auf das andere, eine Gedankenstruktur mit einem Anfang und einem Ende, die mehr oder weniger linear verläuft.

Wir sehen durch diese kognitive Brille aber nur einen sehr begrenzten Teil, ein Fragment unserer Realität. Der Vorteil von einem rationalen Ansatz ist, dass wir schnell und effizient auf Situationen reagieren und unmittelbar entscheiden und handeln können. Wir können viel in kurzer Zeit erledigen, Probleme lösen, Neues erfinden und in die Welt bringen, indem wir auf das logische Denken fokussieren. Der Nachteil ist, dass wir nur teilweise wahrnehmen, was die Auswirkungen unseres Denkens und Handels im erweiterten Kontext sind. Das merken wir erst dann, wenn Probleme auftreten, die wir nicht vorgesehen haben. So ist es zum Beispiel eine große Errungenschaft des logischen Denkens, Verbrennungsmotoren durch Elektromotoren zu ersetzen, allerdings kennen wir kaum die Folgen davon für die Umwelt. Das logische Denken ist ein begrenzter Raum, eine Art Tunnel, in dem wir uns bewegen. Was es darüber hinaus noch mehr gibt, können wir nicht oder nur sehr schwer wahrnehmen.

Komplexere Probleme erfordern einen weiten, mehrdimensionalen Raum, in dem wir die Komplexität anerkennen, abbilden und erfahren, um einen Blick auf das Ganze zu bekommen. Wir erweitern unsere Wahrnehmung, indem wir auf das komplexere Beziehungsfeld schauen, in dem sich unser Leben, unsere Arbeit und unsere Themen bewegen. Wir sehen und spüren die vielseitige und vielschichtige Wechselwirkung zwischen den unterschiedlichen Aspekten unserer Fragen. Unsere Lösungen entspringen nicht nur mehr dem linearen Ursache-Wirkungs-Denken, sondern kommen hervor aus einer wachsenden Qualität unserer inneren und äußeren Beziehungen. Das Denken erweitert sich von linear-kausal (eindimensional) zu zirkulär (zweidimensional).

Ein Team denkt über seine Strategie für das kommende Jahr nach. Die konkrete Frage lautet: Wie können wir mehr Aufträge hereinholen? Bei linearem Denken wird die Zahl der gewonnenen Aufträge mit dem Ziel verglichen, das Defizit ermittelt und Strategien erörtert, mit denen die Lücke geschlossen werden kann. Mehr Werbung, mehr Geld investieren, andere Formulierungen, mehr oder andere Angebote, alles wird diskutiert.

In einem nächsten Schritt fragt sich das Team, im zirkulären Sinn, welche Faktoren die Nachfrage beeinflussen. Wie wirkt sich der Personalwechsel auf die Energie des Teams aus? Wie reagiert der Kunde darauf? Welche Auswirkungen hat ein verändertes Angebot auf den Markt, auf die Organisation als Ganzes und auf die Arbeitsweise des Teams? Welche Ressourcen werden noch nicht genutzt oder vielleicht gar nicht wahrgenommen?

Das zirkuläre Denken lädt uns ein, um uns in verschiedene Perspektiven zu versetzen. Das ermöglicht uns wahrzunehmen, wie es sich in unterschiedlichen Positionen anfühlt. Im systemischen Denken bezeichnen wir das als repräsentative Wahrnehmung, Resonanz oder Verkörperung. Es fügt eine dritte Dimension in unserem Denken hinzu.

DER KÖRPER ALS WAHRNEHMUNGS- UND FEEDBACKINSTRUMENT

Es gibt drei Seelen in einem Körper – Gehirn, Herz und Bauch.
Wenn sie in Harmonie zusammenarbeiten,
entstehen ein großartiger Körper und starker Geist.
– Anil Rajvanshi

Die eindimensionale, die zweidimensionale und die dreidimensionale Dimension des Denkens entsprechen der Erkenntnis, dass wir nicht nur mit dem Verstand denken, sondern dass unser Herz und unser Bauchgefühl, also unsere Intuition, direkt mit unserem Denken verknüpft sind. Neurophysiologische Untersuchungen zeigen, dass das Herz und der Bauch empfindliche Sensoren sind und dass es eine wichtige und ständige Rückkopplung zwischen diesen beiden Zentren und dem Denken gibt.[61]

Für den Zugang zu diesen drei Dimensionen unseres Denkens brauchen wir die Körperwahrnehmung. Es ist der Körper, der über viele feine Sensoren sehr präzise wahrnimmt, wie wir uns in Beziehungsfeldern bewegen, was ein guter Platz ist, was ein weniger guter Platz ist, ob unsere Beziehungen im Gleichge-

61 Anil K. Rajvanshi 2010

wicht sind oder nicht, wo unsere Grenzen sind und was zu unserem Beziehungsfeld gehört und was nicht.

Jean Paul Rességuier[62] sieht den Körper, die reinen physischen Kilos unseres Körpers, als den zentralen Ausgangspunkt für das Leben in Beziehungen. In ihm manifestiert sich das Leben. Er ist die Heimat für unsere Erfahrungen und die Quelle für unser Spürbewusstsein. Über den Körper treten wir in Kontakt und gehen Beziehungen ein. Die Gegenwart ist laut Rességuier eine rein physische Tatsache, ein Sein, das mit und im sensiblen Körper gegenwärtig ist. Aus dieser Präsenz heraus entwickeln wir eine innere Haltung des Mitgefühls und die Fähigkeit und Bereitschaft, dem anderen nahe zu sein, in Kontakt mit allem, was da ist, ohne einzugreifen. Rességuier betrachtet diese bewusste körperliche Präsenz in Beziehung zu sich selbst, zu anderen und zu der Welt als Voraussetzung für die Entfaltung unseres menschlichen Potenzials.

Die Körperwahrnehmung bezieht das Herz und die Intuition in unsere Denkprozesse mit ein. Sie ist das Feedbackinstrument für unser rationales Denken.[63] Dies ist deshalb so wichtig, weil, wie David Bohm beschreibt, das Denken selbst keinen Rückkopplungsmechanismus hat. Wir können alles denken und es als Wahrheit verfolgen, auch wenn es sich im Bereich unserer erweiterten Beziehungsfelder negativ auswirkt. Die Verkörperung unserer Wahrnehmungen liefert unserem Denken die Rückkopplung, die es braucht, um sich selbst im ganzen Feld der Beziehungen wahrzunehmen und Richtung zu finden.

Eine Methode zur gezielten Verfeinerung unserer Körperwahrnehmung in Beziehungsfeldern ist die Arbeit mit systemisch-dialogischen Aufstellungen. Bei Aufstellungen wählen wir die Elemente aus, die zu einer bestimmten Frage gehören, und stellen sie mit Hilfe von Symbolen in den Raum. Somit entsteht ein dreidimensionales Bild vom Feld der Beziehungen, in dem sich unsere Fragen bewegen. Indem wir die verschiedenen Positionen selbst einnehmen, spüren wir die körperlichen Unterschiede, spüren wir, wie wir in Beziehung sind und wie die Auswirkungen unseres Seins und Handelns sind. Wir merken, wo es eine andere Beziehungsqualität braucht, und üben uns darin.

Wenn wir in einer Gruppe sind, können andere Menschen als Repräsentant*innen Positionen in unserer Aufstellung verkörpern und mitteilen, was sie

62 www.jeanpaulresseguier.com

63 Siehe Kapitel 6: David Bohm und die Wirkung unseres Denkens

dort erleben. Wir spüren in das aufgestellte Beziehungsfeld hinein, üben uns in gesunden innerlichen und äußerlichen Beziehungen und entdecken neue Perspektiven und Möglichkeiten.

*In einer kleinen systemischen Aufstellung wählt Erich zwei Personen (Repräsentant*innen) und gibt ihnen einen Platz im Raum: einen für Erich, so wie er jetzt über sich und seine Frage nachdenkt (wir nennen es „Erichs Fokus“) und einen für „Meine Essenz“. Erich meint, er lebe nicht in Übereinstimmung mit seiner Essenz. In seiner Vorstellung ist er weit davon entfernt und es fehlt ihm der Kontakt zu sich selbst. Erich stellt seine Repräsentant*innen weit voneinander entfernt auf. Sie schauen beide in eine andere Richtung und haben keinen Kontakt zueinander.*

*Wir befragen diese Stellvertreter*innen abwechselnd nach ihren Wahrnehmungen und Erfahrungen an dem Ort, an dem sie aufgestellt wurden. „Erichs Fokus“ fühlt sich schwer und belastet, der Vertreter von „Meine Essenz“ schaut durch ein Fenster nach draußen, glücklich und strahlend, voller Energie. Das Bild zeigt, wie Erich sich in diesem Moment und im Kontext seiner Frage wahrnimmt und sein Leben definiert: als jemand, der sein Wesen nicht leben kann. In einem Prozess der freien Bewegung suchen die Repräsentant*innen nach einem anderen Ort, an dem „Erichs Fokus“ beginnt, mit „Meiner Essenz“ in Kontakt zu treten. Erich schaut sich die Bewegungen vorerst von außen an und ist sichtbar berührt. Eine Reihe von alten Gefühlen und Erinnerungen zieht vorbei. Wenn wir uns die Zeit dafür nehmen und ihnen symbolisch einen angemessenen Platz in der Aufstellung geben, entsteht ein neues Bild: Schulter an Schulter mit „Meiner Essenz“ blickt „Erichs Fokus“ noch einmal auf all die alten Gefühle zurück, gibt ihnen die Anerkennung, die sie verdienen, dreht sich mit „Meiner Essenz“ und gemeinsam schauen sie in die Zukunft. Dann nimmt Erich selbst den Platz für seinen Fokus ein und erlebt die neue Konstellation „von innen aus“. Er spürt seine Essenz neben sich, die gemeinsame Blickrichtung, die alten Gefühle hinter sich lassend. Für einen Moment wechselt Erich dann auch in die Position seiner Essenz und erlebt das Bild aus dieser Perspektive. Dort spürt er seine Kraft und Energie. So schließen wir die Aufstellung ab. Für Erich macht diese Veränderung der inneren Beziehungsstruktur zwischen den beiden Elementen „Erichs Fokus“ und „Meine Essenz“ einen wesentlichen Unterschied.*

RESONANZ

Wenn Beschleunigung das Problem ist, dann ist Resonanz die Lösung.
– Hartmut Rosa

Wenn wir räumlich wahrnehmen, wir unseren Körper bewusst als Wahrnehmungsinstrument betrachten und alles miteinbeziehen, was dazugehört, sind wir in Resonanz mit uns selbst und unserer Umgebung. Es ist ein Beziehungsmodus, in dem wir „gegenseitig zwischen Körper und Geist schwingen, mit anderen, mit unserer Umwelt und in uns selbst".[64] In der Schnelligkeit unserer Zeit, fokussiert auf Informationen und Inhalte, gibt es viele Bereiche, in denen wir die Fähigkeit zu Resonanz verloren haben oder ausblenden. Um in Resonanz zu sein, brauchen wir die Langsamkeit, die Stille, die Zeit, um spüren zu können, was sich in uns, in unserer Umgebung und in unserer Zeit bewegt. Speziell im 21. Jahrhundert wird es die Fähigkeit zur Resonanz sein, die uns das notwendige Gegengewicht bringt in einer Welt, in der wir in vielen Bereichen Kontakt verloren haben: Kontakt zur Natur, zueinander und manchmal zu uns selbst. Resonanz ist die Basis unserer Beziehungsfähigkeit und unserer Kompetenz, im Dialog zu leben und zu arbeiten.

SENSING

Die Kompetenz, sich auf das Umfeld abzustimmen, nennt Otto Scharmer Sensing[65]. Es ist die Fähigkeit, in ein Feld von Beziehungen hineinzuspüren und mit ihm in Resonanz zu treten. Wir registrieren körperlich, intuitiv und emotional, was in einem bestimmten Kontext abläuft, und entwickeln ein Gefühl dafür, wie es den Menschen und dem Thema geht, wie die Beziehungen sind, was fehlt und was gebraucht wird. Es ist die Fähigkeit mitzuschwingen mit dem, was in und um uns herum geschieht, und dies als Information für die Weiterentwicklung einer Gruppe oder ein Thema zu verwenden.

Dazu ist es wichtig, zwischen unseren persönlichen Gefühlen und den Gefühlen in Bezug auf das Feld zu unterscheiden. Meistens betrachten wir unsere

64 Hartmut Rosa 2016
65 C. Otto Scharmer & Katrin Käufer 2017

Wahrnehmungen als persönlich. Wenn wir aber in eine Beziehung oder Gruppe hineinspüren, gehen wir davon aus, dass unsere Gefühle nicht nur persönlich sind, sondern auch das widerspiegeln, was in diesem Umfeld vor sich geht. Rességuier nennt dies „one body“: Was wir in unserem Körper erleben, ist sowohl persönlich als auch Ausdruck des Feldes, dessen Teil wir sind.

PRESENCING

Mit dem Wort Presencing stellt Scharmer eine besondere Verbindung zwischen „im Jetzt präsent sein (present)“ und „vorfühlen (pre-sensing)“ her. Damit meint er die Fähigkeit, uns, nachdem wir alle Informationen über das Feld in uns gesammelt haben, leer zu machen und auf einen nächsten Schritt zu warten; eine Idee oder eine Möglichkeit, die sich auftut, die nicht so sehr bedacht ist, sondern aus dem wahrgenommenen Feld auftaucht. Indem wir unsere Aufmerksamkeit weit machen, während wir ganz im gegenwärtigen Moment präsent sind, ohne etwas zu wollen, ist es, als stünden wir vor einer leeren Leinwand, den Pinsel in der Hand, und warteten auf einen Impuls für den ersten Pinselstrich: eine spontane Bewegung, die wie von selbst auf uns zukommt.

Die Fähigkeit, wahrzunehmen, was in uns und um uns herum ist, damit in Resonanz zu sein und sich Zeit zu nehmen, aus der Leere heraus wahrzunehmen, was entstehen will, ist eine systemisch-dialogische Fähigkeit, die aufgrund der Geschwindigkeit und Reaktivität unseres Denkens im alltäglichen, oft hektischen Leben wenig Platz hat. Es braucht Beziehung, Zuhören und Verlangsamung. Es braucht Zeit und Raum dafür, gerade auch im Kontext von Arbeit und in Organisationen, wo Tempo und Zielorientierung hoch sind.

TRANSGENERATIONALE WAHRNEHMUNG

Systemisches Denken und insbesondere die konkrete Arbeit mit systemischen Aufstellungen machen deutlich, wie wir nicht nur in unserem aktuellen Beziehungsfeld eingebunden und gebunden sind, sondern öffnet unsere Wahrnehmung für den Einfluss unserer Geschichte. Die Kultur, in der wir leben, und ihre wichtigen historischen Ereignisse klingen nach in der Art und Weise, wie wir aufwachsen. Was unsere Eltern und Großeltern erlebt haben, prägt uns und bildet die Grundlage für unsere Denk- und Gefühlsmuster. Wir nehmen sie mit in unsere aktuellen Beziehungen und geben sie unbewusst an unsere Kinder weiter. Unsere Geschichte ist der Nährboden für unsere Talente sowie für viele unserer Schwierigkeiten, denen wir im Leben begegnen.

Zum Beispiel können wir ein gewisses Schuldgefühl haben und uns für etwas oder jemanden verantwortlich fühlen, obwohl es in der konkreten Situation, in der wir sind, keinen direkten Anlass dazu gibt. Oder wir sind in bestimmten Denkmustern gefangen, die eingeschränkte Werte und Normen unserer Familien widerspiegeln. Wenn sich Konflikte und Aggressionen zwischen Menschen und Gruppen breitmachen, reflektieren sie oft die alten Geschichten unserer Kultur. Sie wurzeln in Erinnerungen, seien sie bewusst oder unbewusst, an Kriege, den Terrorismus, die Rassen- und Genderkonflikte, den Kolonialismus oder andere kollektiv-traumatische Geschichten, die wir als Menschen über viele Generationen in uns weitertragen. Solange sie nicht bewusst verarbeitet werden konnten, hinterlassen sie Spuren in unseren Familien und leben weiter in den Wertvorstellungen, die unsere Gegenwart prägen. Wir können unsere Aufmerksamkeit auf diese generationenübergreifenden Einflüsse richten und uns mit den Dingen versöhnen, die in unserer Geschichte ungelöst geblieben sind. Dann können wir sie von unseren aktuellen Erfahrungen unterscheiden und ihnen einen angemessenen Platz geben.

*Im Jahr 2015 erlebten wir im Osten Österreichs hautnah das menschliche Drama der vielen Flüchtlinge, die sich an den Grenzen zwischen Ungarn und Österreich sammelten. Es war herzerwärmend zu sehen und zu spüren, wie alle zu Hilfe eilten. Jeden Tag fuhren hunderte von Autos voller begeisterter Österreicher*innen mit Hilfsgütern an die Grenze und die Flüchtlinge wurden mit offenen Armen und weinenden Augen empfangen. Das ging über viele Wochen so. Manche Menschen waren offensichtlich schon sehr müde, aber es war, als ob sie weitermachen mussten, als ob irgendwie ihr eigenes Leben davon abhinge. Als ich diese Menschen fragte, warum das Helfen so wichtig wäre, dass es auf Kosten ihrer eigenen Energie, der Gesundheit und oft auch des eigenen Familienlebens ging, erntete ich manchmal vorwurfsvolle Blicke. Es sei doch selbstverständlich und wer das bezweifle, sei verdächtig, so interpretierte ich ihre Reaktionen.*

*In einem Dialogkreis zu dem Thema erkundeten wir die Frage, wie es uns als Helfer*innen in dieser Flüchtlingswelle geht und was wir brauchen. Es wurde* *spürbar, dass es nicht nur die offensichtliche Menschlichkeit war, die hier zum Tragen kam. Hier schien auch ein tiefes Schuldgefühl am Werk zu sein. Ein Impuls, etwas wiedergutmachen zu wollen, über die aktuelle Situation hinaus. Dies war zum Teil auf eine unbewältigte Kriegsvergangenheit zurückzuführen, die in vielen Familien und in der Kultur insgesamt noch immer nachhallt. Obwohl die aktuelle Situation völlig anders war, schien es, als ob der Impuls zu helfen bei manchen Menschen dadurch unbewusst verstärkt wurde. Die Unterscheidung, wo wir wirklich helfen wollten und wo wir vom Schuldgefühl getrieben waren, war erleichternd und befreiend. Sie ermöglichte jedem*r von uns, unsere Grenzen bewusster zu spüren und freier zu wählen, wie und in und welchem Ausmaß wir uns zur Verfügung stellen wollten.*

Das bewusste Miteinbeziehen von generationenübergreifenden Dynamiken schafft einen Raum zwischen dem, was wir tun, und dem Grund, warum wir es tun. Wenn wir nicht überstürzt reagieren, sondern warten und unsere Impulse reflektieren, entsteht eine kohärentere Antwort auf die Fragen, die auf uns zukommen.

BEI SICH SEIN UND VERBUNDEN: DIE FÄHIGKEIT ZUR UNTERSCHEIDUNG

In lebenden Systemen sind zwei wichtige Kräfte am Werk, die in einem ständigen Wechselspiel stehen. Es gibt eine Tendenz zur Verbindung und gleichzeitig eine Tendenz zur Differenzierung. Systeme entwickeln sich, wenn beide Kräfte in einem ausgewogenen Verhältnis zueinander stehen. Sie sterben ab oder ihr Wachstum stagniert, wenn zu viel Verbindung eine Differenzierung unmöglich macht. Sie fragmentieren und fallen auseinander, wenn zu viel Differenzierung einer angemessenen Verbindung im Wege steht.

Die Zellen eines menschlichen Körpers sind durch die Zellmembranen voneinander getrennt und erfüllen unterschiedliche Aufgaben oder Funktionen. Ist diese Zellidentität vorhanden und erkennbar und sind die Zellen untereinander in einer guten Verbindung, entwickelt sich der gesunde Körper zu einem hochdifferenzierten, leistungsfähigen Organismus. Wenn sich die Zellen zu sehr abkapseln, verlieren sie den Kontakt und die Verbindung mit dem Ganzen, von dem sie ein Teil sind. Das führt zu Krankheiten und zur Destabilisierung des Organismus. Wenn die Zellen zu sehr miteinander verbunden bleiben, findet die für Entwicklung und Wachstum notwendige Differenzierung nicht statt und ist die Lebensfähigkeit reduziert.

Diese zwei Kräfte sind ständig in uns wirksam. Wir brauchen die Verbindung zu anderen und zu der Welt um uns herum. Gleichzeitig brauchen wir eine klare, durchlässige und bewegliche Abgrenzung, in der wir unsere eigene Identität erkennen und zum Ausdruck bringen können. Bei sich sein zu können und gleichzeitig in angemessener Verbindung mit unserer Umwelt zu leben, ruft viele Fragen und Herausforderungen hervor. Dieser Tanz zwischen Verbindung und Unterscheidung ist eine tägliche persönliche Übung und ein lebenslanger Prozess für jede*n von uns. Es ist ein ambivalenter Prozess, in dem wir ständig versuchen, ein für uns richtiges Gleichgewicht herzustellen.

Wir können dieses Gleichgewicht leicht verlieren, wenn wir in Beziehung leben und in Gemeinschaft arbeiten. Entweder kapseln wir uns ab, trennen uns zu sehr und werden dadurch zu Gegner*innen, oder wir haben ein solches Bedürfnis nach Verbindung, dass wir uns abhängig voneinander fühlen und unser gemeinsamer Dialog, in dem Versuch uns anzupassen, leblos und verstrickt wird.[66]

Gerade in Liebes- und Familienbeziehungen verstricken Menschen sich in den vielen Gefühlen und Bedürfnissen, die sie von den anderen wahrnehmen. Es ist nicht leicht, in einer Partnerschaft ganz bei sich zu sein und sich nicht überverantwortlich für das Wohlbefinden der*des anderen zu fühlen. Oft leiden wir mit unseren Partner*innen oder auch mit unseren Kindern oder anderen Familienmitgliedern mit. Es ist eine Verführung, in die Rolle der Helfer*innen zu schlüpfen. Wenn wir uns darin verlieren, gerät die Beziehung aus dem Gleichgewicht. Als Kinder kümmern wir uns oft um unsere Eltern oder unsere Geschwister, weil wir meinen, dass ihnen etwas fehlt oder weil sie es schwer haben. Hier lernen wir bestimmte Muster, die Teil unserer Identität und Persönlichkeit werden, und wir tragen sie mit in die anderen Kontexte unseres Lebens.

Es sind alltägliche Beispiele für die Herausforderung, ein gesundes Gleichgewicht zu finden zwischen „bei sich sein" und „verbunden sein". Es ist eine Kompetenz, die wir im Dialog miteinander entwickeln. Nirgendwo sonst als im Dialog

66 Siehe Kapitel 5: Das erste Wir-Feld im Ich-Wir Modell

ist der Tanz zwischen Verbindung und Unterscheidung so ausgeprägt erfahrbar. Wir können üben, uns selbst in Beziehungen treu zu sein und uns gleichzeitig so für die anderen zu öffnen, dass es uns belebt und inspiriert, während wir uns frei und autonom ausdrücken und bewegen können.

ALLES GEHÖRT DAZU

Inklusion bedeutet, dass wir das System als Ganzes betrachten und alles, was dazu gehört, in unsere Wahrnehmung miteinbeziehen. Wir inkludieren alle Menschen und relevanten Elemente und geben ihnen einen Platz. Wir entwickeln ein besonderes Gespür für jene Aspekte eines Systems, die bewusst oder unbewusst ausgeklammert werden. Wir benennen sie, machen sie sichtbar, weil wir davon ausgehen, dass sie ein untrennbarer Teil des Ganzen sind, in dem wir uns gerade bewegen. Wir haben über die Fähigkeit zur Inklusion am Beispiel von Schulklassen gesprochen, wo es um Mobbing und Ausgrenzung ging. Aber sie gilt nicht nur für Menschen untereinander. Auch in uns selbst neigen wir dazu, bestimmte Gefühle, Eigenschaften, Erfahrungen auszuschließen, weil sie unangenehm sind. Es geht aber kostbare Energie verloren, für uns und unser System, wenn wir versuchen, einen zugehörigen Menschen, einen Begriff oder ein Gefühl auszublenden. Wenn wir einschließen, was dazu gehört, kommt diese Energie ins Fließen und wir entwickeln uns im Miteinander weiter.

PLATZBEWUSSTSEIN

Alles hat seinen Platz und seine Funktion. Eine Leberzelle im menschlichen Körper ist nicht dasselbe wie eine Gehirnzelle. Sie haben unterschiedliche Funktionen, die ihren eigenen Beitrag zum Gesamtsystem leisten. Offenbar ist es für lebendige Strukturen wichtig, dass jedes Element eine eigene Rolle hat und sich dadurch von den anderen Elementen unterscheidet.

Eine Gruppe von Menschen wird dann zur kreativen Gemeinschaft, wenn jede Person sich mit ihrem einzigartigen Beitrag einbringt und darin sichtbar werden darf. Im systemischen Denken verwendet man den Begriff „Ordnung". Sie beschreibt den einzigartigen Platz, den ein Mensch in einem System einnimmt und dadurch erkennbar und unterscheidbar wird. Wir nehmen wahr, wie unterschiedlich wir zu anderen und sie zu uns sind. Wir erkennen unsere Grenzen und Möglichkeiten, spüren dadurch genauer, was unsere Aufgaben sind und wofür wir nicht zuständig sind. Sie ermöglicht uns, auf eine gesunde und lebendige Weise mit anderen und mit der Welt in Verbindung zu leben.

Hier folgen einige Beispiele von Ordnungen in Systemen, die wichtig sind für ein gut entwickeltes Platzbewusstsein:

Rolle und Funktion

Wir sprechen immer aus einer bestimmten Rolle oder Funktion heraus zueinander. Nicht nur in Organisationen, wo Rollen und Funktionen auch einer gewissen Hierarchie unterliegen, auch in gleichwertigen Kontexten gibt es eine Unterscheidung zwischen dem*derjenigen, der*die einlädt, dem*derjenigen, der*die leitet, und dem*derjenigen, der*die eine bestimmte Rolle oder Verantwortung übernimmt. Die Rolle des Vaters ist eine andere als die des Bruders. Großeltern haben eine spezifische Wirkung und Funktion in einem Familiensystem. Die Rolle eines*r Gründer*in und die Funktionen eines Vorstandsmitglieds, eines*r Manager*in oder eines*r Mitarbeiter*in sind wichtige Unterscheidungen, wenn wir miteinander erfolgreich und erfüllend arbeiten wollen.

Alter

Es gibt einen Unterschied zwischen älteren Menschen und jüngeren Menschen. Der ältere Mensch bringt eine Vielzahl von Erfahrungen und oft auch Weisheit mit, die es gilt, im Ganzen zu sehen und wahrzunehmen. Der jüngere Mensch bringt in der Regel neue, frische Impulse, Perspektiven und eine Kreativität mit, die für die Entwicklung des Ganzen wichtig sind. Beide Qualitäten bewusst zu erkennen, zu unterscheiden, zu schätzen und sie nebeneinander statt gegeneinander zu stellen, ist eine Ressource für ein lebendiges Miteinander.

Dauer der Zugehörigkeit

In Teams und Organisationen gibt es Menschen, die länger, und Menschen, die kürzer dazugehören. Dies wird als Unterschied innerhalb des Ganzen wahrgenommen und drückt sich in der Kommunikation aus. Sie kann zu einer Quelle von Machtkämpfen und Spannungen werden. Übrigens nicht nur in Organisationen; auch in Familien und Gemeinschaften unterscheiden wir uns und haben alle einen anderen Platz, weil wir für einen kürzeren oder längeren Zeitraum Teil dieses Systems sind. Ältere Brüder und Schwestern haben einen anderen

Platz als jüngere. Großeltern und Vorfahren gab es schon lange vor uns und ihre Anwesenheit und ihre Rollen in der Familie sind spürbar, auch wenn sie vielleicht schon lange nicht mehr leben.

*Ein Team von 18 Führungskräften aus einer großen Organisation trifft sich zum ersten Mal zur internen Fortbildung für systemisch-dialogische Führung. Um sich gegenseitig kennenzulernen und die systemische Wahrnehmung zu schärfen, bitten wir die Leute aufzustehen und sich in einem Kreis von alt nach jung aufzustellen. Ein Gemurmel erfüllt den Raum, und bei der Suche nach dem richtigen Platz im Kreis entsteht ein reger erster Kontakt zwischen den Menschen. Wir fragen jede*n, wie es sich an diesem Ort anfühlt, ob es einem passt oder nicht, und wir bitten den Jüngsten und den Ältesten, sich einen Moment lang anzuschauen und gemeinsam die besondere Qualität des Alters wahrzunehmen. Es kommt zu einem kurzen ersten Austausch über den Wert des jungen Menschen und den Wert des älteren Menschen in der Organisation. Dann gehen wir zu einer zweiten Ordnung über. Wir fragen die Leute, wie lange sie schon in dieser Organisation arbeiten, und bitten sie erneut, sich im Kreis aufzustellen. Ein weiterer intensiver Moment des Kontakts, der von Heiterkeit, Erstaunen, aber manchmal auch von einem leichten Gefühl der Unsicherheit begleitet wird. Es stellt sich heraus, dass zwei ältere Menschen später ins Team dazugekommen sind als einige jüngere, und wir lassen alle zu Wort kommen, um zu erfahren, wie das im Team erlebt wird. Dann kommen wir zu einer dritten Ordnung: die Anzahl der Jahre, die sie in diesem Beruf gearbeitet haben. So entsteht ein etwas anderer Kreis, der viel Stoff für Austausch bietet. Nicht nur eine nette Übung für den Auftakt eines Treffens. Es bringt eine bewusste Beobachtung, Anerkennung und Wertschätzung von Unterschieden und eine natürliche Ordnung innerhalb der Gruppe.*

Es ist eine systemisch-dialogische Kompetenz, den eigenen Platz im Beziehungsfeld wahrzunehmen und jedem den Platz zu geben, der ihm oder ihr zusteht. Wird dieser Platz bewusst wahrgenommen und wertgeschätzt, entsteht eine lebendige Begegnung zwischen den Menschen in ihren spezifischen Rollen und Positionen. Es gibt klare und gleichzeitig durchlässige, bewegliche Grenzen im System, die eine lebendige Verbundenheit zur Folge haben. Wenn wir uns alle in unserem Platz im Ganzen sicherer fühlen, fühlen wir uns auch sicherer miteinander. Wir können leichter auf die kleinen und größeren unterschwelligen Machtkämpfe, auf den Kampf um unseren Platz verzichten, der in vielen menschlichen Strukturen schon fast zum Alltag gehört und viel Energie kostet.

EINZIGARTIGKEIT UND AUTHENTIZITÄT

Obwohl wir wissen, dass wir alle unterschiedlich sind, gehen wir unbewusst oft davon aus, dass wir eigentlich alle mehr oder weniger gleich sind. Wir erziehen unsere Kinder oft noch laut allgemein geltenden Regeln, die die einzigartige Weise, wie dieses spezielle Kind auf die Welt reagiert und mit welcher Strategie es das Leben angeht, weitgehend außer Betracht lässt. Wir beobachten diese Generalisierung ebenso in unseren Trends, in der Art und Weise, wie wir Menschen in Organisationen führen, wie wir unsere Kinder in den Schulen unterrichten oder wie wir dazu neigen, uns mit anderen zu vergleichen und zu konkurrieren.

In Human Design[67] wird beschrieben, wie unterschiedliche Menschtypen eine ganz eigene Energie, ein eigenes Tempo, eine eigene Art und Weise von Denken und Fühlen haben und wie sie unterschiedlich auf die Welt zugehen und auf sie reagieren.

So gibt es Menschen mit viel Energie, die aktiv arbeitend beitragen können, und andere, die mehr Ruhe brauchen und vor allem beobachtend in der Welt stehen. Es gibt Menschen, die emotional sind, und andere, die eher nüchtern auf die Welt reagieren. Es gibt viele verschiedene Arten, wie Menschen sich einbringen und zur Gemeinschaft beitragen.

Das Bewusstsein für unsere Einzigartigkeit entwickelt sich im Laufe unseres Lebens auf eine natürliche Weise. Im Laufe der Jahre haben wir unsere Eigenheiten, unsere Qualitäten und unsere Tücken immer besser kennengelernt. Wir wissen besser, wer wir sind, was wir können, wo unsere Talente liegen, wie wir Entscheidungen treffen, was unser einzigartiger Beitrag ist. Wir können uns wahrscheinlich besser ausdrücken und zeigen uns als die einzigartige Person, die wir sind.

Eine bewusste Lenkung der Aufmerksamkeit auf unsere eigene Einzigartigkeit und die der anderen trägt dazu bei, dass wir unseren Platz einnehmen können und den anderen den Platz lassen, der zu ihnen passt. Wir wissen, wofür

67 *Das Human Design System* – siehe Julia de Geus, www.vielfaltimeinklang.com

wir zur Verfügung stehen und wofür nicht. Wir erkennen, wofür wir die anderen brauchen. Wir verwerten unsere Unterschiedlichkeit und Einzigartigkeit gegenseitig, um gemeinsam zu leben, Neues zu schaffen und uns weiterzuentwickeln.

GLEICHGEWICHT

In Verbindung zu anderen spüren wir ganz genau, wann wir etwas bekommen und wann wir etwas geben. Manchmal bewusst, manchmal unbewusst merken wir es, wenn wir entweder zu viel geben und dafür wenig zurückkommt, oder wenn wir viel bekommen und wir es nicht ausgleichen können. Es führt entweder dazu, dass wir etwas einfordern, zu Ärger und Frust, oder zu einem Gefühl, dass wir etwas schuldig bleiben. In beiden Fällen steht die Verbindung zu uns selbst und zu den anderen unter Druck.

Beziehungen entwickeln sich im Tanz von Geben und Nehmen. Wenn wir etwas geben, will der oder die andere etwas zurückgeben, woraufhin auch wir wieder geben möchten. Wir suchen den Ausgleich im positiven Sinne und wenn das gelingt, stärkt sich die Bindung zwischen uns.

Wenn der Ausgleich nicht stimmt und wir in eine negative Spirale geraten, suchen wir den Ausgleich ebenso im Negativen. Wenn wir verletzt werden, neigen wir dazu die oder den anderen ebenso zu verletzen, und zwar noch ein bisschen mehr. Wenn der oder die andere es uns dann zurückzahlen will und ebenso ein bisschen mehr verletzt, geraten wir in den Kreislauf von Kränkungen, der an der Basis von Konflikt, Gewalt und Krieg liegt. Die Lösung liegt darin, dass eine der beiden Parteien entscheidet, nicht noch mehr zu verletzen, sondern ein bisschen weniger. Das Wohlwollen, das darin wahrnehmbar ist, ermöglicht die Rückkehr zum positiven Ausgleich von Geben und Nehmen. Wenn wir auf diese Weise ausgeglichen sind, leben wir frei und beweglich in unserer Beziehung zum Selbst und der Welt.

KAPITEL 14

TRANSPERSÖNLICHE KOMPETENZEN

Es gibt eine dritte Art von Kompetenz, die das Persönliche und das Systemische umfasst und darüber hinausgeht. Es ist die Kompetenz, sich als Teil eines größeren Ganzen zu erleben. Ein Aspekt dieser Kompetenz ist, dass wir uns berühren lassen, von dem, was in der Gemeinschaft, in der Beziehung zwischen Menschen, in Organisationen, der Gesellschaft und in der Welt, also im Kollektiven, passiert. Ein zweiter Aspekt betrifft das Einnehmen einer größeren, ganzheitlichen, universellen, spirituellen Perspektive, in der wir erfahren, dass es mehr zwischen Himmel und Erde gibt als das, was wir wissen und verstehen können. Hier verwenden wir das Wort „transpersönlich" in diesen beiden Bedeutungen.

Transpersönliche Kompetenz fängt dort an, wo wir den Wunsch, alles mit dem Verstand zu verstehen und somit ein gewisses Maß an Kontrolle über unser Leben zu behalten, loslassen. Wir geben uns mehr und mehr den Prozessen des Lebens hin und öffnen uns für das, was uns auf dem Weg begegnet.

Wir unterscheiden einige transpersönliche Kompetenzen, die für ein dialogisches Leben in unserer Zeit wichtig sind:

- Sich mit der Welt verbinden
- Ein engagierter Zeitzeuge sein
- Umgang mit Widerstand
- Den Raum halten für kollektives Trauma
- Umgang mit Verleugnung kollektiver Probleme
- Beziehung Vorrang geben
- Gemeinschaftsbildung
- Klare Vereinbarungen

- Arbeit und Organisationen ganzheitlich betrachten
- Spirituelle Perspektive

SICH MIT DER WELT VERBINDEN

Sich mit der Welt zu verbinden bedeutet, dass wir uns bewusst dafür entscheiden, uns der Welt zuzuwenden, uns darauf zu beziehen und unsere Aufmerksamkeit auf das zu richten, was in der Welt geschieht. Wir sehen die Ereignisse nicht länger als etwas, das außerhalb von uns geschieht, mit dem wir nichts zu tun haben, sondern verbinden uns bewusst damit, lassen uns davon berühren und fühlen uns als Teil davon. Das erfordert eine gewisse Konzentration und Abstimmung, so als würden wir uns in einem lauten Restaurant auf unseren Gesprächspartner, mit dem wir am Tisch sitzen, einstellen.

Verbindung mit der Welt ist vergleichbar mit der Verbindung mit einem Menschen, den wir noch nicht kennen. Wir treffen zunächst die Entscheidung, ob wir uns auf ihn oder sie einlassen wollen. Wenn wir es tun, dann entsteht ein Kontakt, eine Beziehung. Diese Beziehung vertieft sich, wenn wir genau und fokussiert zuhören. Wir nehmen wahr, welche Wirkung diese Person auf uns hat, welche Gefühle, Gedanken, Bilder und Impulse sie in uns auslöst.

Wir leben nicht länger in der Illusion, dass wir getrennt sind von der Welt, in der wir leben. Wir erkennen, dass es unsere Welt ist und dass unser Schicksal und das Schicksal der Welt eng miteinander verbunden sind. Dies erweckt unsere Neugierde und löst den Wunsch nach Teilhabe aus.

EIN ENGAGIERTER ZEITZEUGE SEIN

So wie die Trauzeug*innen bei einer Hochzeit nicht aus der Ferne zuschauen, sondern durch ihre Verbundenheit mit dem Brautpaar unterstützend dabei sind, so können wir als Zeug*innen bei allem, was in unserer Welt geschieht, dabei sein.

Dieses Zeuge-Sein löst eine Bewegung in uns aus. Wahre Intimität kommt mit einer Großzügigkeit, sagt Thomas Hübl.[68] Wir wollen etwas geben, etwas beitragen, wir wollen der Welt etwas bedeuten. Wir fühlen uns verbunden, bezogen, und daraus handeln wir. Diese Verbindung und das gegenseitige Feedback zwischen Selbst und Welt ist wie eine neue Art der Intelligenz. Wenn sie wächst, entstehen neue, gesündere Formen, um mit der Welt umzugehen. Wir verlassen unsere distanzierte Wahrnehmung und tauschen sie gegen eine Sichtweise ein, in der wir Teil des Ganzen sind und umgekehrt.

Die distanzierte, getrennte Wahrnehmung finden wir oft in der Politik und in Organisationen wieder. Viele Entscheidungen werden getroffen, ohne die Verbindung zu den Menschen herzustellen. Sie stimmen oft nicht mit der persönlichen Betroffenheit der Menschen überein, was eine weitere Entfremdung zwischen den Menschen, der Organisation und/oder der Politik zu Folge hat.

UMGANG MIT WIDERSTAND

Es gibt mehrere Gründe, warum eine Verbindung mit der Welt in uns auf Widerstand stoßen kann:

- Es kommen so viele, auch leidvolle Informationen auf uns zu, dass es überwältigend sein kann, wenn wir uns davon berühren lassen.
- Die Informationen können stressvoll sein, wenn sie an unsere eigenen unverarbeiteten Themen rühren und wir davon getriggert werden.
- Wenn wir Informationen bekommen, die neu für uns sind, und wir dadurch in ein völlig neues Gebiet vordringen, werden wir mit unserem Nicht-Wissen konfrontiert. Es kann sein, dass die uns bekannten Arten der Problemlösung in diesen neuen Kontexten nicht mehr funktionieren, sondern ein neuer Ansatz gebraucht wird, den wir noch nicht kennen. Dieses Nicht-Wissen kann uns so viel Stress bringen, dass wir der Verbindung zur Welt in diesem Kontext lieber aus dem Weg gehen.
- Ein letzter Grund für unseren Widerstand, mit der Welt in Verbindung zu treten, sind die vielen Interpretationen der Nachrichten, sowohl unsere eige-

68 Thomas Hübl 2009

nen als auch die der Medien. Hier wird die Fragmentierung unseres Denkens sichtbar und bringt uns ein Spannungsfeld von unterschiedlichen Wahrheiten und Gegensätze, worüber wir nur schwierig hinauskommen.

Wenn wir uns trotz dieser nachvollziehbaren Widerstände mit der Welt verbinden wollen, ist es hilfreich, dies mit Bewusstheit zu tun:

- Es ist wichtig, gut auf sich zu achten. Wenn wir selbst nicht ausgeglichen sind, können wir noch mehr aus dem Gleichgewicht geraten, wenn wir uns mit einer unausgeglichenen Welt verbinden. Deshalb sollten wir uns nie dazu zwingen und unserem persönlichen Gleichgewicht Vorrang geben. Nur aus dem heraus können wir uns der Welt zuwenden.
- Ebenso wichtig ist es, uns nur darauf einzulassen, was uns gerade interessiert und worauf wir uns beziehen wollen. Die ganze Welt auf einmal ist zu viel. Eine bewusste Auswahl und eine begrenzte, entschiedene Aufmerksamkeit helfen uns, unsere Grenzen zu wahren und im Gleichgewicht zu bleiben.
- Wenn wir uns aus Angst vor Überwältigung verschließen, kann dies einen gegenteiligen Effekt haben. Wir entziehen uns selbst der Möglichkeit, die tatsächlichen Informationen auf gesunde Weise zu verarbeiten. Wenn wir uns bewusst auf sie einlassen und uns davon berühren lassen, auch wenn es schmerzhaft sein kann, vertieft sich unsere Verbindung zum Leben und zueinander als Menschen, die in dieser Welt leben.
- Themen aus der Welt, die uns berühren, rühren immer auch an unsere persönlichen, manchmal noch unverarbeiteten Themen. Sie bieten uns eine Chance, unsere eigenen Themen und den damit verbundenen Stress zu bewältigen.
- Die Konfrontation mit der Fragmentierung unserer Welt lädt uns ein, die fragmentierten Abläufe unseres Gedankensystems zu erkennen,[69] darüber hinauszugehen und uns für die gesamte Realität zu öffnen.

69 Siehe Kapitel 6

FORMEN DES WIDERSTANDS

Es ist Unsinn
sagt der Verstand
Es ist was es ist
sagt die Liebe
Es ist Unglück
sagt die Berechnung
Es ist nichts als Schmerz
sagt die Angst
Es ist aussichtslos
sagt die Einsicht
Es ist was es ist
sagt die Liebe
Es ist lächerlich
sagt der Stolz
Es ist leichtsinnig
sagt die Vorsicht
Es ist unmöglich
sagt die Erfahrung
Es ist was es ist
sagt die Liebe

– Erich Fried[70]

Wie im Gedicht vom Erich Fried zeigt sich der Widerstand unter anderem in der Form von Verleugnung oder Rationalisierung.

Ein weiterer Ausdruck des Widerstands gegen eine Verbindung mit der Welt ist die spirituelle Vermeidung; der Einsatz spiritueller Einsichten, um einen Aspekt der Realität zu umgehen. Wenn wir uns auf diese Einsichten berufen, kann es sein, dass wir dadurch dem, was geschieht, keine wirkliche Aufmerksamkeit schenken müssen. Die Einsicht „Es ist, was es ist" kann weise und von der Liebe getragen sein, wenn sie auf der Tatsache beruht, dass wir uns mit einer

70 Erich Fried: *Es ist was es ist*. Wagenbach 1996

konkreten Realität verbunden haben und zu einer tiefen Akzeptanz dieser Realität gelangt sind. Dieselbe Aussage kann aber auch eine Ausrede sein, um die für uns schmerzhafte oder unangenehme Realität zu vermeiden. Dann wird sie zu einer Form der Pseudo-Spiritualität. Transpersönliche Kompetenz bedeutet, dass wir uns auch dem Schwierigen zuwenden, wenn es Teil unserer Realität ist.

Im Dialog stoßen wir oft auf die Tendenz, Konflikte vermeiden zu wollen. Wenn Unterschiede innerhalb einer Gruppe zutage treten, die die Spannung in der Gruppe erhöhen, gibt es manchmal Teilnehmende, die dafür plädieren, nicht auf die Unterschiede in der Gruppe zu achten, sondern mehr auf die Gemeinsamkeiten. Manchmal appellieren sie an höhere Werte wie Liebe, Harmonie und Mitgefühl. Wenn dies gerade dann geschieht, wenn eine Gruppe nach einem konstruktiven Weg sucht, mit der Realität spannender Differenzen umzugehen, wird es zur Pseudo-Spiritualität, die dazu dient, das, was gerade schwierig ist, zu vermeiden.

DEN RAUM HALTEN FÜR KOLLEKTIVES TRAUMA

Seelische Verletzungen brauchen einen Raum, in dem sie sein dürfen, in dem sie wahrgenommen werden und ihnen zugehört wird, ohne Urteil, ohne Lösungsversuche oder überstürzte Handlungsimpulse. Es braucht nur die reine Aufmerksamkeit, die Verbindung und die Einstimmung. Wir halten den Raum für den Schmerz, ohne dass wir uns einmischen oder uns darin verlieren. Das gilt sowohl für persönlichen Schmerz als auch für kollektiven Schmerz, der Teil unserer Geschichte und unserer Gesellschaft ist.

Nehmen wir den Schmerz von Menschen in Kriegsgebieten oder von Flüchtlingen als Beispiel. Nach dem Zweiten Weltkrieg gab es ein kollektives Trauma für alle Opfer des Krieges, aber auch, tiefer versteckt und weniger beachtet, für die Täter*innen und deren Familien. Es ist wichtig, dass die Menschen, die Teil dieses kollektiven Traumas waren, über ihre Erfahrungen sprechen können und dass andere ihnen zuhören, mit der gleichen offenen Haltung, die wir oben beschrieben haben. Thomas Hübl verwendet den Begriff „Collective Social Witnessing" dafür. Das kollektive Trauma gehört nicht allein der Vergangenheit an, sondern bleibt im Feld präsent, solange es nicht geheilt ist. Wenn das Trauma, ob individuell oder kollektiv, ignoriert wird, wiederholt es sich so lange, bis die Menschen sich damit auseinandersetzen wollen, bewusst in Beziehung treten, damit sie daraus lernen und das Leben weiter fließen kann. Dafür braucht es die Position des sozialen Zeugens, der den Aufmerksamkeitsraum für das Trauma herstellt und hält.

Eine fehlende Aufmerksamkeit für das Trauma führt zu einer Kultur des Schweigens. Die Menschen können nicht über ihre Erfahrungen sprechen. In ihrer Haltung, ihrer Ausstrahlung, der Art und Weise, wie sie mit ihren Gefühlen umgehen, und in ihren Beziehungen lebt das Trauma weiter. Dann wird es ebenso zur traumatischen Erfahrung für die nächste Generation, da sie den Schmerz der ersten Generation zwar spürt, aber nie die Möglichkeit hatte, sich damit auseinanderzusetzen, weil nicht darüber gesprochen wurde. Das Gefühlsleben von nachfolgenden Generationen und die Art und Weise, wie sie sich auf andere Menschen und die Welt beziehen, ist von dem gleichen kollektiven Trauma gefärbt, weitgehend jedoch unbewusst.

Heilung und Wandel finden statt, wenn dem kollektiven Schmerz Raum gegeben wird, die Gefühle gefühlt und die Geschichten erzählt werden können, und ihnen liebevolle Aufmerksamkeit geschenkt wird. In unserer Zeit gibt es dafür mehr Möglichkeiten als zum Beispiel nach dem Zweiten Weltkrieg. Professionelle Betreuung konzentriert sich oft vor allem auf die individuelle Verarbeitung von Traumata, auch wenn sie viele Menschen betreffen. Die kollektive Traumaverarbeitung braucht aber mehr. Sie braucht das Kollektiv selbst, in dem das, was erlebt wurde, eine Stimme bekommt, gehört und wahrgenommen werden kann.

Kollektives Trauma können wir oft erst viele Jahre nach dem Geschehen verarbeiten. Die Verarbeitung des Zweiten Weltkriegs zum Beispiel, ist momentan auf viele Ebenen noch im vollen Gange. Die aktuellen Terrordrohungen und Anschläge, wie die Anschläge auf die Twin Towers in New York im Jahr 2001, liegen noch so nah, dass die Verarbeitung schwieriger ist, erst langsam in Gang kommt und mehr Zeit brauchen wird, vor allem auch, weil die Terrordrohungen in unserer Zeit fortbestehen.

Eine Gruppe von Menschen, die bereit ist, gemeinsam zuzuhören und zu bezeugen, was eine andere Gruppe von Menschen erlebt hat, damit in Resonanz geht und mitteilt, was es mit ihnen gemacht hat, bildet ein Gefäß, in dem kollektive Heilung möglich wird. Dies können wir als heilenden Dialog bezeichnen.

UMGANG MIT VERLEUGNUNG KOLLEKTIVER PROBLEME

Eine Krise ist ein Flüstern,
dem ich lange Zeit nicht zugehört habe.
– Thomas Hübl

Wenn wir mit kollektivem Trauma und potenziellen kollektiven Gefahren konfrontiert sind, gibt es eine Tendenz zur Verleugnung. In den 1930er-Jahren wurde die faschistische Bedrohung weitgehend geleugnet. Heute sehen wir viele Menschen, die das Klimaproblem nicht ernst nehmen, leugnen oder ignorieren. Das gilt nicht nur für die sogenannten Klimaskeptiker, sondern für alle, die die Gefahren nicht wirklich sehen oder ernst nehmen. Es ist eine Tendenz in der Politik, mit der Anerkennung lang zu zögern, wenn bestimmten Gruppen von Menschen in der Vergangenheit Unrecht angetan wurde. Es dauert oft lange, bevor wir gesellschaftlich zum Handeln kommen, um den Gefahren unserer Zeit pro-aktiv entgegenzutreten. Natürlich werden viele gute Maßnahmen ergriffen und wertvolle Vereinbarungen getroffen. Gleichzeitig setzen wir aber einen fragmentierten Lebensstil fort, der zum Beispiel die Klimaprobleme weiterhin verschärft. Hier ist es wichtig, dass wir uns der Tendenz, unsere Augen zu schließen für die vorhandenen Probleme oder für auftauchenden Schmerz, bewusst werden.

Neben all den Aktivitäten von Aktivist*innen und Protestbewegungen brauchen wir das Bewusstsein und die Anerkennung, dass wir auf gesellschaftlicher Ebene zur Verleugnung neigen. Dann können wir erforschen, warum es uns so schwerfällt, uns mit der Realität eines kollektiven Traumas zu verbinden und uns mit anstehenden Gefahren auseinanderzusetzen. Es bedeutet auch, dass wir dies nicht mit erhobenem Zeigefinger tun, sondern mit Mitgefühl für unsere menschliche Situation. Es ist schwierig, sich für Neues zu öffnen, für Situationen, die wir noch nie erlebt haben. Es gibt so vieles, was wir nicht wissen, und es ist oft unangenehm, sich damit auseinanderzusetzen. Wenn wir lernen, dies zu tun, auch als Kollektiv, können wir entdecken, dass dies ein fruchtbarer Ausgangspunkt für die Suche nach evolutionären neuen Lösungen ist. Solange wir in der Verleugnung verharren, werden wir solche Lösungen nicht finden.

In unserer Gesellschaft fehlt oft der Raum, das Gefäß, das wir brauchen, um uns auf einer tieferen Ebene mit gesellschaftlichen Themen zu befassen. Viele gesellschaftliche Institutionen, wie politische Parteien und Organisationen, versuchen ihren Beitrag zu leisten. Doch es scheint etwas zu fehlen. Es fehlt der menschliche Begegnungsraum, die Gemeinschaft, in der wir unsere persönliche Betroffenheit sichtbar machen können, einander damit berühren und uns gegenseitig zuhören. Räume, in denen wir den Mut haben, unsere eigene Wahrheit zu spüren und auszusprechen, was wir in unserer Gesellschaft wahrnehmen und wie es uns damit geht. Wie der kleine Junge in Andersens berühmtem Märchen *Des Kaisers neue Kleider,* der den Mut hatte, seine Wahrheit auszusprechen und anderen dadurch die Augen öffnete. Dafür brauchen wir Gemeinschaften, Kreise von Menschen, die miteinander einen sicheren Raum für solche Wahrheiten schaffen und halten. Der buddhistische Lehrer Thich Nhat Hanh[71] sagte einmal: „Der nächste Buddha könnte eine Gemeinschaft sein." Wie schaffen wir eine Gemeinschaft, die ein Gefäß für unsere sozialen Fragen sein kann? Welche Kompetenzen müssen wir haben, um sie zu bauen? Es beginnt damit, dass wir bereit sind, der Realität nicht aus dem Weg zu gehen, sondern sie wahrzunehmen und anzuerkennen.

BEZIEHUNG VORRANG GEBEN

In den vielen Konflikten, die wir persönlich und kollektiv erleben, gibt es Spannungen zwischen einer prozessorientierten und einem ergebnisorientierten Ansatz. Hier stehen zwei unterschiedliche Werte im Widerspruch zueinander. Der prozessorientierte Wert besteht darin, die Beziehung, die Gruppe oder die Gemeinschaft und ihre Qualität in den Blick zu nehmen (Liebesmotiv). Der ergebnisorientierte Wert ist dem Erreichen der gemeinsamen Ziele (Machtmotiv) gewidmet.[72] Auch wenn einmal das eine und dann das andere Motiv im Vordergrund stehen, braucht es insgesamt ein Gleichgewicht zwischen beiden Qualitäten, um unsere Konflikte lösen zu können. Wir sind zu dem Schluss gekommen, dass vor allem in Situationen, in denen es Konflikte gibt oder Pola-

---

71 Thich Nhat Hanh: *The Next Buddha May Be A Sangha* in: Inquiring Mind, Band 10, Nr. 2, Frühjahr 1994

72 Siehe Kapitel 11: Macht und Liebe

risierung auftritt, der Aufbau von und die Aufrechterhaltung der Beziehung Vorrang vor dem Erreichen der Ziele haben muss. Gemeinschaft und Verbundenheit sind die Basis, auf der Vertrauen wächst und Ergebnisse erarbeitet werden können.

Es kann gemeinschaftsbildend sein, an gemeinsamen Zielen zu arbeiten und diese zu erreichen. Wenn es jedoch einen Konflikt zwischen diesen beiden unterschiedlichen Werten und zwischen den Menschen gibt und wenn die Absicht besteht, lange Zeit fruchtbar zusammenzuarbeiten, dann ist es notwendig, der Beziehungsebene zuerst Zeit und Aufmerksamkeit zu widmen.

Normalerweise tun wir das erst dann, wenn praktische Lösungen nicht mehr funktionieren, und manchmal ist es dann zu spät, um noch zu einer Lösung zu finden. Wir brauchen die Fähigkeit, zu erkennen und anzuerkennen, dass alle Positionen in einem Konflikt wertvoll sind und es verdienen, in vollem Umfang gehört zu werden. Wenn wir eine prozessorientierte Haltung vertreten, müssen wir in einem Konflikt dafür einstehen und vermitteln, dass die Aufmerksamkeit für die Beziehung Vorrang vor dem Ergebnis hat. Sind wir vor allem auf Ergebnisse fokussiert, müssen wir darauf vorübergehend verzichten, damit der Konflikt gelöst und die Verbindung in der Gruppe wiederhergestellt werden kann. Danach kann man sich wieder den Ergebnissen zuwenden. Wichtig für den weiteren Fortgang der Gruppe ist, dass es ein gutes Gleichgewicht zwischen Ergebnisorientierung und der Verbindungen untereinander, also einer funktionalen Beziehungsorientierung gibt.

GEMEINSCHAFTSBILDUNG

Was auch immer die Frage ist, Gemeinschaft ist die Antwort.
– Margaret Wheatley

Viele soziale Initiativen bleiben früher oder später stecken, weil es Probleme in der Zusammenarbeit gibt.

Es ist nicht nur schmerzhaft für die Betroffenen, es ist auch schmerzhaft, weil viele potenziell wertvolle Initiativen dadurch nicht wirklich zum Tragen kommen und realisiert werden können. Deshalb ist es wichtig, in der Anfangsphase eines Projekts die Aufmerksamkeit auf die Bildung der Gemeinschaft zu lenken.

Vor allem in längerer Zusammenarbeit, bei der es um etwas geht, was uns am Herzen liegt, ist es wichtig, uns besser kennenzulernen, nicht nur in Bezug auf die Beteiligung an dem Projekt, sondern vor allem in Bezug auf das, was wir als Menschen darüber hinaus auch noch sind. Was ist im Leben eines*r jeden wichtig? Was reizt jede*n von uns? Was kann jede*r und was sind unsere Fallen? Was brauchen wir in der Zusammenarbeit? Worauf reagieren wir allergisch? Wenn wir uns Zeit nehmen, um uns auf diese Art und Weise kennenzulernen, bauen wir das Vertrauen auf, das wir brauchen, um gemeinsam etwas in der Welt zu verwirklichen. Es bildet sich ein soziales Gefäß, das zusammenhalten kann, auch wenn es Schwierigkeiten gibt.

KLARE VEREINBARUNGEN

Früher oder später stoßen wir in unseren gemeinsamen Projekten auf Meinungen, die auseinandergehen, Missverständnisse, oder auch auf unterschiedliche Arten und Weisen, wie wir mit Dingen umgehen wollen. Darum ist es wichtig und hilfreich, in der Anfangsphase, wenn noch alles gut läuft, zu vereinbaren, wie man mit schwierigen Situationen umgehen will. Es ist nicht leicht, solche Vereinbarungen zu treffen, wenn wir schon in Schwierigkeiten geraten sind. Es ist gut, eine Vereinbarung darüber zu haben, wie man als Gruppe mit Konflikten umgehen will, sodass man daran auch schon üben kann, noch bevor es einen Konflikt gibt.

Andere Vereinbarungen betreffen die Entscheidungsfindung in der Gruppe, die Führung, die Offenheit für neue Gruppenmitglieder, gegenseitige Erwartungen, finanzielle Angelegenheiten. Wie heißen wir neue Menschen willkommen und wie verabschieden wir uns von Menschen? Wie viel Raum bleibt für Untergruppen oder Einzelpersonen, um ihre eigenen Entscheidungen zu treffen, und was muss von der gesamten Gruppe genehmigt werden?

Indem wir rechtzeitig Vereinbarungen treffen und künftige Entwicklungen antizipieren, stärken wir die Gemeinschaft. Eine Gemeinschaft ist dann besser in der Lage, mit Rückschlägen und gegenseitigen Reibereien umzugehen, als einzelne Individuen, die eine eher lose Bindung zueinander haben. In lebensbedrohlichen Krisensituationen sind die Überlebenschancen für eine Gemeinschaft viel größer als für Menschen, die nicht Teil einer Gemeinschaft sind. John

Croft meint dazu: „Bauen Sie eine Gemeinschaft auf, als ob Ihr Leben davon abhinge: Das tut es. Studien zeigen, dass die Menschen, die in unterstützenden und fürsorglichen Gemeinschaften leben, die Probleme und Herausforderungen, die schnell auf sie zukommen, am besten bewältigen können."[73]

ARBEIT UND ORGANISATIONEN GANZHEITLICH BETRACHTEN

Begegnungsräume in Unternehmen und Organisationen,
in denen wir uns gleichwertig und authentisch austauschen dürfen,
über die Hierarchien hinweg, also auf Augenhöhe,
sind wichtige Impulse für eine holistische Kommunikationskultur.
Nicht schnell und scheinbar nicht erzwingbar,
bildet sich ein tragfähiges Gemeinschaftsgefühl,
welches die Art und Weise, wie wir miteinander
sprechen, denken und handeln, in ein kraftvolles Miteinander
im Dienste der Aufgabe verwandeln kann.
– Sabine Helene Kresa

Wir leben in einer Zeit, in der sich auch die Arbeitswelt verändert. Es wächst das Bewusstsein, dass es alle Stimmen braucht, und dass wir auch hier unsere transpersönlichen Kompetenzen brauchen, um ganzheitlich miteinander zu arbeiten. Alte hierarchische Strukturen wandeln sich zunehmend in die Richtung von offenen, gleichwertigen, dialogischen und „agilen" Organisationsformen. Da wir an unsere herkömmlichen hierarchischen Strukturen gewohnt sind, stellt uns das vor neue Herausforderungen. Welche transpersönlichen Kompetenzen sind hier gefragt, sodass wir in Gemeinschaft miteinander arbeiten können?

Frederic Laloux[74] spricht in seinem Buch *Reinventing Organizations* über ein neues Organisationsbewusstsein. Er verwendet dafür der Begriff „teal" und beschreibt drei wichtige Durchbrüche, die diese neue Bewusstseinsstufe in Organisationen und Gemeinschaften breit machen kann:

---

73 In: Merkblatt Nr. 5 *Die große Wende: Zusammenbruch oder Durchbruch*, überarbeitete Ausgabe 2012

74 Frederic Laloux 2014

- **Ganzheit**
  Es geht darum, eine Kultur zu entwickeln, in der wir den gesamten Menschen inklusive seiner Bedürfnisse, Gefühle und Intuition wertschätzen und die Weisheit, die daraus entsteht, im gemeinsamen Handeln integrieren.

- **Evolutionärer Sinn**
  Organisationen haben ein eigenes Leben und eine eigene Richtung, die implizit aus dem Sinn und Zweck der Organisation hervorkommt. Die Mitglieder sind eingeladen und aufgefordert, zuzuhören und zu verstehen, was sich in der Organisation entfalten will. Dabei ist nicht nur das direkte Ziel der Organisation im Fokus; Einklang mit der Umwelt, die Bedürfnisse der Gesellschaft und die Welt werden ebenso miteinbezogen.

- **Selbstmanagement**
  Es braucht agile Arbeitsstrukturen, in denen Menschen auf der Grundlage von Gleichberechtigung und Selbstorganisation miteinander arbeiten können, ohne sich einer Hierarchie unterordnen oder sich zu viel an konsensuale Strukturen anpassen zu müssen.

Um diese drei Durchbrüche zu ermöglichen, braucht es die persönlichen, systemisch-dialogischen und transpersönlichen Kompetenzen der Mitglieder der Organisation. Darin liegt nicht nur für die Organisation oder Gemeinschaft als Ganzes, sondern genauso für die individuellen Mitglieder die Einladung und das Potenzial, sich weiterzuentwickeln.

Es braucht eine Führung, die sich auf dieser Bewusstseinsebene bewegen will und kann, damit die Mitarbeiter*innen in vollem Umfang zum Wandel der Organisation beitragen, auch wenn sie individuell nicht in diesem ganzheitlichen Bewusstsein sind. Sie sind dann eingeladen und werden durch die Organisation unterstützt, sich in diesem Bewusstsein weiterzuentwickeln.

Ohne eine Führung, die Ganzheitlichkeit, Sinnorientierung und Selbstmanagement vorleben kann und will, wird der angestrebte Wandel in diese Richtung bestenfalls vorübergehend sein.

Es ist eine wichtige Frage, wie Menschen und Teams persönlich damit umgehen können, wenn sie in diesem Bewusstsein leben und arbeiten wollen, aber die Führungsebenen der Organisationen darin nicht vorangehen und es keine richtigen Voraussetzungen dafür in der Organisation gibt. In unseren Dialogprojekten und in unserer Arbeit als Coaches sind wir vielen dieser Menschen begegnet. Sie ringen mit der Frage: Was kann ich tun? Sollte ich kündigen und mir eine für mich geeignete Organisation suchen? Wo kann ich das finden? Oder soll ich mich selbstständig machen und eine neue Organisation gründen? Oder gibt es noch Möglichkeiten, um etwas in dieser Organisation zu bewegen?

Wenn wir uns in dieser Situation befinden, können wir uns ziemlich allein fühlen. Das liegt nicht an uns selbst oder daran, dass es in unserer Organisation keine Gleichgesinnten gibt. Es hat damit zu tun, dass wir uns in gewisser Weise in der vorherrschenden Kultur der Organisation nicht zu Hause fühlen. Wenn wir von einer vorherrschenden Norm und Kultur abweichen, fühlen wir uns schnell entfremdet und isoliert.

In unserer Dialogarbeit mit Organisationen treffen wir regelmäßig auf Teams, die sich innerhalb der Organisation, der sie angehören, ausgegrenzt fühlen. Dabei handelt es sich häufig um Teams, die sich mit Themen wie Ausbildung und Entwicklung innerhalb der Organisation befassen. Menschen, die die Dinge gerne aus einer breiteren Perspektive betrachten und an der Innovation beteiligt sein möchten. Innerhalb der Organisation als Ganzes wird dies oft als die weiche Seite der Organisation angesehen. Solche Teams haben oft mit dem Widerspruch zu kämpfen, dass sie einerseits das Gefühl haben, Dinge zu tun, die für die Organisation von wesentlicher Bedeutung sind, andererseits aber innerhalb der Organisation als Ganzes auf wenig Akzeptanz, Verständnis oder Wertschätzung stoßen. In den Teams herrscht oft eine gewisse Unsicherheit darüber, ob sie wirklich von der Leitung der Organisation unterstützt werden.

Zwei Kompetenzen, die wir schon als persönliche Kompetenzen beleuchtet haben, treten im Kontext der Arbeit in Organisationen und Gemeinschaften besonders in den Vordergrund:

UMGANG MIT UNSEREM EIGENEN WIDERSTAND

Wenn wir uns in der Organisation, in der wir arbeiten, nicht ganz zu Hause fühlen, besteht die Gefahr, dass wir der Organisation gegenüber kritisch eingestellt sind, dass wir uns innerlich distanzieren und dass wir uns nicht wirklich verbinden mit unseren Aufgaben. Wir haben vielleicht die Vorstellung, dass die Organisation in einigen wichtigen Punkten anders sein sollte, als sie ist. Gleichzeitig macht es vielleicht keinen Sinn oder ist es nicht möglich, dafür einzustehen oder zu kämpfen. Dies zeigt sich in einer inneren, widersprüchlichen Haltung und drückt sich direkt oder indirekt in unserem Verhalten aus. Diese Haltung bindet uns im negativen Sinne an die Organisation und untergräbt unsere freie kreative Verbindung.

Wir können unseren Widerstand wahrnehmen, ohne ihn zu verurteilen. Dies kann uns helfen, den Kampf loszulassen und die Realität unserer Organisation objektiver zu betrachten. Wenn wir akzeptieren können, dass es ist, wie es ist, entsteht eine andere Art von Verbindung. Wir verlieren unsere Energie nicht mehr an das, was uns an der Organisation nicht gefällt. Wir stellen unsere Energie zur Verfügung, um das zu schaffen, was wir für die Organisation für wertvoll halten, und nehmen unseren Widerstand als Richtungsweiser. Er zeigt uns, was uns wichtig ist, wie wir leben und arbeiten wollen, und öffnet uns für die Möglichkeiten, die sich darin für uns auftun.

VERBINDEN

Wir können unsere isolierte Position durchbrechen, indem wir nach anderen Personen in der Organisation suchen, die aufgrund vergleichbarer Interessen Möglichkeiten für Verbesserungen sehen. In der Praxis finden wir aber nur dann zueinander, wenn wir unsere kritisch-kämpferische Haltungen hinter uns gelassen haben und unsere Energie für kreative Verbesserungen zur Verfügung steht. Wie wir bereits in der Kompetenz der Gemeinschaftsbildung beschrieben haben, ist es wichtig, sich die Zeit zu nehmen, sich gut kennenzulernen, Zeit miteinander zu verbringen und so ein enges soziales Gefüge zu bilden. Das allein ist schon wertvoll, um das Gefühl der Isolation zu überwinden, sich wieder als Teil der Organisation zu fühlen und zu einer Offenheit für neue Möglichkeiten zu gelangen.

Was will jede*r von uns in dieser Organisation schaffen? Wo können wir uns darin wiederfinden? Wie können wir uns weiterhin gegenseitig unterstützen, auch wenn wir nicht genau die gleichen Wünsche haben? Wenn wir Zeit und Raum schaffen, um diese Themen gemeinsam im Dialog zu betrachten, transformieren wir unseren Widerstand im Miteinander und tragen zu der Entwicklung der Organisation, des Teams und unserer persönlichen Entwicklung bei.

SPIRITUELLE PERSPEKTIVE

Eine spirituelle Perspektive erweitert unsere gewöhnliche tägliche Realität. Der Alltag besteht aus vielen persönlichen Gedanken, Emotionen und den unzähligen Gewohnheiten, die wir uns angeeignet haben, um uns im täglichen Leben zurechtzufinden.

Unsere Rationalität kann uns helfen, uns selbst und die Welt um uns herum zu verstehen, ihre Logik zu erkennen und ein gewisses Maß an Kontrolle über uns selbst und unsere Umwelt zu haben. Ohne sie können wir uns in der Komplexität des Lebens leicht verloren fühlen. Unsere Emotionalität gibt uns Orientierung; sie zeigt auf, wie wir auf das, was uns in unserem Leben begegnet, reagieren.

Diese alltägliche Betrachtung der Wirklichkeit führt zu der Illusion, dass alles im Leben rational verstanden und kontrolliert werden kann und wir uns nur nach unseren persönlichen Gefühlen richten sollten.

Eine spirituelle Perspektive fügt unserer alltäglichen Erfahrung eine Basis von Vertrauen und Entspannung hinzu und ermöglicht es uns, dort loszulassen, wo wir das Leben nicht lenken können. Die Perspektive der alltäglichen Realität zu erweitern bedeutet nicht, dass wir unsere Rationalität, unsere Emotionalität und unsere Gewohnheiten über Bord werfen. Sie sind nach wie vor wichtig und vorhanden, nur bilden sie nicht mehr die Grundlage, auf der wir glauben, unser Leben aufbauen zu können.

Für das dialogische Leben und Arbeiten geht es um eine spirituelle Kompetenz, die uns hilft, in Kontakt mit der Welt zu wachsen. Es ist eine Kompetenz, in der es Raum für Stille und Meditation gibt, Raum für Rückzug und Kontemplation, während wir in der Welt sind und uns davon berühren lassen. Dafür braucht es einen Verzicht auf die Vorstellung, dass wir mit unserer Ratio alles verstehen und kontrollieren können. Es braucht ein Grundvertrauen, dass das Leben, so wie es auf uns zukommt, richtig ist und wir darauf antworten können. Wir sehen das Leben nicht länger als etwas, das außerhalb von uns geschieht, das wir entweder zu kontrollieren versuchen oder worauf wir keinen Einfluss haben.

Der Wechsel von der Alltagsperspektive zur spirituellen Perspektive bedeutet, dass wir nicht mehr in Opposition zum Leben und zur Welt stehen, sondern dass wir tief mit ihr verbunden sind, dass wir ein Teil von ihr sind.

Aus dieser Perspektive wird es möglich, unsere spirituellen Kompetenzen zu entwickeln. Wir heben drei davon hervor:

- Leben im Gleichgewicht
- Leben im Vertrauen
- Wahrnehmung und Bewusstsein

LEBEN IM GLEICHGEWICHT

Es gibt zwei Lebensimpulse, die einander abwechseln und ergänzen. Der eine ist eine Bewegung hin zur Stille, zur Hingabe, zum einfachen Gegenwärtig-Sein, und zum Gefühl getragen zu sein vom größeren Ganzen. So können wir uns vertrauensvoll entspannen und dem Leben hingeben.

Der andere Impuls ist eine treibende Kraft, die uns in Bewegung setzt. Wir wollen uns entwickeln, kreativ sein, unsere Visionen realisieren, sie in die Welt bringen und verwirklichen. Ein Leben im Gleichgewicht bedeutet, dass wir zwischen diesen beiden Impulsen unterscheiden können, ohne sie voneinander zu trennen.

Sie gehören zusammen wie Ebbe und Flut, wie Tag und Nacht. Sie ergänzen sich gegenseitig, in einem ständigen Streben nach Gleichgewicht. Wir können üben, im Gleichgewicht zu leben, indem wir uns selbst und diese beiden Bewegungen in uns beobachten. Wenn wir zum Beispiel nach einer Phase konzentrierter Arbeit das Gefühl haben, dass wir eine Pause brauchen, merken wir das dadurch, dass unsere Konzentration abnimmt. Wenn wir diesem Körpersignal nicht folgen und weiterhin aktiv unseren Zielen nachstreben, werden wir müde oder angespannt. Wir geraten aus dem Gleichgewicht. Wenn wir merken, dass unsere Energie blockiert ist und wir eine Aufgabe immer wieder aufschieben oder ihr aus dem Weg gehen, ist das ein weiterer Hinweis dafür, dass wir aus dem Gleichgewicht geraten sind und es Reflexion braucht, um die Gründe unseres Zögerns zu erkunden. Oder wenn das, was wir tun, unerwünschte Wirkungen hat, ohne dass wir uns bewusst sind, wie wir sie verursachen, ist es Zeit, innezuhalten und nachzuspüren, was es gerade braucht. Indem wir dies regelmäßig tun, entwickeln wir unsere Fähigkeit, ausgeglichener zu leben.

Wir müssen nicht warten, bis etwas schiefläuft, bevor wir eine Auszeit nehmen. An hektischen Arbeitstagen ist es wertvoll, kurze Momente der Ruhe einzubauen, in denen wir uns von unseren Aufgaben, von unserem Fokus auf die Außenwelt lösen und mit unserer Aufmerksamkeit bei uns selbst sind und in unsere innere Welt hineinlauschen.

Wenn wir uns in einem Gesprächskreis befinden, üben wir ständig diese Bewegung nach innen und nach außen. Was wird von anderen gesagt? Was ist das Thema? Was geht in der Gruppe vor sich, ohne dass es ausgesprochen wird? Welche Entwicklung ist im Gange? Und gleichzeitig: Welche Auswirkungen hat das alles auf mich? Was sind meine Reaktionen? Was sind meine Impulse? Was sind meine Bedürfnisse? Um im Gleichgewicht zu leben, braucht es die ständige Übung und Disziplin, ein Gleichgewicht herzustellen zwischen der Bewegung nach außen und der Bewegung nach innen.

LEBEN IM VERTRAUEN

Vertrauen ist eine der wichtigen Säulen des Dialogs. Wenn wir uns bewusst sind, dass wir nicht vom Leben getrennt, sondern ein Teil davon sind, leben und arbeiten wir mit Zuversicht. Über die Zuversicht wächst unsere Kompetenz, im Vertrauen zu leben.

Die Überzeugung wächst, dass wir allem, was geschieht, vertrauen können. Wenn wir die Bilder von Kriegen, Hunger und Katastrophen sehen, ist das nicht einfach. Gerade im Angesicht des Leides unserer Welt brauchen wir das Vertrauen, dass das Leben ist, wie es ist, und seinen eigenen Weg findet. Es ist die Fähigkeit, die Realität mit einer liebevollen Aufmerksamkeit anzunehmen und darauf zu vertrauen, dass die Entwicklung weitergeht. Wir können darauf vertrauen, dass es Antworten auf unsere Fragen und für unsere Herausforderungen gibt, auch wenn wir in schwierige Umstände geraten, und dass es auch in schmerzhaften und schwierigen Situationen Menschen gibt, die bereit und in der Lage sind, Verantwortung zu übernehmen. Wir sind Teil der kollektiven Intelligenz, die eine Antwort auf die Herausforderungen hat, die sich in der Welt ergeben.

Unser Vertrauen wächst, wenn wir uns bewusst machen, dass wir die Wahl haben, das Leben aus einer abgetrennten Position oder aus der Verbundenheit heraus zu betrachten. Die Entscheidung, aus Vertrauen und Verbundenheit zu leben, gibt uns Kraft und macht uns durchlässig, beweglich und flexibel. Es ist die Entscheidung, Ja zum Leben zu sagen und zu allem, was es von uns verlangt.

WAHRNEHMUNG UND BEWUSSTSEIN

Wir sehen die Welt nicht so, wie sie ist, sondern wie wir sind.
– Stephen Covey Sr.

Wir unterscheiden rezeptive Wahrnehmung und kohärente Wahrnehmung. Die rezeptive Wahrnehmung ist offen und ohne Absicht, Einfluss auszuüben und uns selbst oder die Welt in den Griff zu bekommen.

Es bedarf einer Offenheit, die nicht zielorientiert ist. Sie ist weit, defokussiert und empfänglich. Wir geben der Realität die Chance, sich uns zu zeigen, sich zu entfalten, mit Interesse und Neugier, ohne Wertung oder vorgefasste Meinungen. Dadurch zeigen sich die Dinge anders, als wenn wir stark fokussiert und zielorientiert in die Welt schauen. Wir sehen zum Beispiel nicht nur das Verhalten der anderen, sondern auch die Quelle, aus der dieses Verhalten stammt, die verborgene Frage, die dahintersteckt, oder das Gefühl, das nicht ausgedrückt wird. Wir sehen andere Menschen auf deren persönlichen Wegen durch das Leben, von der Vergangenheit zur Zukunft. Wir erhalten ein umfassenderes Bild davon, was zwischen uns und den anderen passiert. Und wir erkennen, wie wir selbst einen Platz in dem Bild haben, das wir von der anderen Person haben. Wir sehen, dass wir nicht von außen wahrnehmen, sondern von innen, als Teil des Ganzen, das wir miteinander bilden.

Kohärente Wahrnehmung ist die Kompetenz, ganzheitlich wahrzunehmen. Das bedeutet, dass wir unsere Sinne zusammenwirken lassen, um das Wahrgenommene in ein kohärentes, ein in sich übereinstimmendes Bild zusammenzubringen. Dafür stehen uns unsere bekannten fünf Sinne zur Verfügung, aber auch die subtileren, intuitiveren Wahrnehmungskompetenzen, die wir haben.

Wenn wir uns auf die andere Person einstimmen und uns für ihre unausgesprochene Realität öffnen, werden uns Bilder oder andere Eindrücke erscheinen, die das ergänzen, was unsere Sinne uns mitteilen. Intuitive Wahrnehmung kann uns helfen, uns nicht in den vielen Worten zu verlieren, die jemand benutzt. Intuitiv können wir oft das Wesentliche erkennen, das manchmal durch Worte verdeckt wird.

Wir können überprüfen, ob die Informationen unserer Sinne mit den intuitiven Informationen kohärent sind. Indem wir diese verschiedenen Formen der

Wahrnehmung zulassen, wird unsere Wahrnehmung kohärent. Wenn unsere Wahrnehmung kohärent ist, können wir ihr vertrauen.

Eine kohärente Wahrnehmung führt zu mehr Bewusstsein für uns selbst, für andere und für die Welt. Wenn wir mit anderen in einen Dialog darüber treten, was jede*r von uns wahrnimmt, kann sich dieses Bewusstsein weiter ausdehnen. Wenn wir die Kompetenz entwickeln, bei dem zu verweilen, was wir wahrnehmen, wird es zu einem Wissen und zu einer Kraft in uns, die uns unterstützt und uns den Weg zeigt, sowohl in unserem persönlichen Leben als auch für unsere Gemeinschaft.

Dialog beginnt mit einer Inkohärenz zwischen dem, was offensichtlich ausgedrückt wird, und dem, was sich unterschwellig abspielt. Was ausgedrückt wird, sind die Schlussfolgerungen, die die Teilhabenden, einzeln oder gemeinsam, gezogen haben: So ist es und so werden wir damit umgehen. Unterschwellig bleiben viele zusätzliche, unausgesprochene Gedanken, Gefühle, Geschichten und Erfahrungen, die nicht geäußert werden können, weil das Vertrauen dafür fehlt oder die Gruppe keinen Raum dafür hat. Das offensichtlich Ausgedrückte zeigt eine gewisse Ordnung, das Unterschwellige ein gewisses Chaos. Zu Beginn des Dialogs wird hauptsächlich über das Offensichtliche gesprochen. Je weiter der Dialog fortschreitet, desto mehr öffnet sich der Raum, um auch unterschwellige Gefühle und Gedanken zum Ausdruck zu bringen. Die Beziehung zwischen dem Offensichtlichen und dem Unausgesprochenen wird wieder fließend. Es entsteht ein neues kohärentes Gleichgewicht, das unser Bewusstsein erweitert und zu einer ganzheitlichen Wahrnehmung führt. Der Dialog vertieft sich und wird zur Quelle unseres gemeinsamen Wandels.

ABSCHLUSS

Vor allem lernte er von ihm (dem Fluss) das Zuhören,
das Lauschen mit stillem Herzen,
mit wartender, geöffneter Seele,
ohne Leidenschaft, ohne Wunsch,
ohne Urteil, ohne Meinung.
– Siddharta, Hermann Hesse

Der Dialog ist, wie das Leben selbst, ein Prozess ohne Anfang oder Ende. Vom Beginn weg entwickeln wir uns in und durch unsere Beziehung zu den für uns wichtigen Menschen, zu unsere Umwelt und zu uns selbst. Wir sind verbunden, Teil eines größeren Ganzen, und je älter wir werden, desto mehr werden wir uns dessen bewusst.

In einer Zeit, in der Beziehungen unter Druck stehen, Gemeinschaften zerbröckeln und Zusammengehörigkeit nicht mehr selbstverständlich ist, ist es mehr denn je eine Kunst und eine Einladung, Verbindung zu schaffen, und die Qualität unserer Beziehungen zu erhalten, zu vertiefen und weiterzuentwickeln. Dabei sind wir alle Lehrende und Lernende zugleich.

Der Dialog schafft einen Raum und einen Ort, wo wir zusammenkommen, um uns dieser Kunst zu widmen. Oasenartige Momente in der Hektik des Alltags, wo wir Zeit und Raum haben, um zu erfahren und zu reflektieren, was es bedeutet, Mensch zu sein, in Verbindung mit anderen und der Welt um uns herum.

Denn das ist letztlich die eigentliche Bedeutung des Wortes Dialog: der Sinn und die Bedeutung, die wir durch die Worte hindurch finden, in der Stille zwischen uns.

LITERATUR

DIALOG ALS PERSPEKTIVE

Baldwin, Christina: Calling the Circle. Bantam Books, Toronto, 1998.

Baldwin, Christina; Linnea, Ann: The Circle Way. Mcgraw-Hill Professional, San Francisco, 2010.

Bohm, David; Factor, Donald; Garret, Peter: Dialogue – A Proposal. www.david-bohm.net/dialogue/dialogue_proposal.html, 1991.

Bohm, David: On Dialogue. Routledge, New York, 1996.

Bohm, David: Der Dialog – Das offene Gespräch am Ende der Diskussionen. Klett-Cotta, 1998.

Bohm, David: Thought as a System. Routledge, New York, 1994.

Buber, Martin: Ich und Du. Gütersloher Verlagshaus, 1999.

Buber, Martin: Das dialogische Prinzip. Gütersloher Verlagshaus, 1999.

Garret, Peter: A new kind of Dialogue. Dialogue Publications Ltd., 2021.

Geus, Eelco de: Der Dialog. Dialogakademie O.G., Pressbaum, 2014.

Hartkemeyer, Martina & Johannes F.; Dhority, L. Freeman: Miteinander Denken, das Geheimnis des Dialogs. Klett-Cotta, Stuttgart, 1998.

Hartkemeyer, Martina & Johannes F.: Die Kunst des Dialoges. Kreative Kommunikation entdecken. Klett-Cotta, Stuttgart, 2005.

Isaacs, William: Dialogue and the art of thinking together. Doubleday, New York, 1999.

Kramer, Gregory: Meditating Together, Speaking from Silence:The practice of Insight Dialogue. Metta Foundation, Portland OR, 2001.

Liefde, Willem H. J. de: African tribal leadership. Kluwer, Deventer, 2002.

Marchand, Marie-Ève: The spirit of dialogue in a digital age. Dialogue Publications Ltd, 2019.

Mikulaschek, Nicolaus; Nelson, Leonard: Das sokratische Gespräch. Grin, München, 2009.

Zimmerman, Jack; Coyle, Virginia: The Way of Council. Bramble Books, Las Vegas, 1996.

DIALOGISCHE ARBEITSFORMEN

Brown, Juanita; Isaacs, David: The World Café. Berrett-Koehler, San Francisco, 2005.

Bojer, Marianne Mille; Roehl, Heiko; Knuth, Marianne; Magner, Colleen: Mapping Dialogue. Essential Tools for Social Change. Taos Institute Publications, Chagrin Falls OH, 2008.

Owen, Harrison: Open Space Technology. Abbott Publishing, Potomac, 1992.

Steiner Tej: Waking up with everyone around us. Circle Network LLC., Ashland OR, Heart 2017.

DIALOG UND KONFLIKT

Glasl, Friedrich: Konfliktmanagement. Ein Handbuch für Führung, Beratung und Mediation. Freies Geistesleben, 2020.

Kahane, Adam: Solving tough problems. Berrett-Koehler Publishers, San Francisco, 2007.

Kahane, Adam: Power and Love. Berrett-Koehler Publishers, San Francisco, 2010.

Mindell, Arnold: Sitting in the Fire. Lao Tse Press, Portland OR, 1995.

Restorative Justice. Deutsche Edition, Dbh-Fachverband für Soziale Arbeit, Strafrecht, 2013.

Wachtel, Joshua; Costello, Bob et. Al.: The Restorative Practices Handbook. International Institute for Restorative Practices, Dbh-Fachverband für Soziale Arbeit Strafrecht, 2013.

DIALOG IN ORGANISATIONEN

Garret, Peter: A new way of Dialogue. Dialogue Publications Ltd, Großbritannien, 2021.

Keijzer, Hans: Walking the Perspectivity Path. The power of dialogue. Warden Press, Amsterdam, 2009.

Laloux, Frederic: Reinventing Organizations. Nelson Parker, Brüssel, 2014.

Mindell, Arnold: The leader as martial artist. Harper, San Francisco, 1992.

Rautenberger, Michael: Der Dialog in Management und Organisation. Illusion oder Perspektive? Carl Auer, Heidelberg, 2010.

Scharmer, C. Otto: Theory U. Leading from the future as it emerges. Society of organizational learning, inc., Cambridge MA, 2007.

Scharmer, C. Otto; Käufer, Katrin: Von der Zukunft her führen. Carl Auer, Heidelberg, 2017.

Schein, Edgar H.: Process Consultation Revisited. Building the helping relationship. Pearson Education, New York, 1998.

Senge, Peter M.: The fifth discipline. Doubleday, New York, 1990.

Simmons, Annette: A safe place for dangerous truths. Using dialogue to overcome fear and distrust at work. Amacom, New York, 1999.

Zadoks, Judith; Schut, Jurgen; Cozijnsen, Bert; Beernink,Wieteke: Maak verschil met diversiteit. Utrecht, www.forente.nl/pdf/Maak- verschil-met-diversiteit.pdf, 2004

DIALOG IN DER GESELLSCHAFT

Garret & Penwell, ED.: The world needs dialogue I, II & III. Dialogue Publications Ltd, Großbritannien, 2019-2021.

Hüther, Gerald: Kommunale Intelligenz: Potenzialentfaltung in Städten und Gemeinden. Edition Körber, Hamburg, 2013.

Mindell, Arnold: The year 1. Arkana, London, 1989.

Mindell, Arnold: The deep democracy of open forums. Hampton Roads, Charlottesville VA, 2002.

Palmer, Parker J.: A Hidden Wholeness. Jossey-Bass, San Francisco, 2004.

Peck, M. Scott: The Different Drum. Touchstone, New York, 1988.

Rough, Jim: Society's Breakthrough! Books Library 1st, Bloomington, 2002.

Wheatley, Margaret J.: So far from home. Berrett-Koehler Publishers, San Francisco, 2012.

KOLLEKTIVE INTELLIGENZ UND KO-KREATIVITÄT

Bohm, David: On creativity. Routledge, New York, 2005.

Dekker, Caroline; Roos, Jasper: Touching the Community Soul. Thieme Meulenhoff, Breukelen, 2013.

Hurley, Thomas: Archetypal practices for collective wisdom. www. collectivewisdominitiative.org/papers/hurley_archetypal.htm, 2004.

Jaworski, Joseph: Synchronicity, the inner path of leadership. Berrett-Koehler, Oakland, 2011.

SYSTEMISCHES DENKEN UND WAHRNEHMEN

Bateson, Gregory: Steps to an ecolgy of mind. University of Chicago, Press Chicago, 2000.

Bateson, Nora: Small arcs of larger circles. Triarchy Press, Axminster, Großbritannien, 2016.

Essen, Christine; Baxa, Guni Leila; Habiba-Kreszmeier, Astrid: Verkörperungen. Carl Auer, Heidelberg, 2006.

Essen, Siegfried: Selbstliebe als Lebenskunst. Carl Auer, Heidelberg, 2015.

Hellinger, Bert: Ordnungen der Liebe. Carl Auer, Heidelberg, 2013.

Maturana, Umberto R.;Varela, Fransceso J.: Der Baum der Erkenntnis. Fischer, Berlin, 2009.

Watzlawick, Paul; Beavin, Janet; Jackson, Don: Kommunikation: Formen, Störungen, Paradoxien. Hogrefe, Göttingen, 2016.

Weber, Gunthard Hrsg.: Zweierlei Glück. Carl Auer, Heidelberg, 2010.

BEWUSSTSEIN, SELBSTWAHRNEHMUNG, PRESENCE

Almaas, A. H.: Facets of Unity.The enneagram of holy ideas. Diamond Books, Berkeley USA, 1998.

Almaas, A. H.: The Unfolding Now. Shambhala, Boston & London, 2008.

Baldwin, Christina: Storycatcher. Making sense of our lives through the power and practice of story. New World Library, Novato CA, 2007.

Bohm, David: Heelheid en de impliciete orde. Lemniscaat, Ned. vert. Rotterdam, 1985.

Diamond, Julie, Ph.D.: POWER. A user's guide. Belly Song Press, Santa Fe NM, 2016.

Gendlin, Eugene T.: A Process Modell. Northwestern University Press, Illinois, 2017.

Hayashi, Arawana: Social Presencing Theater – The art of making a true move. PI Press, Cambridge MA, 2021.

Hübl, Thomas: Sharing the Presence. Kamphausen, Bielefeld, 2009.

Jaworski, Joseph: Source. Berrett-Koehler, San Francisco, 2012.

Krishnamurti, Jiddu: Einbruch in die Freiheit. Lotos, München, 2002.

Mindell, Arnold: The dreambody in relationships. Penguin, London, 1987.

Mindell, Amy: Your Unique Facilitator Style. Gate-keeper Press, Columbus OH, 2019.

Moore, Thomas: Die Seele lieben. Droemer Knaur, München, 1995.

Rajvanshi, Anil K.: Nature of Human Thought: Essays on mind, matter, spirituality and technology. NARI, Maharashtra, India, 2010.

Rosa, Hartmut: Resonanz, eine Soziologie der Weltbeziehung. Suhrkamp, Berlin, 2016.

Whyte, David: What to remember when waking. Audio-cursus. Boulder, Sounds True.

ÜBER DIE AUTOREN

EELCO DE GEUS (1961) lebt und arbeitet seit 2002 in Österreich als Lebens- und Sozialberater, Supervisor und Coach, spezialisiert auf systemische Arbeit, Gemeinschaftsbildung und Dialog. Sein Entwicklungsweg ist geprägt von Individualpsychologie (Adler), Klientenzentrierter Gesprächsführung, Tri Energetics, NLP, Council, Gewaltfreie Kommunikation, Community Building (Scott Peck), Gestaltprozessarbeit, systemischer Aufstellungsarbeit, Dialog nach David Bohm, Martin Buber und Kreisarbeit in verschiedenen indigenen und modernen Traditionen, u. a. der Arbeit von Christina Baldwin und Ann Linnea. Nach einer Schulung in Deutschland mit Martina Hartkemeyer und Freeman Dhority initiierte Eelco Ausbildungsprogramme für die Begleitung von Dialogprozessen in den Niederlanden und in Österreich und ist als systemisch-dialogischer Prozessbegleiter und als internationaler Lehrer in diesem Bereich tätig.

Eelco bringt seine Musik aktiv in seine Arbeit mit Menschen, Gruppen und Organisationen ein. In den letzten Jahren waren die Philosophie und die Arbeit von Eugene Gendlin (Fokusing) eine besondere Inspiration für seine Arbeit mit dem Dialog. Er betrachtet die Tragfähigkeit von Beziehungen in den Partnerschaften und Gemeinschaften, in denen wir leben und arbeiten, als die wichtigste Ressource für unsere persönliche und gemeinsame Entwicklung.

Zusammen mit seiner Frau Julia arbeitet er in ihrem eigenen Zentrum, in dem Dialog, Aufstellungsarbeit und Human Design integriert werden, um emotionale Bewusstheit in unserer Kommunikation und unseren Beziehungen zu fördern. Eelco ist Mitbegründer der Dialogakademie in Wien, wo er gemeinsam mit einem Team von Kolleg*innen Ausbildungen, Seminare und Projekte für systemisch-dialogische Prozessarbeit organisiert und begleitet.

KEES VOORBERG (1947) ist Sozialpsychologe. Er war im Bildungswesen, als Karrierecoach und Psychotherapeut sowie als Trainer und Ausbildner in Organisationen tätig. Ab 2002 konzentrierte er sich auf die Entwicklung und Anwendung des Dialogs. Von 2008 bis 2014 begleitete er gemeinsam mit Eelco de Geus die Ausbildung von Dialogleiter*innen in den Niederlanden. Nach seinem Studium beschäftigte er sich mit vielen verschiedenen Ansätzen der menschlichen Entwicklung, wie Gestalttherapie, Psychosynthese, Gemeinschaftsbildung (Scott Peck), prozessorientierter Psychologie, Worldwork und Deep Democracy (Arnold Mindell, Max Schüpbach u.a.), Council and Dialogue, Ridhwan (A. H. Almaas), Human Design und Mystischen Prinzipien (Thomas Hübl).

Er hat Interesse an der Frage, wie sich individuelle Entwicklung und sozialer Kontext gegenseitig beeinflussen und bedingen. Der soziale Kontext umfasst Arbeits- und Lebenssituationen, die Zusammenarbeit in Teams und Gruppen sowie soziale Fragen. Wie können wir als Menschen etwas bewirken, indem wir wirklich mit uns selbst in Kontakt sind, während wir in der Gesellschaft funktionieren? Wie können wir uns selbst treu bleiben, unsere Einzigartigkeit zum Ausdruck bringen und in echtem Kontakt mit unserer Umgebung bleiben, wo auch immer wir sind, und so unseren wesentlichen Beitrag leisten? Mit diesen Fragen beschäftigt er sich im Einzelcoaching, im Human Design Training, als Dialogbegleiter, im Schreiben, in seinen Vorträgen und im persönlichen Leben, das er als Übungsfeld betrachtet für die andauernde Entwicklung seiner Einzigartigkeit und seines Engagements.

MitEinAnder

Dialogisch Leben und Arbeiten
32 Achtsamkeitskarten für eine gemeinschaftsbildende Kommunikation

Dialog-Achtsamkeiten dienen uns dazu, in den Beziehungen zu den Menschen, mit denen wir leben und arbeiten, interaktives Gewahrsein zu entwickeln. Wirkungsvoll sind die Dialog-Achtsamkeiten sowohl in Selbst-, Paar- und Familiengesprächen als auch in Begegnungen mit guten Freund*innen, Angestellten, Arbeitskolleg*innen, Vorgesetzten, Schüler*innen und Lehrer*innen sowie in Gesprächskreisen in Schulklassen, Gemeinschaften und Organisationen.

Die Hauptfigur, das kleine Guru, erinnert uns in seinen Geschichten daran, dass wir uns immer entscheiden können, uns mit dem Leben und dem Du zu verbinden.

Texte: Julia de Geus
Illustrationen: Artur Bodenstein

Renate Götz Verlag www.rgverlag.com
Format Karten: 140x140mm,
Schachtel: 154x154mm, 25mm hoch
ISBN 978-3-902625-91-5